U0544413

钱塘法律评论

2019年第1卷

杭州师范大学沈钧儒法学院 主办

於兴中 主编

邵劭 执行主编

知识产权出版社
全国百佳图书出版单位
—北京—

图书在版编目（CIP）数据

钱塘法律评论.2019年.第1卷/於兴中主编.--北京：知识产权出版社，2019.10
ISBN 978-7-5130-6576-4

Ⅰ.①钱… Ⅱ.①於… Ⅲ.①法律—文集 Ⅳ.①D9-53

中国版本图书馆CIP数据核字（2019）第249600号

策划编辑：庞从容　　　　　　　　责任校对：谷　洋

责任编辑：庞从容　薛迎春　　　　责任印制：刘译文

钱塘法律评论

（2019年第1卷）

杭州师范大学沈钧儒法学院　主办

於兴中　主编　邵　劭　执行主编

出版发行：知识产权出版社有限责任公司	网　　址：http：//www.ipph.cn
社　　址：北京市海淀区气象路50号院	邮　　编：100081
责编电话：010-82000860转8726	责编邮箱：pangcongrong@163.com
发行电话：010-82000860转8101/8102	发行传真：010-82000893/82005070/82000270
印　　刷：三河市国英印务有限公司	经　　销：各大网上书店、新华书店及相关专业书店
开　　本：710mm×1000mm　1/16	印　　张：17.25
版　　次：2019年10月第1版	印　　次：2019年10月第1次印刷
字　　数：256千字	定　　价：58.00元
ISBN 978-7-5130-6576-4	

出版权专有　侵权必究

如有印装质量问题，本社负责调换。

《钱塘法律评论》编委会

於兴中　卞建林　陈兴良　郭　锋
梁治平　吴汉东　王　轶　章剑生
赵　骏　蒋铁初　李　安　李建忠
罗思荣　邵　劭　王建东　俞静尧

编辑部

主　　编　於兴中
执行主编　邵　劭
编　　辑　程　林　陈雅丽　邓毅丞　黄晓平　孙益武
　　　　　王家国　陈云中　余钊飞　项雪平　张　挺

PREFACE

卷首语

杭州得天独厚的自然人文环境，孕育了一所百年老校——杭州师范大学。百余年来，学校弘文励教、青蓝相继，培养出了丰子恺、潘天寿等杰出校友。李叔同、夏丏尊等名师大家也曾在校任教。这所具有悠久历史的学府在2001年成立了法学院。年轻的法学院朝气蓬勃，积极向上，发展势头强劲，先后获批浙江省重点建设专业、浙江省特色专业、法学一级学科硕士点和省级一流学科。在更名为沈钧儒法学院之后，更是志存高远，希望学院发展为在全国具有一定影响力的法学院校。

一个好的学院应当有一本自己的刊物，这本刊物不仅是学院师生的研习园地，也是学院的名片和路标。有鉴于此，创办一份刊物便成为学院同仁的共识。从提出创刊构想到创刊号面世，经历了一年有余。万事开头难，刊名的选择就让我们很是费了一番心思。刊物定位究竟是涵括法学所有研究领域的一般性法学杂志，还是仅针对特定学科或领域的专门刊物，自然会影响刊名的选择。考虑到稿源充裕度、研究交流的有效性以及人才培养需求等方面因素，我们最终确定要创办一本涉及面较广，并且影响深远的刊物。于是便有了《钱塘法律评论》。

《钱塘法律评论》在内容上涵涉人文、科技与法律，倡导历史与前沿相承接，理论与实践相结合，鼓励学科交叉研究，立足杭州，面向全国，放眼全球，润春秋之笔，书智慧华章。拟设《前沿聚焦》《法理争鸣》《制度与治理》《法史钩沉》《书评》栏目，以平实文风，论法学宏道。本刊关注文稿的学术性和创新性，注重文章的理论深度和应用价值，将优先刊用选题意义重大、视角独特新颖、内容层次分明、论证充分有力、资料真实权威、语言使用规范的稿件。

我们深知，办刊的关键在稿源。要保障刊物质量，当然欢迎大家之作，但是，为年轻学者提供交流的平台也是我们的重要使命。

於兴中

2019年8月30日

CONTENTS 目 录

卷首语   001

前沿聚焦

论实现案例指导制度向判例制度转型的五个问题   张 骐   001

刍议流量劫持的法律规制与司法实践   孙益武   023

数据流动与留存：商业实践与法律迷思   李 谦   039

国际法视野下无障碍环境范畴反思与构建   赵树坤   062

法理争鸣

中国法社会学的理论困境与未来出路   余盛峰   075

重罪谋杀罪规则：源流、规范与启示   邓毅丞   092

制度与治理

乡规民约与新时代乡村社会治理机制的建构   李其瑞 申碧珂   111

"法益恢复"出罪化："枫桥经验"背景下犯罪治理的基本趋势   田 然 庄绪龙   128

法史钩沉

证据虚假与中国古代司法的对策   蒋铁初   152

"三礼"中的礼法关系考辨   丁 玮   177

近代证明责任知识体系的中国式生成述论   何邦武   200

法律本地化使命中的法律翻译
　　——重述澳门回归前的法律发展进程（1987—1999） 何志辉 220
培根的 25 条法律格言 於兴中 239

书　　评

浅近的力量
　　——经典的《乡土中国》 王约然 251

编后记 261
征稿启事 263

Table of Contents

Introduction   001

Five Questions Concerning the Transition from the Guiding Case System
    to the Precedent System   *Zhang Qi*   001

A Preliminary Discussion on the Legal Regulation and Judicial Practice
    Governing Flow Hijacking   *Sun Yiwu*   023

Data Mobility and Preservation—Commercial Practice and Legal Myth   *Li Qian*   039

Contemplating and Constructing a Barrier-free Environment from the
    Perspective of International Law   *Zhao Shukun*   062

Theoretical Predicament of Sociology of Law in China and Its Future
    Way Out   *Yu Shengfeng*   075

Rules Governing Serious Crimes of Murder-Origin, Norms and
    Revelation   *Deng Yicheng*   092

Local Rules and Customs and the Formation of Village Social
    Governance Mechanisms in the New Era   *Li Qirui and Shen Bike*   111

Decriminalization of "Restoration of Legal Interest"—A General Trend
    in Crime Control in the Context of "Fengqiao Experience"
                                 Tian Ran and Zhuang Xulong   128

False Evidence and Countermeasures to Deal with It in the Administration
 of Justice in Traditional China   *Jiang Tiechu* 152

An Exposition of the Relationships between Rites and Law in the Three
 Books on Rites   *Ding Wei* 177

Chinese Style Generative Discourse on Modern Knowledge System of
 Burden of Proof   *He Bangwu* 200

Legal Translation in the Mission of Localization of Law—A Recount of the
 Developmental Process of Law Before China's Resumption of Sovereignty
 over Macao (1987-1999)   *He Zhihui* 220

Twenty-five Legal Maxims of Francis Bacon   *Yu Xingzhong* 239

The Power of Being Plain—Reading *From the Soil—the Foundations
 of Chinese Society*   *Wang Yueran* 251

Afterword   261
Invitation for Contribution   263

论实现案例指导制度向判例制度转型的五个问题[1]

张　骐*

摘　要	案例指导制度与判例制度有三点关键区别，目前需要实现从前者向后者的转型。探讨实现从案例指导制度向判例制度转型的制度化路径，至少需要考虑四个因素：首先，明确判例作为裁判的权威理由的"说服力"定位，增加判例的有效供给；其次，通过判例的规范使用来完善判例的制度支撑机制；再次，通过法律教育为判例制度的形成与发展创造条件；最后，判例制度的建设需要与司法改革的其他方面协调配合。
关键词	判例制度　案例指导制度　判例　指导性案例　转型

　　早在 2010 年 12 月 26 日，时任最高人民法院副院长的张军大法官就指出，"我国案例指导制度的最高发展阶段，就是要建立起具有中国特色的判例制度"[2]。这是由判例在当代中国法律体系中所具有的重要功能、判例在建设法治国家和进行社会治理的过程中所具有的重要作用决定的。2017 年 8 月 1 日起施行的《最高人民法院司法责任制实施意见（试行）》设立了类案与关联案件检

---

* 张骐，北京大学法学院教授、最高人民法院案例指导工作专家委员会委员、中国法学会比较法研究会副会长、中国法学会案例法研究会副会长，主要研究方向：法理学、比较法学、判例制度、产品责任法。

[1] 本文是国家社科基金重大项目"构建中国特色案例制度的综合系统研究"（16ZDA068）的一个子课题的阶段性成果。非常感谢四川省高级人民法院、陕西省高级人民法院、成都市中级人民法院、胡云腾大法官、郭彦法官、蒋敏法官、徐新忠法官、魏庆锋法官、尤青法官、王泽轩法官、林瑶法官、郑立海同学、刘岩同学、谢可晟同学在本文写作过程中与笔者的研讨、交流及对笔者的宝贵帮助。当然，文责自负。

[2] 高领：《"指导"意在规范——构建中国案例指导制度研讨会综述》，载《人民法院报》2011 年 1 月 8 日，第 5 版。

索机制。这个文件使得判例的使用开始进入制度化的轨道，使得一种事实上的判例制度呼之欲出。可以说，当前建立具有中国特色的判例制度的条件已经成熟。在本文中，笔者将探讨实现从案例指导制度向判例制度转型的制度化路径，并主张通过明确判例"说服力"的效力定位来增加判例的有效供给，通过规范使用来完善判例的制度支撑机制，通过改进法律教育和推进综合司法改革促进判例制度化。

一、为什么要转型？什么样的转型？

在中国，判例的使用正日益成为一种普遍的实践。[3] 判例制度是判例生存并得以充分发挥作用的土壤与必要机制。一个健康的判例制度对于判例的生成、使用和发展至关重要。笔者此前曾经以专文说明建立判例制度的必要性。[4] 为了更好地阐释这些问题，在此再次明确判例制度与案例指导制度的三点关键区别：

首先，在数量上，案例指导制度下的指导性案例数量是相对确定且有限的，指导性案例太少，难以满足实践需要。[5] 而判例制度下的判例数量，则可以增加几十倍。[6]

其次，在效力上，案例指导制度中指导性案例的效力模糊，而判例的效力相对明确。[7] 由于效力模糊，所以出现一些指导性案例的"隐形使用"，同时，与越来越多的司法实践需要判例指导形成不和谐对比的是，三分之一强的指导

---

[3] 顾培东：《判例自发运用现象的生成与效应》，载《法学研究》2018年第2期。
[4] 参见张骐：《论中国案例指导制度向司法判例制度转型的必要性与正当性》，载《比较法研究》2017年第5期。
[5] 同上。
[6] 最高人民法院2016年一年审结的案件是20151件。参见周强：《最高人民法院工作报告——2017年3月12日在第十二届全国人民代表大会第五次会议》，http://gongbao.court.gov.cn/Details/9ec8c0cddd12d82ecc7cb653441b36.html，最后访问日期：2018年7月4日。当然，其中具有判例意义的案件会少于这个数字，但是，如果加上各省级高级人民法院审结的具有判例意义的案件，其总和一定远远大于一年公布的指导性案例的数量。另一个具有参考意义的指标是《中华人民共和国最高人民法院公报》上刊载的最高人民法院判决书、裁定书的数量和其刊载的下级法院作出的判决书和裁定书，2017年的前者是21件，后者是24件。参见《中华人民共和国最高人民法院公报》2017年第12期。
[7] 参见张骐：《论中国案例指导制度向司法判例制度转型的必要性与正当性》，载《比较法研究》2017年第5期。

性案例未被有效利用。[8]

最后，在生成机制上，案例指导制度基本生成机制是行政性的，[9]而判例制度的基本生成机制是司法性的。行政性的生成机制，使得指导性案例的生成总是捉襟见肘，不敷实用。如果改变行政性机制为司法性机制，则自然并入判例制度的轨道。与其盲目并入，不如主动接入判例制度。因为在目前情况下，"盲目并入"的现实可能性很小，主动接入才是必要的、可行的态度。

笔者此处所说的"主动接入判例制度"，与本文标题"从案例指导制度向判例制度转型"的意思是一致的。这里说的"转型"，是说从性质上、结构上将既有的案例指导转型为判例制度，并不是取消现有的案例指导制度。[10]我们可以用蝉的蜕变来比喻两种制度的关系以及这种转型过程。[11]案例指导制度是判例制度的"幼虫阶段"，判例制度则是案例指导制度的"成虫阶段"。如果要用学术话语来说明这种转型过程的性质，法国哲学家德里达所提出的"替补"，则更准确地揭示了案例指导制度与判例制度的相互关系。[12]判例制度是对制定法的"替补"，是在制定法的规定需要解释、制定法的规定相互冲突，或者制定法缺乏规定时的替补；案例指导制度在中国则是基于种种原因作为判例制度的"替补"而走上历史舞台的。经过八年的实践，我们发现，作为替补的案例指导制度已经不敷实用，所以在既有经验和实践的基础上，用判例制度作为案例指导

---

[8] 截至2017年12月31日，最高人民法院共发布了17批92例指导性案例，已被应用于司法实践的指导性案例共有60例，尚未被应用的有32例。见北大法律信息网微信公众号，https：//mp.weixin.qq.com/s?__biz＝MjM5NTc5NTU4Ng＝＝&mid＝2652149800&idx＝1&sn＝ce94dbbc273888a2e13ccf6fe289fde6&chksm＝bd133fc58a64b6d3b9407bf015143d3b203cb73844b40519cc8f99aeba18a6cf97c09774c648&scene＝21，最后访问日期：2018年7月1日。

[9] 张骐：《论中国案例指导制度向司法判例制度转型的必要性与正当性》，载《比较法研究》2017年第5期。

[10] 在一些地方法院，如北京知识产权法院，已经在判例制度的实践方面取得了很令人鼓舞的进展，积累了宝贵的经验。

[11] 蝉的一生经历受精卵、幼虫、成虫三个阶段。进入夏天，早年产下的受精卵会孵化成幼虫，它们会钻入土壤中，以植物根茎的汁液为食。幼虫成熟后，爬上地面，脱去自己金灿灿的外骨骼，羽化为长有双翼的成虫。https：//baike.baidu.com/item/%E8%9D%89/1957?fr＝aladdin，最后访问日期：2018年6月26日。

[12] 德里达认为："由于制定法在没有自然法时成了自然法的替补，人们可以清楚地看出，只有替补概念能使我们思考自然与法律的关系。这两个术语只有在替补的结构中才有意义。"参见［法］雅克·德里达：《论文字学》，汪堂家译，上海译文出版社1999年版，第250页。

制度的"替补",又被提上议事日程。这看似某种"循环",实为否定之否定的螺旋式上升,是顺应司法规律大势的主动作为。

为什么现在要从案例指导制度向判例制度转型?因为现在中国处在一种时代叠加的当口。[13] 所谓时代叠加,是说我们当下虽然已经进入现代社会,但现代化的任务还没有完成、现代性还没有实现,前现代的思维与行为还随处可见,而后现代又在互联网、大数据、云计算和人工智能等的裹挟中迎面扑来。在这样一种特殊的时期,面临纷繁复杂的社会情势、千奇百怪的案件,尤其需要法院按照法律、法院功能及社会的需要,根据我们的法律体系和法律秩序,在审判工作中及时、有效地回应多种社会需要,作出既针对特定案件,又符合法律的判决。借用美国法社会学家诺内特、塞尔兹尼克在《转变中的法律与社会》中所使用的概念,我们的法律处于压制型法、自治型法与回应型法三种类型法相互交织、相互重叠、相互渗透的时期。[14] 在这样一种新时期,案例指导制度向判例制度的转型就具有特别的现实性和紧迫性。

二、变换视角与定位,增加判例的有效供给

实现由案例指导制度向判例制度的转型,需要从一些具体方面着手。前文提到过目前案例指导制度面临若干问题,包括:指导性案例数量少,案例需求与供给之间存在矛盾,指导性案例生成机制存在瓶颈,指导性案例法律效力面临尴尬局面。[15] 这些问题是互相关联的,它们都涉及案例或判例的效力定位及案例的供给。笔者在这些问题上的基本观点是:将判例看作是具有权威性的判决理由,判例应具有说服力,应取消"约束力"门槛,开放判例,增加供给,实现由指导性案例向判例、由案例指导制度向判例制度的转型。我们分步骤说明上述观点。

---

[13] 山东大学法学院教授郑智航 2018 年 6 月 23 日在"第四届法学前沿论坛"上表达了类似的观点。

[14] 参见 [美] 诺内特、塞尔兹尼克:《转变中的法律与社会》,张志铭译,中国政法大学出版社 1994 年版,第 18—20 页。严格地说,我们现在还没有什么"回应型法",我们只是想说,在互联网、云计算、大数据的时代,我们的法律需要有一种回应型法来应对新的挑战。

[15] 参见张骐:《论中国案例指导制度向司法判例制度转型的必要性与正当性》,载《比较法研究》2017 年第 5 期。

（一）来自司法实践的两个问题

在调研过程中，笔者发现，地方各级法院的广大法官及其他法律工作者对于判例（案例）实际上有相当大的需求，广大法官在日常审判工作中十分需要案例指导，而目前指导性案例的数量和种类都不能满足他们工作的需求，他们所需要的案例没有被纳入现有的指导性案例中。[16]

此外，法官是否可以对先例进行否定性评价，也存在疑问。一位在高级法院工作的资深法官在即将作出判决时，发现本院曾经作过一个与此案类似案件的判决，这位法官主张援引先例，但该案裁判理由有问题；对于此案的争议问题，该法院已经对之前的观点有所调整。这位法官因此想在判决书中作出回应。但是，担心前案当事人有可能根据法官对新案的判决要求再审，惹上麻烦，就放弃了对那个先例的援引。这位法官对我们说："对先例问题，往往只敢作肯定性援引，不敢作否定性评价。"这既涉及判例的退出机制问题，也涉及判例的效力问题。

（二）变换视角与定位：从裁判理由看判例

指导性案例的性质是一个困扰中国法律人对判例制度的把握，妨碍判例发挥作用的突出问题。[17] 笔者在此分别从司法实践、最高法院的有关规定及理论辨析三个层次来进行具体阐释。

2014年1月26日，最高人民法院发布了指导性案例第23号：孙银山诉南京欧尚超市有限公司江宁店买卖合同纠纷案，对知假买假者或所谓"职业打假人"的知假买假行为予以肯定。[18] 然而，重庆市高级人民法院2016年在《关于审理消费者权益保护纠纷案件若干问题的解答》中，作出了与指导性案例第

---

[16] 笔者2017年4月28日在陕西省高级人民法院法官学院调研时所记一位法官的发言。
[17] 参见张骐：《论判例制度的必要性与正当性》，载《比较法研究》2017年第5期。
[18] 该指导性案例的裁判要点指出："消费者购买到不符合食品安全标准的食品，要求销售者或者生产者依照食品安全法规支付价款十倍赔偿金或者依照法律规定的其他赔偿标准赔偿的，不论其购买时是否明知食品不符合安全标准，人民法院都应予以支持。"参见颜茂昆主编：《中国案例指导》，法律出版社2015年版，第174页。

23 号不同的规定。[19] 该规定不支持所谓"职业打假人"的知假买假行为,拒绝这些人作为"生计法宝"的"惩罚性赔偿"请求。于是问题出现了:假如在重庆发生一起"职业打假人"知假买假的案例,重庆的地方法院按照重庆高院的上述规定,对其知假买假的行为不予支持,是否合法?

《最高人民法院关于案例指导工作的规定》第七条规定:"最高人民法院发布的指导性案例,各级人民法院审判类似案例时应当参照。"《〈最高人民法院关于案例指导工作若干规定〉实施细则》第十条规定:"各级人民法院审理类似案件参照指导性案例的,应当将指导性案例作为裁判理由引述,但不作为裁判依据引用。"[20] 最高人民法院的上述规定是对适用指导性案例的制度安排,但是并没有对指导性案例的性质与效力作出直接规定。根据上述规定,在审理与指导性案例第 23 号相类似的案件时,其法律依据只能是诸如《中华人民共和国消费者权益保护法》《中华人民共和国合同法》《中华人民共和国产品质量法》《中华人民共和国食品安全法》等法律、行政法规和司法解释;而指导性案例第 23 号仅是法官审判这类案件的一种裁判理由。

应该说,这是一种富有智慧的安排。它既回避了恼人的指导性案例的性质问题,又对指导性案例的适用作出了切实可行的制度安排。但问题是:我们怎样从理论上认识、说明这个问题?欧洲民法法系国家实行判例制度多年,这些国家的法学家也面临怎样认识判例制度的性质与效力的问题。有学者提出,判例的效力是一种"事实上的约束力"。对此,瑞典法学家佩岑尼克指出:"任何对'事实上的约束力'的非规范性解释都与大多数国家中法律对法律实践的内在理解背道而驰。'约束力'这个词具有规范性内涵(normative connotation),它不能被化约成、还原为非规范性事实。因此,'事实性约束力'理论是自相矛

---

[19] 其第二条指出:"明知商品或服务存在质量问题而仍然购买的人是消费者。但是,明知商品或服务存在质量问题而仍然购买的人请求获得惩罚性赔偿的,因有违诚信原则,人民法院不予支持。法律、行政法规及司法解释另有规定的除外。"参见重庆法院公众服务网,http://www.cqfygzfw.com/court/fbxx/fywj.jsp?id,最后访问日期:2018 年 7 月 1 日。
[20] 参见《〈最高人民法院关于案例指导工作若干规定〉实施细则》(《实施细则》)(法发〔2010〕51 号,2010 年 11 月 26 日)。该《实施细则》第十条要求把对指导性案例裁判要点的引证放在裁判理由部分。

盾的。"[21]

我们或许可以将佩岑尼克教授的观点概括为两个方面：一方面，判例不具有法律约束力；另一方面，判例可以作为法律论证的权威理由。[22] 这种观点既解决了判例的法律定性难题，同时又解决了发挥判例作用所需要的法律定位难题。笔者十分赞同他对判例的效力不能是一种"事实上的约束力"的观点的批驳。因为，判例的法律效力问题是个规范性问题，即应然问题，所以需要以一种规范性判断来回答。而"判例的效力是'事实上的约束力'"这种说法表达的是判例的实效，是一个实然的语句，并没有回答应然的问题。同时，判例需要在法律制度特别是法律运行制度中有一个恰当的位置，佩岑尼克教授所说的"法律论证中的权威理由"，是指它为裁判提供必要的说理，这是"物尽其用"的恰当安排，同时也为判例的发展开放了通道。这一观点与最高人民法院在这个问题上的有关规定不谋而合。

在中国，判例的效力是说服力，而不是约束力。我们之所以主张判例的效力是一种说服力，既是对判例在民法法系国家所具有的效力的一种实际描述，也是基于在判例问题上说服力与约束力相比所具有的优点。有说服力的判例更有助于使判例建立在有一定弹性的理性权威和法官的理性判断基础上，因此相对容易避免出现遵循错误判例造成的"遗憾的后果"。所以有学者说，判例的说服力有助于判例作用的发挥和判例制度的健康发展。[23]

现在我们可以回过头来，回应一个绕不过去的问题，即判例的效力和性质。说这是绕不过去的问题，是因为，判例总是作为法官审理案件的依据或得出裁

---

[21] [瑞典] 亚历山大·佩岑尼克：《法律科学：作为法律知识和法律渊源的法律学说》，桂晓伟译，武汉大学出版社2009年版，第43页。

[22] 佩岑尼克教授认为：判例"不具有正式的约束力，但是具有规范性强力的先例应当被看作法律论证中的权威理由。这种'应当'是有法律性质的，虽然不是严格意义上的法律约束力。所有先例的规范性强力——即使那些不具有法律上的约束力的先例——都是一种法律上的即权威性的（legal, authoritative）强制力"。同上注。

[23] [法] 雅克·德里达：《论文字学》，汪堂家译，上海译文出版社1999年版，第42页。周翠教授的观点可能与我们的看法相近，因此认为"裁判要点不发生拘束力的观点更值得追求"。参见周翠：《民事指导性案例：质与量的考察》，载《清华法学》2016年第4期。

判结论的理由而出现在法律人视野中。[24] 笔者十分赞同张志铭教授有关司法裁判依据区分为不同类别的观点，但是，在裁判依据之外，添加了裁判理由，它们构成帮助法官面对案件事实作出合法裁判的材料；[25] 而对裁判依据和裁判理由的具体分类，我们仍然采取比较法学上传统的约束力与说服力的二分法。对于中国判例的效力与性质，我们可以从两个方面说明。

首先，从上述最高法院的有关规定就可以发现，判例的性质是一种说服力；如果是拘束力，即便是事实上的拘束力，也不应放在裁判理由中，而应放在裁判依据中。[26] 其次，判例是不是一种法律渊源？是一种什么样的法律渊源？笔者认为，判例是一种非正式意义上的法律渊源[27]，而非像法律、行政法规、地方性法规等，是立法法中明确规定的正式法律渊源。[28] 判例作为非正式意义上的法律渊源具有辅助性、次要性和派生性，与"准法源"的提法相比更为确定和确切。说它更确定，是说它在法官的裁判依据、裁判理由的序列中更稳定；说它确切，是说这种定性把判例安放在一个恰如其分的位置上，既不觊觎（正式的）法律渊源的法律依据的地位，又不至于在法律体系中可有可无、似有还无。

现在，我们回到本小节开始提出的那几个实践问题。重庆的地方法院按照重庆市高级人民法院2016年《关于审理消费者权益保护纠纷案件若干问题的解答》（以下简称《解答》），对所谓"职业打假人"知假买假的行为不予支持是否合法？笔者认为，从判例制度的角度看是合法的。这样做是否会破坏判例制

---

[24] 张志铭教授认为："对司法裁判具有影响力并在广泛的意义上构成裁判依据的材料是有不同的类别的。按照对裁判者制约和影响的力度，裁判所依据的材料大致可以区分为权威性、准权威性和说服性三类。"张志铭：《司法判例制度构建的法理基础》，载《清华法学》2013年第6期。
[25] 《最高人民法院关于裁判文书说理的指导意见》中第十三条对此也有类似的表述。见http：//www.court.gov.cn/fabu-xiangqing-101552.html，最后访问时间：2018年7月4日。
[26] 笔者以前曾论证过指导性案例的性质是具有"制度支撑的说服力"的观点。参见张骐：《中国司法先例与案例指导制度研究》，北京大学出版社2016年版，第172—174页。
[27] 参见张骐：《中国司法先例与案例指导制度研究》，北京大学出版社2016年版，第142页。
[28] 我们认为，司法解释是一种"准法律渊源"，即它具有正式法律渊源的作用与功能，但是却没有在立法法中加以规定。我们此处对"准法律渊源"的内涵的界定，可能与雷磊教授的"准法源"有所不同。雷磊教授把指导性案例定位于"准法源"，同时认为，"法源与准法源、准法源与非法源之间的边界是流动的"。参见雷磊：《指导性案例法源地位再反思》，载《中国法学》2015年第1期。

度的统一？笔者认为，不会。因为在现有法律制度中是有救济渠道的。即当事人可以通过向最高人民法院上诉或申诉来维护自己的权利，而最高人民法院可以在接到当事人及其代理人的上诉或申诉后决定二审或再审，作出相应的判决或裁定以维护自己的判决或决定的一致性。实际上，最高人民法院在2017年，即重庆市高级人民法院出台上述《解答》之后一年，也采取了与重庆市高级人民法院相似的立场。[29] 可以说，对判例的说服力和判决理由定位以及判决的既判力，使得判例制度具有一种对应下级法院不同判决和决定的柔韧性，并可以容忍法官对判例的否定性评价，下级法院与最高法院不同的判决和决定并不构成对判例制度的威胁。当然，如果我们在案例指导制度下看待这个问题，把指导性案例定位于"事实上的约束力"，则案例指导制度就具有难以对应下级法院不同判决的刚性和脆性，这类问题的出现就构成破坏案例指导制度统一性，而制度本身又无法解决的"死结"。这也是为什么我们坚持从案例指导制度向判例制度转型的重要原因之一。

（三）转换效力定位，为判例开源

如果把判例的效力定位于说服力，而不拘泥于指导性案例的拘束力，我们就可以用具有说服力的民法法系的判例模式统合指导性案例和其他各种案例。即可以把最高人民法院各业务庭作出的具有普遍性、指导意义的判决及其编写的多种《审判与参考》上发布的案例，《最高人民法院公报》《人民法院案例选》《人民司法》上的案例，以及各高级人民法院发布的案例，都作为判例制度中的判例。这样，判例的种类和数量就会大幅度增加，就可以在相当大的程度上实现判例的基本有效供给，更好地发挥案例的指导、示范作用。[30] 可以说，

---

[29] 在《最高人民法院办公厅对十二届全国人大五次会议第5990号建议的答复意见》（法办函〔2017〕181号）中，最高人民法院指出："职业打假人自出现以来，对于增强消费者的权利意识，鼓励百姓运用惩罚性赔偿机制打假，打击经营者的违法侵权行为产生了一定积极作用。但就现阶段情况看，职业打假人群体及其引发的诉讼出现了许多新的发展和变化，其负面影响日益凸显。基于以下考虑，我们认为不宜将食药纠纷的特殊政策推广适用到所有消费者保护领域。……目前可以考虑在除购买食品、药品之外的情形，逐步限制职业打假人的牟利性打假行为。"参见 http：//www.360doc.com/content/17/0615/08/9851038_663257381.shtml，最后访问日期：2018年7月1日。

[30] 有法官建议"用大数据发现需要案例指导的案件，进行有针对性的指导"。2017年4月29日，笔者西安调研所记。

判例的"有制度支撑的说服力"是开放判例制度活力的钥匙，[31] 可以极大地促进目前指导性案例生成机制的"等米下锅"、投放型的案例指导制度向基于司法规律形成机制的、批量化的判例生成机制转型。这是改换思路之后的"开源"。开源之后，就有可能增加法官与"类案偶遇"的机会，[32] 满足司法实践对于案例的普遍需要。

人们可能会问：如果判例如此多样化，怎样保证判例制度的统一性？笔者以为，保持判例统一的基本制度是诉讼制度。笔者十分赞同张志铭教授的观点："司法判例作用自然生发的最为重要的原因，是统一的司法管辖权制度和法院的审级制度。"[33] 相当多的民法法系国家都有判例制度，这些国家并没有出现多少法官对于判例的不统一适用，当然也没有由此造成司法混乱。有研究者分析了其中的原因：在许多民法法系国家，法官对上诉改判的担心维持了判例制度及法院判决一致性。[34] 这是诉讼制度对判例的天然保证。我们认为，诉讼制度之所以能保证判例制度的统一性，是基于两个原因：首先，由于诉讼制度的存在，下级法院的法官会尽量遵从最高人民法院和上级人民法院作出的或认可的判例，以避免自己的判决被改判或者发回重审；其次，由于上诉制度的存在，当事人及其诉讼代理人，对于与最高人民法院和上级人民法院作出的判决或其认可的判例不一致的判决，向上级人民法院提起上诉，而后者根据《最高人民法院关于案例指导工作的规定》和程序正义的要求也会维护判例的统一。

（四）判例的退出

现在我们回到前述那位资深法官所面对的问题，即如果先前判决严重不公正，或者不符合法律规定，怎么办？《最高人民法院司法责任制实施意见（试

---

[31] 我们这里所讲的判例只限于最高人民法院和高级人民法院判决及认可的判决和案例，这是与其作为国家审判机关的宪法性质相一致的。其他国家机关所发布的指导性案例或案例仍然可以按照原先的制度设计操作，它们不具有判例的功能。这是符合我国法制的。对于最高检察机关发布的指导性案例，笔者同意陈兴良教授的观点，即"最高人民检察院的指导性案例是工作指导规则"。参见陈兴良主编：《中国案例指导制度研究》，北京大学出版社2014年版，第38页。
[32] 增加供给，创造法官适用的指导性案例（判例），可能是比有关指导性案例适用激励制度更有效的发挥指导性案例作用的机制。
[33] 张志铭：《司法判例制度构建的法理基础》，载《清华法学》2013年第6期。
[34] See "Chinese Common Law? Guiding Cases and Judicial Reform," *Harvard Law Review* 129, 2016, p. 2213, p. 2231.

行)》第三部分"审批流程"第(五)节"类案与关联案件检索"对此作出了制度性规定。[35] 这是一种有益的探索。各高级人民法院也可以参照这种模式。法院在判决中对有问题的判例作否定性评价,区别甚至否定先前的判决,对于判例制度的发展是有益的,它有益于我们法律体系、法律适用和判例制度的良性发展,也符合审判独立的原则。但是,已经发生法律效力的判例和已经发生法律效力的参照该判例作出的判决,具有既判力,不应再审。

三、通过规范使用来完善判例的制度支撑机制

（一）在使用中形成制度

制度的形成是一个自然演化的过程。[36] 但这并不等于说人们对于制度的形成是无能为力的。人们可以通过创造条件促使制度形成。塞尔指出："在制度并不存在的情况下有一个创造制度性事实的方法,那就是直接作出犹如这种制度存在那样的行动。"[37] 所谓直接作出犹如这种制度存在那样的行动,就是给一个对象赋予某种功能,"即直接使用这个对象来实现那种功能。使用具有某种功能

---

[35] 《最高人民法院司法责任制实施意见（试行）》第40条规定："经检索类案与关联案件,有下列情形的,承办法官应当按以下规定办理:(1) 拟作出的裁判结果与本院同类生效案件裁判尺度一致的,在合议庭评议中作出说明后即可制作、签署裁判文书;(2) 在办理新类型案件中,拟作出的裁判结果将形成新的裁判尺度的,应当提交专业法言会议讨论,由院庭长决定或建议提交审判委员会讨论;(3) 拟作出的裁判结果将改变本院同类生效案件裁判尺度的,应当报请庭长召集专业法官会议研究,就相关法律适用问题进行梳理后,呈报院长提交审判委员会讨论;(4) 发现本院同类生效案件裁判尺度存在重大差异的,报请庭长研究后通报审判管理办公室,由审判管理办公室配合相关审判业务庭室对法律适用问题进行梳理后,呈报院长提交审判委员会讨论。"见 http://www.pkulaw.cn/fulltext_form.aspx?Db=chl&Gid=300188&keyword=%e6%9c%80%e9%ab%98%e4%ba%ba%e6%b0%91%e6%b3%95%e9%99%a2%e5%8f%b8%e6%b3%95%e8%b4%a3%e4%bb%bb%e5%88%b6%e5%ae%9e%e6%96%bd%e6%84%8f%e8%a7%81%ef%bc%88%e8%af%95%e8%a1%8c%ef%bc%89&EncodingName=&Search_Mode=like;最后访问日期：2018年7月4日,【法宝引证码】CLI.3.300188。

[36] 美国哲学家塞尔认为："创造制度性事实通常都是一个自然演化的问题,并不需要明晰地有意识地把功能——不管是地位或其他类型的功能——赋予较低层次的现象。"[美] 约翰·R.塞尔：《社会实在的建构》,李步楼译,上海世纪出版集团2008年版,第106页。

[37] 同上书,第100页。

的东西的前提通常是，我们理所当然地接受了它的背景现象的形式"[38]。从判例制度的建立角度说，使用案例，并使案例发挥判例的功能，就是建立判例制度的有效方法。从制度上保证法官遵循有说服力的判例的一个重要方面，是通过规范使用来完善判例的制度支撑机制。张志铭教授在谈到有关司法判例制度构建的研究时认为："关键则在于裁判者在后续裁判中如何认识、把握和运用'同案同判'的原理原则，以及如何认识、把握和对待该原则所必然涉及、与司法判例作用实现密切相关的法官自由裁量权问题。"[39]张教授的观点切中要害。接下来笔者的探讨就是针对这些关键问题的。

首先，《最高人民法院司法责任制实施意见（试行）》创设的类案与关联案件检索制度等规定，[40]既是客观上使案例发挥判例功能的某种指示，又是"实现犹如判例制度存在那样的行动"的重要保证。开启了判例制度的背景大幕，对于建立判例制度具有十分重要的意义。

其次，建立判例制度不仅靠规定，还需要落实为法官们的日常工作实践。只有众人共行的实践才会使制度具有生命。如果形成制度的规则被人们实践，发挥规则制定者所期望的功能，就表明制度得到了人们的承认和接受，人们按照制度的要求行事，久而久之，就形成了惯例。一位最高法院资深法官曾介绍："北京知识产权法院，把指导性案例与参考性案例并列，将两类案例作为裁判理由引用。"[41]这其实就是朝向判例使用惯例化的一个良好开端。笔者认为，应当把法官在类似案件中引用判例、回应当事人提出的使用案例或判例的要求，把参照、引用判例及说理的要求具体化到法院工作规范中，规定进各类诸如"人民法院裁判文书制作规范"和"诉讼文书样式"中，使之成为法院工作规范的一部分，使上述要求成为具有法院工作规章保障的职业义务，法官如果违反这

---

[38] [美]约翰·R. 塞尔：《社会实在的建构》，李步楼译，上海世纪出版集团2008年版，第106页、第107页。
[39] 张志铭：《司法判例制度构建的法理基础》，载《清华法学》2013年第6期。
[40] 其第39条规定："承办法官在审理案件时，均应依托办案平台、档案系统、中国裁判文书网、法信、智审等，对本院已审结或正在审理的类案和关联案件进行全面检索，制作类案与关联案件检索报告。"见《最高人民法院司法责任制实施意见（试行）》。
[41] 王闯高级法官2017年7月28日在最高人民法院司法案例研究院的发言。

些工作规范,虽然不构成错案,但构成瑕疵。[42] 如果上述要求被建章立制并落实为法官的日常行动,假以时日,有中国特色的判例制度一定会建立起来的。

(二) 法官应在判决书中对在审案件与判例的类似性作出论断

判例的生命在于使用。如何使用判例？法官是否应当在判决书中对在审案件与判例的类似性作出论断？《最高人民法院关于案例指导工作的规定》第七条对各级人民法院审判类似案例时参照指导性案例作出了原则性规定。那么,如果有当事人或其诉讼代理人提出应当使用指导性案例、判例或者案例的时候,法官是否应当在表明其审判活动结果的判决书中对于在判案件是否与判例或指导性案例类似、为什么类似或者不类似作有针对性的说明呢？最高人民法院《〈最高人民法院关于案例指导工作的规定〉实施细则》第九条、第十一条第二款对此作出规定:"各级人民法院正在审理的案件,在基本案情和法律适用方面,与最高人民法院发布的指导性案例相类似的,应当参照相关指导性案例的裁判要点作出裁判。""公诉机关、案件当事人及其辩护人、诉讼代理人引述指导性案例作为控(诉)辩理由的,案件承办人员应当在裁判理由中回应是否参照了该指导性案例并说明理由。"对于这两条规定,有学者认为:"无须将上述两条内容看成是要求法官在判决书中须说明其正在审理的案件与指导案例所涉案件的类似。法官感受到的类似只需通过对裁判要点的引用加以体现即可。"[43] 我们理解这位学者的观点及其理由。鉴于目前指导性案例的条文化样态,以及法官在适用指导性案例方面所受教育和训练还十分有限的情况,其观点并非完全没有道理。但是,笔者还是认为,法官在判决书中应当说明在审案件与判例是否类似,这应当成为法官的一项职业义务,理由主要有以下四点。

第一,这有益于更好地实现判例及其裁判规范的功能。法官在使用中对案件的类似性进行说明,有助于法律共同体辨别裁判规范的内涵、使用条件与合

---

[42] 笔者的这一观点受到曹志勋博士文章的启发。参见曹志勋:《论指导性案例的"参照"效力及其裁判技术》,载《比较法研究》2016 年第 6 期,第 129—131 页。有的高级人民法院的领导也意识到案例使用制度化的重要性,如广东省高级人民法院陈超副院长 2017 年 7 月 28 日在最高人民法院司法案例研究院的发言提出:"加强运用案例进行裁判的程序性保障。"《最高人民法院加强裁判文书说理的指导意见》对在裁判文书中使用指导性案例也作出了一定的规定。

[43] 孙维飞:《隐名的指导案例——以"指导案例 1 号"为例的分析》,载《清华法学》2016年第 4 期。

理边界，并在使用中不断改进和完善。从本体论意义上的哲学诠释学出发，判例及其裁判规范对制定法的创造也是一种对法律的解释。解释有广义和狭义之分。与创造性相对的法律解释是狭义的法律解释，具有创造性的法律解释属于广义的法律解释。后者的意义在于，它为法官能动地适用法律提供了正当性证明。因为，法官面对疑难、新型或复杂案件时没有办法不进行创造性的司法，要解释法律，就得有所创造。比如指导性案例38号，田永诉北京科技大学拒绝颁发毕业证、学位证行政诉讼案。[44] 伽达默尔指出："人的权威最终不是基于某种服从或抛弃理性的行动，而是基于某种承认和认可的行动——即承认和认可他人在判断和见解方面超出自己，因而他的判断优先，即他的判断与我们自己的判断具有优先性。"[45] 由于判例的效力是一种说服力，所以判例制度的权威性更加依赖于判例使用者对使用判例理由的阐发。法官在使用中对案件的类似性进行说明，对于实现判例及其裁判规范的功能具有十分重要的意义。

第二，有助于实现中国共产党第十八届四中全会决定提出的"努力让人民群众在每一个司法案件中感受到公平正义"的要求。正义包括实质正义与形式正义（在法律上可以化约为程序正义）。实质正义事关裁判结果，而程序正义体现为严格依法办事。要实现让人民群众在每一个案件中感受到公平正义，虽然应当努力使得涉案各方都对裁判结果满意，但是经验和理性都告诉我们，这基本上是做不到的。所以，在司法领域里实现公平正义，让人民群众在每一个案件中感受到公平正义，在很大程度上是靠恪守程序规程、类似案件类似审判。而在判决书中说明裁判所参照的判例与在审案件的类似性，对于"让人民群众在每一个司法案件中感受到公平正义"就具有十分重要的意义。

第三，这是在中国实现法治的要求。虽然法官在使用判例的时候有可能进

---

[44] 该指导性案例的裁判要点所确立的裁判规范涉及法律没有明确的问题，这三个裁判要点是："1.（对）高等学校对受教育者因违反校规、校纪而拒绝颁发学历证书、学位证书，受教育者不服的，可以依法提起行政诉讼。2.（对）高等学校依据违背国家法律、行政法规或规章的校规、校纪，对受教育者作出退学处理等决定的，人民法院不予支持。3. 高等学校对因违反校规、校纪的受教育者作出影响其基本权利的决定时，应当允许其申辩并在决定作出后及时送达，否则视为违反法定程序。"参见颜茂昆主编：《中国案例指导》（总第3辑），法律出版社2016年版，第99—100页。

[45] [德]汉斯-格奥尔格·伽达默尔：《真理与方法》（诠释学Ⅰ），洪汉鼎译，商务印书馆2016年版，第396页。

行创造性的司法，但是，这种创造性却不是专断的、任意的，伽达默尔先生说得好："法官正如法律共同体的每一个其他成员一样，他也要服从法律。一个法治国家的观念包含着，法官的判决绝不是产生于某个任意的无预见的决定，而是产生于对整个情况的公正的权衡。"[46]法官在判决书中说明在审案件与判例是否类似以及如此判断的理由，是保证其审判行为符合法治原则的一项必要义务。

第四，这有助于裁判规范、判例制度的长远发展。裁判规范和判例制度的维系和发展是一个连续性的群体实践。审案法官只有在判决书中说明在审案件与裁判中所涉判例的类似性，才能为其他法官和法律共同体的其他成员评析、判断、参考、借鉴审案法官对判例的使用提供判断根据，也才能为后案法官在此案的基础上推进判例及其裁判规范的发展提供文本依据，形成判例制度化发展的良性循环。按照哲学诠释学的理论，"说"的过程也是思的过程，通过说而思，然后才成形。[47] 在这个意义上，"说出道理同时也是道理的成形。"[48]说明是否类似及其理由，为裁判规范的未来发展开辟了道路。陈嘉映教授指出："明述道理敞开了种种新的可能性，敞开了一个新的世界；惟在这个世界里，我们才能为要求、命令、政策提供理由，我们才能公开议政、进行法庭辩论、讨论根号 2 是不是无理数。"[49]法官在判决书中说明在审案件与判例是否类似，与"明述道理"的道理相同，意味着对同事——现在及后来的法官、律师的尊重与谦虚，也意味着对自己决定的自信。

笔者注意到，已经有高级人民法院对此作出了较为具体的要求，例如《江苏省高级人民法院关于加强案例指导工作的实施意见》第 22 条要求："参照指导性案例审理案件时，应当对所参照的案例和待决案件的事实要件、裁判要点、

---

[46] ［德］汉斯-格奥尔格·伽达默尔：《真理与方法》（诠释学Ⅰ），洪汉鼎译，商务印书馆 2016 年版，第 466—467 页。

[47] 伽达默尔指出："人类的语言就'世界'可以在语言性的相互理解中显现出来而言，必须被认作一种特别的、独特的生活过程。"参见《真理与方法》（诠释学Ⅰ），第 626—628 页。海德格尔指出："话语同现身、领会在生存论上同样源始。可理解性甚至在得到解释之前就已经是分成环节的。话语是可理解性的分环勾连。从而，话语已经是解释与命题的根据。"参见 ［德］海德格尔：《存在与时间》（修订译本），陈嘉映、王庆杰译，生活·读书·新知三联书店 2016 年版，第 188 页、第 189 页。

[48] 陈嘉映：《说理》，华夏出版社 2014 年版，第 5 页。

[49] 同上书，第 6 页。

裁判结果是否类似作出比较和鉴别。"[50]

法官怎样在判决书中对在审案件与判例的类似性作出论断？笔者曾经在几篇文章中对上述问题作过初步探讨。我们认为，中国法官在实践中判断待判案件（在审案件）与指导性案例是否相似的主要支点是案件争议点和关键事实，[51] 而案件争议点或争议问题在判断案件相似性时尤为重要。伽达默尔指出："问题的意义就是这样一种使答复唯一能被给出的方向，……问题使被问的东西转入某种特定的背景中。"[52] 在判断在审案件与判例的类似性时，案件的争议问题，就是指导法官进行有效思考和论证的"问题的意义"，它确定了法官思考和论证的方向、范围和重点。法官如果能够确定在审案件与判例的争议问题具有相关的类似性，则参照判例审判案件就是妥当的；反之，如果能够确定在审案件与判例的争议问题不具有相关的类似性，则不参照就是妥当的。最高人民法院发布的《最高人民法院关于加强和规范裁判文书释法说理的指导意见》第三条要求法官"要针对诉讼主张和诉讼争点、结合庭审情况进行说理，做到有的放矢。"这个要求与我们在这里提出的观点是一致的。

为了帮助法官在判决书中对在审案件与判例的类似性作出论断，我们还需要进一步研究使用判例的方法，完善引用判例的规则。《最高人民法院司法责任制实施意见（试行）》在类案与关联案件检索制度中规定了拟作出的裁判结果与最高法院同类生效案件相比四种不同情况的处理方式。[53] 因此，类似于普通法国家的案件区别方法就将显得十分有意义。普通法国家的法官把一个先例区分为判决理由和附带意见（旁论）两个部分。如此区分的一个主要原因，是要决定在什么情况下以及如何"遵循先例"？或者说，法官遵循先例的什么部分？遵循先例到什么程度？一般来说，在普通法国家，如果待判案件与先例类似，则待判案件的处理结果应当遵循先例中判决理由所确定的法律规则；虽然待判案

---

[50] 《江苏省高级人民法院关于加强案例指导工作的实施意见》，http://www.pkulaw.cn/full-text_form.aspx? Db=lar&Gid=17795303，【法宝引证码】CLI.13.1018087，最后访问日期：2017年8月11日。

[51] 张骐：《再论类似案件的判断与指导性案例的使用》，载《法制与社会发展》2015年第5期；张骐：《论类似案件的判断》，载《中外法学》2014年第2期。

[52] [德] 汉斯-格奥尔格·伽达默尔：《真理与方法》（诠释学 I），洪汉鼎译，商务印书馆2016年版，第512页。

[53] 见《最高人民法院司法责任制实施意见（试行）》。

件与先例类似，但是待判案件的处理结果不同于先例中的附带意见，则是可以的。[54]

其实，在民法法系国家如德国，同样在先例中区分判决理由与旁论（附带意见），也同样是在面对待判案件的结果可能与先例不同的情况下作出的。如果待判案件与先例类似，而待判案件要偏离甚至推翻先例中确立的裁判规则，则要召开大审判庭会议；如果待判案件与先例类似，待判案件的结果只是与先例的旁论不同，则不需要召开大审判庭会议。[55] 新近出台的类案与关联案件检索制度下的案件比较，将更像民法法系国家判例制下的案件区别，而比以前指导性案例的适用更为多姿多彩。这有待于我们作更为深入、细致和全面的研究。

（三）判例制度的形成与裁判规范的发展是一个连续性的群体实践

判例制度是由判例组成的；判例的核心是判例中的裁判规范。而裁判规范的形成有时可能是在一个判例中的"一次成型"，也有可能是在数个判例中不断发展、逐渐成形。在后一种情况下，裁判规范的形成是通过一系列判例的发展而形成的，是一个群体的连续工作，就像德沃金曾经说过的，是一组小说家依次接力撰写一部小说的过程。[56] 例如，指导性案例第 29 号天津中国青年旅行社诉天津国青国际旅行社擅自使用他人企业名称纠纷案[57]确立了两个裁判规范：

（1）对于企业长期、广泛对外使用，具有一定市场知名度、为相关公众所知悉，已实际具有商号作用的企业名称简称，可以视为企业名称予以保护。

（2）擅自将他人已实际具有商号作用的企业名称简称作为商业活动中互联网竞价排名关键词，使相关公众产生混淆误认的，属于不正当竞争行为。

这两个裁判规范就经历了一个由中国法院和其他法律人共同努力的过程。李友根教授细致地梳理和研究了这两个裁判规范的形成过程后指出：由于市场竞争实践中存在着大量的针对知名企业简称而进行商标注册、字号登记的现象，

---

[54] 张骐：《法律推理与法律制度》，山东人民出版社 2003 年版，第 86—90 页。
[55] John P. Dawson, *The Oracles of the Law*, William S. Hein & Co., Inc. Buffalo, New York, 1986, p. 448, p. 484, p. 449.
[56] See Ronald Dworkin, *Law's Empire*, Belknap Press of Harvard University Press, Cambridge, Massachusetts, 1986, p. 229.
[57] 参见颜茂昆主编：《中国案例指导》（总第 2 辑），法律出版社 2015 年版，第 230—233 页。

先前已经有部分法院开始突破有关法律与司法解释的规定，将企业简称纳入《反不正当竞争法》的保护范围，"最高法院通过不断地发布《公报》案例、指导案例和司法政策、司法解释，完成了从企业名称到字号、最终到简称的裁判规则演进，将企业名称简称纳入《反不正当竞争法》第 5 条的保护"。[58]

法官"续写"裁判规范的载体是判决书。一个繁简适当、论证得体的判决书，对于阐发和适用裁判规范具有十分重要的意义。从中国判例制度健康发展的角度看，我们需要更加专业、细致的判决书说理。所谓更专业，是指判决书应当符合解决涉案争议问题所需要的法学理论和部门法理论；所谓更细致，是指判决书应当深究与争议问题和裁判规范有关的法理问题。[59]

参与裁判规范发展的既可能是制作判决、制作指导性案例的法官，也可能是撰写案例分析、案例评注的法学家。例如，贺剑教授在分析指导性案例第 2 号吴梅诉四川省眉山西城纸业有限公司买卖合同纠纷案时指出：

> "吴梅案及相关研究引入诚信原则，并以之作为执行或恢复执行生效判决的判断标准的做法，一定程度上替代了部分合同法规则，但只能实现粗犷的正义，它也隐含了对诚信原则功能的误会。在实体法上，诚信原则仍可以用于限制解除权等合同权利的滥用，从而间接影响和解协议的效力。"[60]

曹志勋教授在分析吴梅诉四川省眉山西城纸业有限公司买卖合同纠纷案时认为，在该指导性案例裁判理由部分出现的、裁判要点所没有的"违背了双方约定和诚实信用原则"的表述，"是对裁判要点的说理和民事诉讼理论上的重大

---

[58] 李有根：《论企业名称的竞争法保护——最高人民法院第 29 号指导案例研究》，载《中国法学》2015 年第 4 期。李教授的研究还表明：外国法与比较法的研究成果对于中国的法院和法学工作者形成判例中的裁判规范具有十分积极的意义。

[59] 最高人民法院的迈克尔·杰弗里·乔丹与国家工商总局商标评审委员会、一审第三人乔丹体育股份有限公司商标争议行政纠纷再审行政判决，是这种优秀判决的典范。《迈克尔·杰弗里·乔丹商标争议行政纠纷再审行政判决书》（下），载李想律师网，http://www.xzlawer.com/content/? 2063. html，最后访问日期：2017 年 9 月 2 日。

[60] 贺剑：《诉讼外和解的实体法基础——评最高人民法院指导案例 2 号》，载《法学》2013 年第 3 期。

突破"[61]。

伽达默尔指出："理解包含解释、观察、联系、推出结论等的全面可能性，在文本理解的范围内，通晓就正在于这许多可能性。"[62]从哲学诠释学的角度讲，法官和法学理论工作者在判决书、法学文章中对裁判规范的适用进行讨论或分析，为判例的诸多可能发展提供了坚实的基础。可以说，判决书、法学论文针对裁判规范的论理过程，也是裁判规范形成和发展的过程。在上述实例中，指导性案例第 2 号[63]的裁判理由与贺文及曹文前后相继地提供了一个将诚信原则适用于此类案件并供后来的法官和学者接着说的脚本，成为新的裁判规范形成与发展的文本基础。我们可以说，一个健康的法律实务工作者与法学理论工作者在判例评析方面的互动机制，对于判例制度的形成与发展是十分必要的。

四、通过法律教育为判例制度的形成与发展创造条件

笔者在前面讨论了判例制度的建设问题。然而，判例制度的形成并非仅仅通过制度建设的努力就可以解决问题。李红海教授认为："导致司法不统一、同案不同判的真正原因在于，法官没有分享一套共同的价值观。"[64]笔者虽然认为导致司法不统一、同案不同判的原因有许多，但认为共同的价值观对于司法统一、类似案件类似审判（即同案同判）具有十分重要的意义。而法律教育是形成共同价值观的必要途径。进而言之，法律教育对于司法统一、判例制度的形成与发展具有十分重要的意义。在此，我们指出两个方面。

第一个方面，对判例制度至关重要的法律教育的核心，是对法治、宪法和法律至上的忠诚。这看似有点矛盾。民法法系国家的现代判例制度是由于制定法条文的不完善才应运而生的，而我们又建议忠诚于宪法和法律至上，这怎么可能？这不仅是可能的，而且是必要的。其中的道理很多，但是我们可以把它

---

[61] 曹志勋：《论指导性案例的"参照"效力及其裁判技术》，载《比较法研究》2016 年第 6 期。
[62] ［德］汉斯-格奥尔格·伽达默尔：《真理与方法》（诠释学 I），洪汉鼎译，商务印书馆 2016 年版，第 371 页。
[63] 参见胡云腾主编：《中国案例指导》（总第 1 辑），法律出版社 2015 年版，第 5—6 页。
[64] 李红海：《司法统一视野中的案例指导制度》，载陈兴良编：《中国案例指导制度研究》，北京大学出版社 2014 年版，第 733 页。

简述为以下三点：首先，建立判例制度的目的，是为了实现法治，保证宪法和法律成为国家治理和社会治理的基础。其次，以宪法和法律至上为核心的法治原则既是判例制度的合法性基础，也是判例制度行稳至远的保障。"法官除了法律就没有别的上司。"[65]判例制度并非置法律于不顾，恰恰相反，判例制度需要严格依法办事。最后，这里的法，包括法的原则、法的程序性规定以及法的基本价值，例如公正与人的尊严、自由与人权，或者我们所说的法治的"魂"[66]。德国法学家萨维尼用更精辟的语言讲了同样的意思："具体到法官的裁判，只有当它不再只被当作工具，而是一种自由而庄重的使命的召唤时，司法才会获得真正、科学的完善。"[67]

第二个方面，我们的判例制度要由广大法官付诸实践，要通过法律教育和训练，使其掌握使用判例所需要的知识和技能。由于长期以来中国没有真正的判例制度，许多法官并不知道判例为何物，当然也就不了解如何使用它，因此需要对其进行有关判例制度和判例使用的教育与训练。笔者以为，有关判例制度的法律教育至少有三点基本要求：专业、系统、实用。专业，是指判例制度的法律教育应当具有司法审判所需要的专业理论和所涉及的部门法专业审判训练，如知识产权审判的专业训练；系统，是指判例制度的法律教育应当具有体系性，具有法理基础，是由法学理论组织起来的体系，是案例教育与训练的多样化与体系化的统一；实用，是指要体现法律适用的实际需要，而不是单纯的理论研究，司法审判是一种技艺，因此需要训练。

五、判例制度建设需要与司法改革的其他方面协调配合

钱穆先生在总结中国历代政治得失时指出："每一制度，不当专就此制度之本身论，而该就此制度与政府其余各项制度之相互关系中来看此制度所能发生

---

[65] [德] 马克思：《马克思恩格斯全集》（第1卷），人民出版社1995年版，第180—181页。
[66] 笔者曾经把"坚持法治"作为通过实现共识来保证指导性案例效力的第一个基本原则。参见张骐：《中国司法先例与案例指导制度研究》，北京大学出版社2016年版，第183—185页；张骐：《法治的"魂"与"形"》，载《华东政法大学学报》，2018年第2期。
[67] [德] 弗里德里希·卡尔·冯·萨维尼：《论立法与法学的当代使命》，许章润译，中国法制出版社2001年版，第96页。

之功效与其实际的影响。"[68]诚哉斯言。判例制度是司法制度的一个部分。它与司法体制密切相连，中国判例制度的建设与司法体制改革紧密相关。在判例制度建设方面，我们应当有整体性思维。未来中国判例制度的形成不仅靠判例制度本身的建设与演进，还有赖于司法改革的整体发展。正如陈瑞华教授所说："司法改革是一个法律生命的有机统一体，涉及审级制度、审判方式、司法官员培养机制等众多配套制度的合力作用。"[69]

判例制度虽然是某种创新，但是这种创新并不是无本之木、无源之水，它其实也遵循着一定的范例和传统。从1956年最高法院在全国司法审判工作会议上明确指出"要注重编纂典型判例，经审定后发给各级法院比照援用"[70]，到1985年5月《最高人民法院公报》创刊号开始刊登案例，再到2008年时任最高人民法院院长肖扬在向第十一届全国人大第一次会议作最高法院工作报告时指出："（过去五年来）通过公报发布指导性案例169个，为探索建立案例指导制度积累了经验"；从2010年11月15日《最高人民法院关于案例指导工作的规定》，到2017年8月1日起施行的《最高人民法院司法责任制实施意见（试行）》规定类案与关联案件检索制度，我们可以看出中国由判例起步而建立案例指导制度、再向判例制度发展的趋势。这个趋势的动因，就是中国法律界在建设法治中国的大背景下顺应司法规律的自然、自觉的努力。

同时，我们要看到，判例制度的建立和实现既是一个法律现象，也是一个政治决断。作为一种政治行为，建设判例制度的努力"是与责任、使命、职责和规则联系在一起的"[71]。判例制度发展的过程本身凝聚着中国法律人在法治与判例问题上的共识与担当。

德国社会学家韦伯在讲到德国判例法与法学研究的相互关系时，指出了当时判例法的实效性的前提条件："（1）事实上共通的惯行，（2）关于适法性的

---

[68] 钱穆：《中国历代政治得失》，生活·读书·新知三联书店2012年版，第162页。
[69] 参见陈兴良主编：《中国案例指导制度研究》，北京大学出版社2014年版，第82—84页。
[70] 吴光侠：《案例指导制度的沿革与建构》，载陈兴良编：《中国案例指导制度研究》，北京大学出版社2014年版，第50页。
[71] [美]詹姆斯·G.马奇、[挪威]约翰·P.奥尔森：《重新发现制度》，张伟译，生活·读书·新知三联书店2011年版，第21页。

共同确信,(3)合理性,而这些条件全都是理论思维的产物。"[72] 虽然当代中国的情形不同于当时的德国,但是,韦伯所谈到判例制度形成的基础和条件对于中国的判例制度的形成和发展也具有启发意义。结合中国的实际情况,我们或许可以提出中国判例发挥作用的内部条件和外部条件。中国判例发挥作用的内部条件是:合理制作的裁判规范、合理的以充分的程序规定为重要内容的判例制度安排。外部条件是:初步完善的法律体系,全社会对法律的尊重,一个依照宪法和法律有效运作的司法机构,法律界及社会对判例作用合法性(最低限度)的共识,一定程度的判例实践。判例制度的外部条件与判例制度的建立是一种相互促进、协同发展的关系,不是要等外部条件完全具备以后才有可能建立判例制度。中国判例制度的建设是法治中国建设的一个组成部分,需要中国法律人积极的、持续不懈的努力。德国法学家萨维尼于两百多年前谈到德国的法律发展时指出:"在盛行'普通法'的邦国,一如在其他各邦,良好的法律状况仰赖于三件事:首先,胜任有为、圆融自洽的法律权威;其次,一个胜任有为的司法机构;最后,良好的程序形式。"[73] 每一个国家的法治建设都有其特殊的地方,但是,萨维尼此处所说的三点,应当是具有普遍性的基本条件。我们的当务之急是,转变观念,做好基础研究,进行制度建设,做好教育培训,为中国判例的发展打好基础。

---

[72] [德] 马克思·韦伯:《法律社会学》,康乐、简惠美译,广西师范大学出版社2005年版,第142—143页。
[73] [德] 弗里德里希·卡尔·冯·萨维尼:《论立法与法学的当代使命》,许章润译,中国法制出版社2001年版,第83页。

刍议流量劫持的法律规制与司法实践[1]

孙益武*

摘 要	流量是互联网时代企业竞争最重要的工具。市场主体为争夺流量难免会剑走偏锋，流量劫持成为常见的不正当竞争形式。如果流量劫持相关的被控侵权行为难以适用《商标法》《著作权法》等知识产权法的侵权规则，可以适用《反不正当竞争法》中制止互联网不正当竞争规则的相关条款。通过个案总结出的"非公益必要不干扰原则"和"避让原则"等应当通过指导案例或司法解释等形式进行类型化适用。
关键词	互联网　不正当竞争　流量劫持　商标侵权

流量劫持作为一种新型的不正当竞争行为，在无法援引《侵权责任法》和《反不正当竞争法》的具体法条时，《反不正当竞争法》第二条成为司法实践灭杀互联网领域中不正当竞争行为的利剑。本文对流量劫持案例的梳理，对流量劫持的司法规制进行了较好的总结与归纳；只有不断在实践中提炼，才能将抽象的"违反诚实信用原则"和"违反公认的商业道德"类型化和具体化，"非公益必要不干扰原则"和"避让原则"等在个案中确立的指导原则能有效地规制互联网领域的流量劫持行为，保护坚守正当竞争底线的互联网企业。

---

* 孙益武，法学博士、管理学博士后，杭州师范大学法学院副教授、硕士研究生导师，中国法学会 WTO 法研究会理事、复旦大学知识产权研究中心特邀研究员，主要研究方向：知识产权法和网络法。

[1] 本文是司法部国家法治与法学理论研究项目"跨境贸易电子商务知识产权纠纷解决机制研究"（16SFB5033）的研究成果之一。

一、流量劫持的界定与辨析

（一）流量与点击率

通常说网站流量（traffic）是指网站的访问量，是用来描述访问一个网站的用户数量以及用户所浏览的页面数量等指标。互联网时代，流量意味着金钱和市场机会。网站流量的变现方式很多，主要是利用其用户群赚取广告费或利用流量吸引投资，或将网站引流至自身的电商平台或自媒体平台实现变现等。有学者认为，流量是一种新型财产，具有经济价值性、无体无形性和可支配性。[2] 无论是淘宝刷单、微博刷粉，还是微信刷量，市场主体都是为了提高用户关注数量，形成网络效应，从而聚集更多的用户或流量。这就是所谓的"注意力经济"或"眼球经济"，它是指最大限度地吸引用户或消费者的注意力，通过培养潜在的消费群体，以期获得最大未来商业利益的经济模式。

由此可知，在互联网领域，强大用户关注度就是巨大的利益。互联网主体争夺的本质是对流量的争夺，其实质是对用户的争夺。这与传统商家并无不同，但由于网络中各种不正当竞争的手段层出不穷，而且越来越秘密，危害也越来越大。流量劫持并不是一个新的现象，并在技术发展过程中不断花样翻新。

（二）概念及分类

目前，国家监管部门、市场主体和行业协会并没有对流量劫持作一个统一而权威的定义。百度百科对流量劫持的定义是："利用各种恶意软件修改浏览器、锁定主页或不停弹出新窗口，强制用户访问某些网站，从而造成用户流量损失的情形。"[3] 而这实际引自上海浦东新区人民法院判决的流量劫持入刑第一案的媒体通稿。在腾讯等六家公司联合发布的声明中也没有对流量劫持作过界定，[4] 但认为流量劫持方式主要分为域名劫持和数据劫持两类。

---

[2] 季境：《互联网新型财产利益形态的法律建构——以流量确权规则的提出为视角》，载《法律科学（西北政法大学学报）》2016 年第 3 期。

[3] 参见百度百科"流量劫持"词条，http：//baike.baidu.com/link？url＝6Bvcd9XZOh6ZyzZnkt9cFTaa8JIoYyk00_bl2P-c8NLvPaB25g_3zxIvS2uGYT7Wvb8Lc6RsLvpUTtJmoe-zuzlnkrV4lLxCzuy80TnJu8fqCdZJIw_rDlyMTgjhwLKF7，访问日期 2018 年 12 月 3 日。

[4] 参见《六家互联网公司发声明 抵制流量劫持等违法行为》，http：//tech.qq.com/a/20151225/039098.htm，最后访问日期：2018 年 12 月 3 日。

域名劫持表现为在用户正常联网状态下，目标域名会被恶意地错误解析到其他 IP 地址上，造成用户无法正常使用服务。电信运营商内部针对非法流量劫持有相关防范措施，但仍有劫持系统通过各种方式进行渗透。以常见的 DNS 服务器劫持为例，电信运营商里有省级 DNS 服务器和市县级 DNS 服务器，不同级别的服务器所管辖的区域大小不同；省级 DNS 服务器安全级别高，管理较规范，恶意劫持较少；市级、县级 DNS 服务器发生恶意劫持用户访问的情况相对较多。在重庆发生的流量劫持刑事案件中，涉案被告利用职务之便修改 DNS 域名解析。[5]

数据劫持又称为"链路劫持"或"会话劫持"（Session Hijack），基本针对网络中明文传输的内容发生。用户发起 HTTP 请求，服务器返回页面内容时，经过中间网络，页面内容被篡改或加塞内容，强行插入弹窗或者广告。返回内容中强行插入弹窗或嵌入式广告等其他内容会干扰用户的正常使用，对用户体验构成极大伤害。例如，在一次正常的会话过程当中，攻击者作为第三方参与其中，既可以在正常数据包中插入恶意数据，也可以在双方的会话当中进行监听，甚至可以是代替某一方主机接管会话。数据劫持的常见表现方式为诱导跳转。

还有一种常见的流量劫持方法是捆绑并诱导安装。比如，网民在下载安装某聊天软件的时候会主动推广用户下载安装某安全软件，这也是一种诱导式流量劫持行为。

在国外，流量劫持（Network Traffic Hijacking）也被称为"Internet Traffic Misdirection"（网络流量误导），"Traffic Diversion"（流量转移）或"Internet Traffic Interception"（网络流量拦截）。其中，"Misdirection"和"Diversion"的表述较为中性，准确反映出流量劫持的表现行为方式，通过误导（错误指示）和转移等方式将正常的访问流量导入第三方。其中，"Misdirection"也是魔术师常用的魔术技巧，即将观众视点被外物引导而成功作出效果。因此，这种一语双关的描述也反映了流量劫持的秘密性和蛊惑性，普通网民如果没有专业人员和技术的帮助对此难以设防，这也是流量劫持频发的原因之一。

---

[5] 参见重庆市渝北区人民法院刑事判决书（2015）渝北法刑初字第 00666 号。

二、网络竞价广告商业模式与流量劫持

（一）竞价排名与流量劫持

DNS 劫持和数据劫持通常需要较高的技术支持，但中小企业或普通个体可以通过商业购买的"关键词劫持"技术较为容易地实现流量劫持。关键词劫持是指通过搜索引擎优化（Search Engine Optimization）技术手段把目标关键词的流量引到指定的网站或网页。

2016 年，"魏则西事件"曾引发对百度关键词竞价排名究竟是信息检索还是广告的新一轮争议。但早在 2009 年的北京市海淀区人民法院判决中，法院认为：竞价排名服务系百度公司基于搜索引擎技术推出的一种网络推广服务方式，市场经营者在百度网站的竞价排名栏目注册账号后，通过自行选定关联到其网站的竞价排名关键词、自行撰写简要概括其网站网页内容的推广信息作为链接标题以及自行设定点击价格，来达到影响搜索关键词与该网站网页的技术相关度之目的，从而使得该网站网页在搜索结果中排序优先。竞价排名服务已成为为数众多的市场经营者宣传推广自己的网站、商品、服务以获得更多商业机会的重要途径，但该服务在本质上仍属于信息检索技术服务，并非广告法所规范的广告服务。[6] 2013 年，在某案件终审判决中，北京市第一中级人民法院认为，该案涉及的百度推广服务是由推广用户设置关键词和推广链接后，运用百度推广的关键词定位技术，当网络用户搜索该关键词时，推广结果将以标题、描述、网络链接的形式显示在搜索结果首页左侧上方或各页右侧的"推广链接"位置，该服务是一种有偿服务并按效果收费。由于是否出现在推广链接位置不完全取决于标题、描述或者链接的页面是否出现该关键词，百度推广服务与纯基于信息定位服务的自然搜索服务存在一定区别。[7] 法院最后认定：结合涉案推广链接的标题、描述及所链接网站的内容，其设置者的目的在于当网络用户搜索"微型摄像机"时，其网站的链接和描述能出现在"推广链接"位置，从而对其所销售的微型摄像机等商品进行宣传和介绍。因此，涉案推广链接符合《广告法》关于广告的定义。

---

〔6〕 参见北京市海淀区人民法院（2009）海民初字第 26988 号民事判决。
〔7〕 参见北京市第一中级人民法院（2013）一中民终字第 9625 号终审判决书。

然而，意想不到的是，北京市高级人民法院于 2016 年 4 月发布的《关于涉及网络知识产权案件的审理指南》第 39 条直接规定，搜索引擎服务提供者提供的竞价排名服务，属信息检索服务；并且明确确认，在提供竞价排名服务的过程中，搜索引擎服务提供者未实施选择、整理、推荐、编辑关键词等行为的，其对竞价排名服务中所使用的关键词等不负有全面、主动审查的义务，但明显违背法律、法规规定的除外。但是，对于利用竞价排名服务实施的不正当竞争行为，原告有权通知搜索引擎服务提供者采取删除、屏蔽、断开链接等必要措施。搜索引擎服务提供者接到通知后未及时采取必要措施的，对损害的扩大部分与实施不正当竞争行为的经营者承担连带责任。搜索引擎服务提供者知道他人利用竞价排名服务实施不正当竞争行为，未采取必要措施的，应当与其承担连带责任。上述规定为竞价排名提供了避风港，只有在搜索引擎服务提供者在明知第三人利用竞价排名服务实施商标侵权或不正当竞争行为时，才承担连带责任。互联网广告巨头百度公司也曾坚持其所经营有偿推广（P4P，pay for performance）不受中国《广告法》管辖。[8]

根据《广告法》第 44 条规定，利用互联网从事广告活动，适用本法的各项规定。在中华人民共和国境内，商品经营者或者服务提供者通过一定媒介和形式直接或者间接地介绍自己所推销的商品或者服务的商业广告活动，都适用《广告法》。因此，将搜索关键词广告服务仅仅定义为有偿推广信息服务，而拒绝适用《广告法》是在混淆是非。非法有偿推广逃避监管涉嫌违反《广告法》和《消费者权益保护法》等法律法规，侵害消费者知情权和自主选择权等法定权利。

《互联网广告监督管理暂行办法》于 2016 年 9 月 1 日正式实施，明确列举出 5 类商业广告，其中包括：以推销商品或者服务为目的的，含有链接的文字、图片或者视频等形式的广告，电子邮件广告，付费搜索广告，商业性展示中的广告以及其他通过互联网媒介商业广告等。综上，如果靠广告收费支持搜索引擎的生存和发展，搜索引擎则会天生偏向广告，影响搜索结果的客观真实，发生流量劫持就不可避免。

---

[8]《百度年报称"P4P 不受中国广告法约束"》，http：//news.163.com/16/0506/14/BMCVC1D300014Q4P.html，最后访问日期：2018 年 12 月 3 日。

此外，对于部分搜索结果有失客观公正，违反行业道德和规范，误导和影响公众判断等破坏网络生态的问题，国家网信办于 2016 年 6 月 25 日发布《互联网信息搜索服务管理规定》，根据此规定的要求，互联网信息搜索服务提供者应当落实主体责任，建立健全信息审核、公共信息实时巡查等信息安全管理制度；提供付费搜索信息服务应当依法查验客户有关资质，明确付费搜索信息页面比例上限，醒目区分自然搜索结果与付费搜索信息，对付费搜索信息逐条加注显著标识；不得通过断开相关链接等手段，牟取不正当利益。总之，竞价排名广告性质的认定和信息搜索服务提供者主体责任的落实有利于减少流量劫持的发生。

（二）通过关键词设定实施流量劫持的法律规制

如前所述，如果未经授权使用第三方的商标、商号、知名商品特有名称进行网络推广，并通过搭便车的方式，将竞争对手的流量导向自己的网站，则可能被人民法院认定商标侵权或不正当竞争等，权利人因此而得到法律救济。

使用他人商标设置搜索关键词导致流量劫持的案例很多，可追溯到谷歌没有退出中国大陆市场之前。2010 年 7 月，家纺巨头深圳市富安娜家居用品股份有限公司向北京市海淀区人民法院起诉称：2009 年 9 月至 10 月，上海罗莱家用纺织品有限公司利用 Google 竞价排名，宣传"买富安娜，到 LOVO"等虚假信息，并将链接指向罗莱家纺的电子商务网站。罗莱家纺当时承认此事是经销商所为，但是此后又重复盗链行为，"富安娜，全场一折"链接仍然导向罗莱 LOVO 品牌网站。2012 年 3 月，北京市海淀区人民法院判决指出，确认罗莱家纺使用"富安娜"为关键词对其经营的 LOVO 网站进行网络推广、宣传，侵犯了富安娜的商标权。

类似的案例还有万得与同花顺公司之间的流量劫持不正当竞争纠纷。两家公司因设置搜索关键词发生过多起纠纷，较为典型的有两起。一起是 2014 年 12 月，[9] 同花顺在杭州市中级人民法院起诉万得资讯在百度搜索中推广万得资讯手机 App 时，使用了"同花顺"关键词，涉嫌构成对同花顺商标权的侵犯，法

---

[9] 参见《同花顺：上海万得被判赔偿公司损失 120 万元》，http://ggjd.cnstock.com/company/scp_ggjd_tjd_ggkx/201512/3662693.htm，最后访问日期：2018 年 12 月 3 日。

院在一审和二审中均认定原告胜诉。[10] 另一起是 2015 年 5 月，万得资讯在杭州市中级人民法院起诉同花顺在苹果 App Store 搜索推广中使用了"万得"关键词，构成对万得资讯商标权的侵犯及不正当竞争。[11] 在万得诉同花顺案中，被控侵权行为表现为核新同花顺公司将"万得"设置为苹果公司 App Store 中其"同花顺"软件的搜索关键词并予以展现。法院在一审和二审中均判定万得资讯胜诉，法院认为：两家公司构成直接的竞争关系，"万得"与"同花顺"都具有一定的知名度。核新同花顺公司知道或应当知道"万得"系万得信息公司的商标及字号，且核新同花顺公司的商标、应用名称、公司名称均与"万得"无涉，但仍将"万得"设置为"同花顺"软件的关键词，具有明显的主观故意；客观上，在"万得"搜索结果的同一页面上展示"同花顺"软件，攫取了万得信息公司的部分合法商业利益。

在本案中，核新同花顺公司的行为目的系提高"同花顺"软件的竞争机会，通过秘密的方式展示在"万得"搜索结果的页面，提高了"同花顺"软件的展现量，间接或直接取得了商业利益，并攫取了万得信息公司的部分合法商业利益，属于不正当竞争行为。由此可见，竞争对手之间利用对方商标对关键词进行流量劫持的行为较为常见，在万得诉同花顺案中，同花顺公司甚至辩称"相互交叉搜索"系行业惯例。

在此类案件中，认定商标侵权可能存在一定障碍，主要表现在以下两方面：一是根据《商标法》第四十八条规定，相关公司设置竞争对手商标作为关键词的目的在于使相关公众在搜索相关软件时能够更多接触到自己的软件，而非使公众误认软件来源。因此，设置对手商标为关键词的行为不能起到识别商品来源的作用，并非商标意义上的使用。二是就行为后果而言，涉案行为不会导致普通消费者混淆的后果。设置关键词并非直接在商品或服务上使用商标，公众并不能直接知晓该关键词与搜索结果的关联程度。以万得诉同花顺案为例，从搜索"万得"的结果来看，关键词直接指向排名第一的"万得股票"软件，并且除了显示双方的软件，搜索结果显示多款均没有标注与"万得"相同或近似

---

[10] 参见浙江省杭州市中级人民法院（2014）浙杭知初字第 1250 号。
[11] 参见浙江省杭州市中级人民法院（2015）浙杭知初字第 535 号民事判决书，浙江省高级人民法院（2015）浙知终字第 268 号民事判决书。

的标识的相同或类似软件;"同花顺"软件排在"万得股票"之后,软件的图标、文字说明均未标注"万得"标识。相关消费者可以作出合理判断,排名第一的"万得股票"来源于万得信息公司,而排名第二的"同花顺"为同类或近似的热门软件,而不会对"同花顺"软件的来源产生混淆。但是,如果此类行为导致消费者对竞争产品或服务的来源产生混淆和误认,仍有可能被判定商标侵权。

尽管通过互联网的商业活动与传统商业模式有较大差异,但经营者仍应当遵守遵纪守法、货真价实、买卖公平、诚实无欺的商业道德,通过诚信经营、公平竞争来获得竞争优势。即便相关公司没有混淆商品来源的意图,不具有商标侵权的故意,但其行为损害他人在先权利,明显有悖于诚实信用的原则以及诚实无欺的商业道德。从搜索结果页面来看,竞争对手公司的软件仍排在重要位置,页面上同时显示其他软件可供消费者选择,客观上消费者的选择范围在毫无察觉中扩大,理应不会损害消费者的合法权益,并且可能伴有促进市场竞争的有益结果。然而,对行为的价值判断不能仅以结果为依据,还应考虑行为的手段、方式和目的。不正当竞争的行为目的是为了提高自身的竞争机会,通过秘密的方式展示在搜索结果的页面,提高自己产品服务的展现量,间接或直接取得了商业利益,并攫取竞争对手公司的部分合法网络流量和商业利益,属于不正当竞争行为。[12]

(三)知名商品特有名称的关键词保护

在关键词流量劫持的侵权纠纷中,知名商品特有名称和商品都有可能被竞争对手设置为搜索关键词以产生误导跳转等流量劫持行为。2014年1月,奇虎公司起诉百度网讯公司、百度在线公司实施以下不正当竞争行为:[13] 一是在百度搜索页面明显位置推广"百度杀毒",推广链接的标题中使用了"360杀毒";二是有针对性地、差异化、歧视性对待"360杀毒",在百度搜索中只有输入

---

[12] 王江桥、梁琨:《在苹果商店中搭车使用"万得"关键词 "同花顺"被判不正当竞争》,载《人民法院报》2016年4月6日。本案案号为(2015)浙杭知初字第535号,(2015)浙知终字第268号。

[13] 北京奇虎科技有限公司因与被上诉人北京百度网讯科技有限公司、百度在线网络技术(北京)有限公司不正当竞争纠纷一案,(2014)海民初字第4327号民事判决,北京市第一中级人民法院民事判决书(2014)一中民(知)终字第8599号。

"360杀毒"才出现百度杀毒的推广链接，而输入其他任何杀毒产品或与杀毒有关的关键词，都不会出现；三是在推广链接中使用了绝对性"最"级别用语，属于虚假宣传；四是在推广链接中使用"安全产品"标记的方式来误导用户下载安装百度杀毒、百度安全卫士产品；五是在百度搜索"360杀毒"后，出现了百度杀毒的推广内容，百度网讯公司、百度在线公司进行了"自己推广自己"的行为。

北京市第一中级人民法院认为：根据《反不正当竞争法》第五条第（二）项规定，经营者不得擅自使用知名商品特有的名称、包装、装潢，或者使用与知名商品近似的名称、包装、装潢，造成和他人的知名商品相混淆，使购买者误认为是该知名商品。本案中，一审法院已查明"360杀毒"软件市场份额排名第一，奇虎公司系"360杀毒"软件的经营者，因此，"360杀毒"应为奇虎公司所拥有的知名商品特有名称。百度网讯公司、百度在线公司作为"百度杀毒"的经营者，其在百度杀毒推广链接标题中包含"360杀毒"，该行为侵犯了奇虎公司所拥有的知名商品特有名称。而且，百度网讯公司、百度在线公司在原审中认可该行为系百度推广系统出现的临时性技术问题，其发现后已立即下线，并愿意为此承担责任。因此，奇虎公司主张百度杀毒推广链接标题中包含"360杀毒"的行为构成不正当竞争行为。

本案中，百度网讯公司、百度在线公司将"360杀毒"设置为"百度杀毒"推广关键词，其搜索结果既包含"百度杀毒"的推广链接，也包含"360杀毒"的自然搜索结果，"百度杀毒"的推广链接与"360杀毒"相关产品链接同时在一个搜索页面上显示。这种行为导致"360杀毒"网络流量和用户的流失，而用户流失必然使奇虎公司市场份额及市场价值产生减损；法院据此认定百度的行为构成不正当竞争并无不妥。

三、视频聚合产业与流量劫持

（一）视频聚合的本质分析

视频聚合盗链，就是利用深层链接聚集各大视频网站的海量内容，并对链接进行有目的的选择、编排、整理，用户可以在点击链接后不跳转或者不实质跳转的情况下观看被链接网站的视频内容。该类视频或内容聚合软件可以应用于网络机顶盒、智能手机和平板电脑等多个平台。根据技术分析，此类软件并非真正意义上的链接，聚合盗链类软件采取的是以技术破坏手段直接获取视频版权平台的播放地址，也就是通过技术手段从正版视频网站的内容服务器中窃取数据，并在其软件播放页面进行播放。这种行为无论其行为特征，还是客观结果都构成一种流量劫持。因为视频版权方依托广告点击量和会员用户会费来获取商业利益，聚合软件运营方绕开版权平台广告直接播放视频，不仅会减少视频平台的广告点击量，影响其广告收入，而且会使视频平台包括会员用户在内的用户流失，给视频平台合法经营活动造成损害。一般认为，被控侵权行为没有侵犯涉案作品的信息网络传播权，即并未进行信息网络传播行为。因为"信息网络传播权"是"以有线或者无线方式向公众提供作品，使公众可以在其个人选定的时间和地点获得作品的权利"。被控行为并没有将原告作品上传至向公众开放的服务器，使公众能够在其选定的时间和地点登录服务器，以在线欣赏或下载的方式获得作品。然而，也有学者认为，从视频聚合平台深度链接的效果来看，其实际上是对原网络服务提供者提供内容行为的替代，因此可以认定为侵犯信息网络传播权，而不应拘泥于"服务器标准"，一般前者以反不正当竞争法调整，或采取举证责任倒置的方式认定侵犯信息网络传播权。[14]

虽然被告的技术破解行为可能没有侵犯信息网络传播权或复制权，但是权利人设置的有效技术措施本身也受到我国《著作权法》以及《伯尔尼公约》《世界知识产权组织版权条约》等国际条约的保护。面对可能发生的聚合侵权，权利人可以通过采取设置禁链技术措施来实现控制他人访问的效果。[15] 如果他人破解此种技术措施，权利人可以通过《著作权法》得到救济。

（二）视频聚合型流量劫持的司法认定

在爱奇艺诉聚网视 VST 全聚合案中，上海知识产权法院认定：聚网视公司通过技术让其用户观看爱奇艺视频，但其并未支付版权费等运营成本，相应的版权费等运营成本皆由爱奇艺公司承担。爱奇艺公司在支付成本的同时，还面临用户数量减少和广告点击量下降导致的商业利益的损失。作为技术实施方的聚网视公司应当知道实施该技术会出现自己得利他人受损的后果，仍实施该技

---

[14] 参见《网播中超赛事"乐视"索赔 1500 万》，http：//www.toutiao.com/i6277685235198984706/，最后访问日期：2018 年 12 月 3 日。

[15] 沈一萍：《机顶盒内第三方视频聚合软件的著作权及不正当竞争问题分析》，载《中国版权》2016 年第 2 期。

术，具有主观故意，违背了诚实信用原则和公认的商业道德，侵害了爱奇艺公司合法的经营活动，其行为不具有正当性。对于聚网视公司提出的没有盈利的抗辩，法院认为：即便聚网视公司目前暂无盈利，但互联网经济环境下，对企业估值评价并不仅仅依据盈利标准，用户数量、市场占有率等是企业谋求商业利益的基石，故聚网视公司应承担赔偿经济损失的民事责任。[16] 同类的案件还有乐视体育文化产业发展（北京）有限公司诉深圳聚网视科技有限公司、上海脉淼信息科技有限公司、深圳新感易搜网络科技有限公司利用网络平台直播中超联赛，侵犯其信息网络传播权、著作权和不正当竞争案。

视频聚合模式分流了正版视频网站的用户、流量以及其他收益，属于侵权及不正当竞争行为。如果网络用户基于注意力、流量访问而产生的传播利益，被网络服务提供者得到，那么，网络服务提供者就有付出相应成本的义务。同样，如果深度链接使得网络用户不用进入被链接网站，就能获得作品的全部内容，则意味着设链者而非被链者得到了作品的传播利益，设链者就应承担传播作品的成本及合法性审查的义务。

四、软件、插件修改与流量劫持

（一）非法修改软件、插件的法律定性

通过修改软件或插件进行流量劫持是指利用各种恶意软件修改浏览器、锁定主页或不停弹出新窗口，强制网络用户访问某些网站，从而造成用户流量被迫流向特定网页等情形。这种行为对于网络用户来说，不仅造成用户购买来的流量浪费的财产损失，还会导致网页跳转、窗口不断弹出，软件使用和网络浏览体验感差，更严重的，可能泄露个人信息、危及网络安全。

此外，修改软件或插件的流量劫持行为方式以及造成危害后果有所不同，可能触犯不同性质的刑事犯罪，例如构成破坏计算机信息系统罪。再者，根据我国《刑法》第287条规定，利用计算机实施金融诈骗、盗窃、贪污、挪用公款、窃取国家秘密或者其他犯罪的，依照有关规定定罪处罚。对于采用流量劫持的方式窃取网络用户银行账户、密码实施盗窃行为的，应当依据《刑法》第

---

[16] 北京爱奇艺科技有限公司诉深圳聚网视科技有限公司不正当竞争纠纷案，一审：（2015）杨民三（知）初字第1号；二审：（2015）沪知民终字第728号。

264 条盗窃罪定罪处罚。对于流量劫持侵犯网络用户其他个人信息的，则可能构成《刑法》第 253 条非法获取公民个人信息罪。

（二）非公益必要不干扰原则的确立

2012 年 2 月和 3 月，奇虎公司的"360 安全卫士"在百度网（www.baidu.com）搜索结果页面上有选择地插入红底白色感叹号图标作为警告标识，以警示用户该搜索结果对应的网站存在风险，即使搜索结果对应同一个网站，对 Google 等其他搜索引擎网站的结果页面则没有进行插标，而且，奇虎公司不仅进行插标，还逐步引导用户点击安装"360 安全浏览器"，通过百度搜索引擎服务对其浏览器产品进行推广。2012 年 3 月和 4 月，奇虎公司在其网址导航网站（hao.360.cn）网页上嵌入百度搜索框，并改变百度网在其搜索框上向用户提供的下拉提示词，引导用户访问本不在相关关键字搜索结果中位置靠前的、甚至与用户搜索目的完全不同的奇虎公司经营的影视、游戏等页面，获得更多的用户访问量，并且在网络用户仅设置搜索方向、并未输入相关关键词的时候也进入奇虎公司的相关网页。百度公司以不正当竞争为由将奇虎公司诉至法院。

其中，对于在网址导航站的百度搜索框中设置直接指向奇虎公司相关网页内容的下拉提示词等行为，法院认定的事实为，奇虎公司设置的下拉提示词直接指向奇虎公司经营的影视、游戏等页面，而非以该提示词为搜索关键词的百度搜索结果页面。在用户设置其他搜索方向时仍插入与该搜索方向关联性很小的提示词，如在用户搜索 MP3、图片甚至地图时仍然插入相关影视剧提示词，点击即进入奇虎公司经营的相关页面。在用户并未输入搜索关键词，仅选择了搜索方向时也会进入奇虎公司相关网页。鉴于上述事实，法院认为：上述行为干扰了百度网站正常的搜索服务以及用户对百度搜索结果的正常使用，还减少了使用百度搜索框的网络用户对百度搜索结果网页的访问；引导用户访问与其搜索目的无关的网站，而且该行为不出于任何公共利益的需要，仅仅是为奇虎公司网站获取更多用户访问量的手段，超出了正当的商业竞争的限度。法院最终认定，奇虎公司的行为违反《反不正当竞争法》第二条的规定，构成不正当竞争。[17]

---

[17] 再审申请人北京奇虎科技有限公司与被申请人北京百度网讯科技有限公司、百度在线网络技术（北京）有限公司及一审被告奇智软件（北京）有限公司侵害商标权及不正当竞争纠纷案，参见中华人民共和国最高人民法院民事裁定书（2014）民申字第 873 号。

对于数据劫持等不正当竞争行为，本案判决还确立了互联网产品或服务在竞争过程中应当遵守的非公益必要不干扰原则，即除非是为了保护公共利益所必需，否则互联网产品或服务不得相互干扰。非公益必要不干扰原则的确立有利于规范互联网经营者的经营行为，维护互联网产品或服务的正常竞争秩序，这也是规范互联网流量劫持行为的有益尝试。

（三）避让原则的适用

在百度与搜狗的不正当竞争案中，[18] 百度公司诉称，上网用户在安装搜狗输入法客户端软件后，在百度搜索引擎的搜索框中使用搜狗输入法输入关键词，在搜索栏下方会自动弹出与搜索关键词相关词汇的下拉菜单，下拉菜单覆盖和隐藏了百度搜索引擎的下拉菜单，点击下拉菜单中的任何词会自动跳转到搜狗公司经营的搜狗搜索结果页面。百度公司认为，搜狗公司的上述行为，故意仿冒、混淆搜索框和搜索结果，搭便车以劫持百度公司流量，对百度搜索引擎具有针对性，构成不正当竞争。

搜狗公司辩称，在用户点击"灵犀"输入法的搜索候选之前，文字输入并未上屏，百度搜索功能也并未启用，这部分用户流量并不必然属于百度搜索。当用户发现搜狗输入法能提供网址直达、视频观看直达或其他搜索服务时，基于自主选择而进行使用，这是自由竞争的必然结果；百度公司所谓的"流量劫持"完全是对用户意图的强加与曲解。

法院认为：搜狗输入法搜索候选功能的默认开启，以及将搜索引擎默认设置为搜狗搜索，结合搜狗输入法下拉提示词式的搜索候选提供方式，将会使一部分具有选择、使用百度搜索引擎预期的用户，在不知情的情况下，基于已经形成的对百度搜索引擎下拉列表的使用习惯，直接随手点击搜索候选，从而进入搜狗搜索结果页面。这违背了部分用户选择百度搜索引擎进行搜索的初衷，干扰了用户对百度搜索引擎的使用，并会造成部分用户对搜索结果来源的混淆，也导致百度公司部分流量的损失。

---

[18] 北京百度网讯科技有限公司诉北京搜狗信息服务有限公司不正当竞争纠纷案，参见北京市海淀区人民法院民事判决书（2015）海民（知）初字第4135号，北京知识产权法院民事判决书（2015）京知民终字第2200号。

该案双方争议的实质是搜狗公司凭借其在输入法市场的优势地位，利用用户在百度搜索中使用输入法产品的商业机会，来吸引用户使用、体验搜狗公司所经营的搜索业务，以争取更多的搜索业务市场份额。由于目前输入法是用户使用搜索引擎时必要的工具性软件，搜狗输入法的功能扩张至搜索领域将给搜狗公司带来经济利益，故作为更为基础的应用软件，搜狗公司在输入法搜索功能的具体设置上应注意尊重公众的知情权，不得违背用户对特定搜索引擎的选择使用意愿，不得违背诚实信用原则，不得以技术创新为由进行不正当竞争。

该案确立的避让原则具体表现为，经营者在自己产品上有自主经营的自由，但经营者在自己产品上开展经营活动并非绝对自由，对他人已使用在先、并为消费者所熟悉或习惯的服务提供方式应有一定避让义务，以免造成消费者混淆、误认的后果，不正当夺取他人产品或服务的商业机会。陶鑫良教授认为："本案一审判决将反不正当竞争法与互联网的竞争实践相结合，强调了互联网竞争中应遵循'避让原则'，即在后服务需考虑用户使用在先服务的意愿，并避免与在先服务相混淆。该等判决提纲挈领、高屋建瓴，进一步科学界定了站在互联网入口争夺的复杂背景下不同网络服务商及网民之间的利益平衡与竞争秩序维护的整合关系，凸显出司法审判的与时俱进。"[19]

五、结　论

由于流量能够带来巨大的经济利益，互联网领域的流量劫持现象较为突出，各网络主体都会出于获取不正当竞争利益的目的，通过各种方式实施流量劫持。甚至有文章直言：流量劫持是"中国特色"竞争方式。[20]

根据前文分析，如果市场主体利用竞争对手的商标、商号、知名商品特有名称等作为关键词作流量误导的劫持行为，可能被认定侵犯商标权等。如果市场主体破解作品的技术措施而实施数据劫持，可能被认定违反《著作权法》的相关规定，也可能被视为侵犯信息网络传播权。如果征求意见中的《著作

---

[19] 参见《百度诉搜狗案：技术创新的跨界与越界》，《人民法院报》，http://rmfyb.china-court.org/paper/html/2015-11/02/content_ 104322. htm? div =0，最后访问日期：2018年12月3日。

[20] 王斌：《流量劫持是中国互联网公司"特色"竞争方式》，载《通信世界》2016年第1期。

权法修订草案》得以生效，视频聚合流量劫持行为可能侵犯视听作品的"播放权"。

如果《商标法》和《著作权法》等单行法规援引存在困难，流量劫持行为也可用《反不正当竞争法》第二条加以规制。目前，《反不正当竞争法》第十二条已经增加"未经其他经营者同意，在其合法提供的网络产品或者服务中，插入链接、强制进行目标跳转"[21]等规制互联网不正当竞争的新规则。诚然，由于互联网领域新型不正当竞争行为与技术联系紧密，大多不具有普遍性、稳定性和长期性，因而现阶段对互联网领域新型不正当竞争行为进行类型化，或者欠缺必要性，或者基础不足，类型化存在困难。[22] 等到司法实践逐渐确立，也可在民事案由规定中增加流量劫持不正当竞争纠纷作为三级案由。[23] 另外，司法实践中确立的"非公益必要不干扰原则"[24]和"避让原则"可以用到流量劫持的不正当竞争规制之中。它们既是对《反不正当竞争法》第二条的"公认商业道德"和"诚实信用原则"在互联网竞争领域的行为准则的高度概括，又具有很强的可操作性，应予肯定。最后，流量劫持的法律规制涉及刑法、消费者

---

[21] 例如，上海二三四五网络科技有限公司诉北京金山安全软件有限公司、北京猎豹网络科技有限公司、北京猎豹移动科技有限公司不正当竞争纠纷一案，参见上海市浦东新区人民法院（2016）沪0115民初5555号。

[22] 李扬：《互联网领域新型不正当竞争行为类型化之困境及其法律适用》，载《知识产权》2017年第9期。

[23] 根据最高人民法院《关于印发修改后的〈民事案件案由规定〉的通知》，第一审法院立案时应当根据当事人诉争法律关系的性质，首先适用修改后的《民事案件案由规定》列出的第四级案由；第四级案由没有规定的，适用相应的第三级案由；第三级案由中没有规定的，适用相应的第二级案由；第二级案由没有规定的，适用相应的第一级案由。地方各级人民法院对审判实践中出现的可以作为新的第三级民事案由或者应当规定为第四级民事案由的纠纷类型，可以及时报告最高人民法院。最高人民法院将定期收集、整理、筛选，及时细化、补充相关案由。现行不正当竞争纠纷下级案由包括仿冒纠纷、商业贿赂不正当竞争纠纷、虚假宣传纠纷、侵害商业秘密纠纷、低价倾销不正当竞争纠纷、捆绑销售不正当竞争纠纷、有奖销售纠纷、商业诋毁纠纷、串通投标不正当竞争纠纷；其中仿冒纠纷下辖4个案由：擅自使用知名商品特有名称、包装、装潢纠纷，擅自使用他人企业名称、姓名纠纷，伪造、冒用产品质量标志纠纷，伪造产地纠纷。

[24] 陶鑫良：《非公益必要不干扰原则与反不正当竞争法一般条款适用》，载《电子知识产权》2015年第3期。

权益保护法、网络安全法等。目前,刑法保护既有理论探讨,[25] 也有实践案例,而从消费者权益保护法角度讨论流量劫持问题并不多见。出于公益必要,可能产生"合法流量劫持"问题涉及网络安全立法等,[26] 希望相关问题引起学者和实务部门的重视。

---

[25] 孙道萃:《"流量劫持"的刑法规制及完善》,载《中国检察官》2016年第8期;叶良芳:《刑法教义学视角下流量劫持行为的性质探究》,载《中州学刊》2016年第8期。

[26] 《网络安全法》第二十七条规定:"任何个人和组织不得从事非法侵入他人网络、干扰他人网络正常功能、窃取网络数据等危害网络安全的活动;不得提供专门用于从事侵入网络、干扰网络正常功能及防护措施、窃取网络数据等危害网络安全活动的程序、工具;明知他人从事危害网络安全的活动的,不得为其提供技术支持、广告推广、支付结算等帮助。"

数据流动与留存：商业实践与法律迷思

李　谦[*]

摘　要	本文切入数据跨境流动这一新兴的商业复杂现象，试图厘清欧盟相关法律演变的内在逻辑，梳理中国语境的具体问题，分析数据流动和留存之法律治理所面临的真正困境，揭示出新近的商业创新和技术变迁将对法律政策产生扭曲，由此初步探讨数据能力与政法制度的互动关系，并尝试提出可能的政法应对之策。
关键词	数据跨境流动　数据本地化　大数据　产业政策

一、引　言

2016 年新年伊始，欧盟与美国之间备受关注的数据跨境流动（Transborder Data Flows，"TDF" 或 "Cross-border Data Flow"）新框架协议谈判取得了重大突破，双方推出全新的 "隐私盾协议"（EU-U.S Privacy Shield），原有的 "安全港" 框架协议告别历史舞台。[1] 按照新协议，美国的互联网巨头谷歌、脸书和亚马逊等公司将不再受到欧盟个人数据保护条例的限制，可以便捷地跨越大洋传输互联网用户个人数据信息回至美国。这一堪称互联网发展史上的重要事件是持续深化的欧盟数据治理改革之一环节，在此前后，延宕多年的欧盟数据法

---

[*] 李谦，法学博士，河北雄安新区党政办公室工作人员，主要研究方向：数据法学、网络法学。

[1] "EU Commission and United States Agree on New Framework for Transatlantic Data Flows: EU-US Privacy Shield"，http：//europa.eu/rapid/press-release_IP-16-216_en.htm，最后访问日期：2019 年 3 月 25 日。

律框架改革得到实质性推进，在积极反思传统数据法律理论与实践的基础上，结合当前互联网经济的发展趋势，欧盟大刀阔斧地改革数据法律框架和更新数据治理政策。一方面，对1995年起施行的欧洲《数据保护指令》屡屡查漏补缺，尤其增补了《隐私与电子通信指令》（Directive on Privacy and Electronic Communications, Directive 2002/58/EC）、《欧洲Cookie指令》（EU Cookie Directive, DIRECTIVE 2009/136/EC），切实应对互联网经济崛起所引致的新型用户数据隐私问题。然而，互联网经济兴起之后，数据治理演化复杂，传统《数据保护指令》法律框架几经增删依然不足敷用。积二十年区域性数据法律实践的教训，2015年12月15日，审读已达三年之久的《一般数据保护条例》（General Data Protection Regulation, GDPR）终于获得重大的立法突破，欧洲议会与欧盟理事会就《一般数据保护条例》文本达成协议，以期确定新型的个人数据的保护原则和监管方式，全面替代传统的《数据保护指令》。另一方面，不可遗忘的是，欧盟的数据法律框架——广义而言包括数据库保护和个人数据保护——有一个非常明确的政策目的：全力维护并大力发展欧洲的数据经济。因此，欧盟的公共政策一向积极配合数据法律框架的实践，希望能够在统一法令之下建构统一的数据市场，这亦是1995年《数据保护指令》的当然主旨。[2] 然而，事与愿违，互联网产业崛起，数字经济形势剧变，北美与东亚成为世界比肩的两大互联网产业发达地区，两大地区的数字经济严重冲击了欧洲传统数据治理政策，尤其是美国互联网产业巨头对于欧洲互联网服务的垄断地位严重影响了欧盟寄予厚望的欧洲数据统一市场战略。面对巨变形势，欧盟调整公共政策，不再简单配合传统数据法律框架，而是重新拟定明确的数据经济战略，以"顶层设计"的形式全面规划。这就是2015年5月6日，欧盟委员会所公布的欧洲"统一数字市场"（Digital Single Market）战略规划，这一战略大致包括三大内容：为个人和企业提供更好的数字产品和服务，创造有利于数字网络和服务繁荣发展的环境，以及最大化地实现数字经济的增长潜力。[3] 时至今日，欧盟依然在持续地扩大"统一市场"，2019年年初，作为欧盟与日本经济伙伴关系协

---

[2] 参见齐爱民：《个人资料保护法原理及其跨国流通法律问题研究》，武汉大学出版社2004年版，第3—53页。

[3] 详见欧盟网站介绍"Digital Single Market"，https://ec.europa.eu/digital-agenda/en/digital-single-market，最后访问日期：2019年3月25日。

定的补充协议，世界上第一份以互认为基础的个人数据跨境传输充分性框架在欧盟与日本之间正式生效施行。

数据跨境流动是一种新兴的商业复杂现象——数据隐私、数据安全、数据主权、数据管理和数据财产都集中于此，美国与欧洲的数据流动现象最为突出，双方的法律交涉最为频繁，其他国家日益喧嚣的数据本地留存争论及其法律治理也是由此引出。与过去相仿，美欧之间数据流动协议依然是两国内部数据法律与数据政策的衍生物，"安全港"协议原本就是欧盟数据法律框架中一个无可奈何的例外。当欧盟另起炉灶，谋求新的数据法律框架和数据政策来挽救相对弱势的欧洲数字经济时，放弃"安全港"协议也是情势必然。考察这一演进过程，将促进我们反思中国语境中的数据商业和数据法律。

本文第二部分首先总结梳理欧洲数据流动法律制度框架，简要分析美欧数据跨境流动"安全港"协议的得失，并指出其对于中国语境中相关问题的鉴戒意义。借此于第三部分仔细讨论中国语境中的数据流动和数据留存争论，并评述其他国家的现象相似、本质不同的数据问题。在此基础上，第四部分将综合借用多学科知识深入探讨中国语境中数据流动和留存的实质内涵，揭示数据流动和留存之法律治理所面临的真正困境，提出可能的政法应对之策。最后是简要总结。

二、回顾与反思：欧盟数据流动法律框架与"安全港"协议

数据跨境流动并无一个相对权威的稳定界定和法律内涵，大家要么从广义角度将其理解为包括个人数据在内的各种信息数据以任何方式在国与国之间的流通，要么狭义地界定为仅指个人数据在国与国之间的流通。[4] 本文依循一种技术性的界定，将数据跨境流动理解为"跨越国界对存储在计算机中的机器可读数据进行处理、存储和检索",[5] 而对一般的数据流动则理解为不同数据主体对存储在计算机中的机器可读数据进行处理、存储和检索的过程。本文的分析视角是希望借助大数据技术与产业发展来更加切实地理解数据现象与法律治

---

[4] 齐爱民：《大数据时代个人信息保护法国际比较研究》，法律出版社2015年版，第297页。
[5] 石月：《数字经济环境下的跨境数据流通管理》，载《信息安全与通信保密》2015年第10期。

理的实质：数据能力与政法制度的互动关系。在大数据和人工智能背景下，"机器可读数据"这一组复合概念非常重要，是互联网大数据经济区别于过去数据经济的核心概念，第四部分将作初步讨论。

比较考察诸国法律制度，大体而言，数据跨境流动的管理手段有五种：数据跨境流动预先审查；要求网络服务商采取措施防止重要数据向境外流动；标准格式合同管理；签订安全协议限制数据流动；数据跨境安全风险评估。[6] 当年欧盟率先立法创制的诸多管理手段确有垂范之功，以上五种制度手段都受其影响，或者移植袭用，或者变体改用。从根本上来说，欧盟的数据经济与数据立法相互协调，彼此支撑，其兴衰更替的历史进程同样寄寓数据流动的立法创制之中。

（一）欧盟数据流动法律框架的构造逻辑

欧盟数据流动法律框架的直接法源是1995年欧洲《数据保护指令》的第25条和第26条。第25条规定："对于数据向第三国传输的情形，只有当该第三国在个人数据隐私的保护方面达到了足够的保护水平，始能许可个人数据通过运行向该第三国传输。保护水平是否充分应当依照围绕整个传输操作过程的条件来评判，尤其应当考虑数据的性质，运行操作的目的和期间，来源国和目的国，一般和特别领域的生效的法治情况，以及该国的执业规则和安全措施，等等。"[7] 指令第26条则是针对上述条款的例外规定，在满足数据主体明确无误地同意转移，出于履行合同的必要，保护数据主体利益或公共利益，传输数据来自法定登记，该登记旨在为公众提供信息等法定条件下，可以突破第25条的相关规定。

由此可见，《数据保护指令》所确定的数据流动法律框架强调对等原则，是以对等的充分数据保护（Adequate Data Protection）为本，辅以特例排除适用该原则为末的一套内外有别的法律制度。其基本要义是，除了法律规定，数据只

---

[6] 石月：《数字经济环境下的跨境数据流通管理》，载《信息安全与通信保密》2015年第10期。

[7] 齐爱民：《大数据时代个人信息保护法国际比较研究》，法律出版社2015年版，第302页。引文译文略有改动。另参见《个人数据保护：欧盟指令及成员国法律、经合组织指导方针》，陈飞译，法律出版社2006版。

能在具有欧盟同等且适当数据保护水准的国家之间自由流动。[8] 而且，更重要的是，按照第 25 条的规定内容，对于第三国是否具有欧盟同等且适当的数据保护水平，欧盟采取的是个案审查方式，以数据流动的具体情形来加以评定，这一点比之过去的《数据保护指令》对于欧盟内部诸国的直接干预要求似乎更高，因为《数据保护指令》主要要求欧盟各国完成数据保护法令统一，形式审查和实质审查并重，并没有深入到如此微观的具体操作层面。

在此制度基础之上，随着实践中问题的积累，欧盟相继创制出其他应对手段来补充该制度。第一，标准合同条款模式，第 26 条的文义中即已包含运用适当的文本合同来确定授权某些特殊的数据流动情形，为了确保数据保护的充分适当，欧盟主动公布了一组三套标准化的合同文本，并赋予其相应的法律效力，只要合同双方遵循此标准合同条款即应被视为到达了欧盟数据保护水平，这显然有利于数据流动的商业行为。不过，仔细比对欧盟所公布的标准合同条款内容，其数据保护具体标准、双方的义务与责任分担、第三方受益性条款、执行保障和违约救济等实质内容相当严苛，不亚于《数据保护指令》的实体条款，甚至可以说"标准合同条款成了欧盟扩大《资料保护指令》适用范围的工具"。[9] 第二，由于数据跨境流动的主体多是横亘世界各国的跨国大公司，对此，欧盟《数据保护指令》第 29 条工作组陆续发布了一些用以解决公司内数据保护问题的约束性企业规则（Binding Corporate Rules，BCR）说明文件。简单来说，BCR 就是专门授权并指导公司内部各主体进行数据跨境流动的具有法律效力的公司规则，其法律效力来源于欧盟内部数据保护机构的批准认可，在此具有法律效力的规则之下，该公司集团内部的数据跨境流动被视为合乎欧盟数据保护水平的合法传输。按照欧盟的指导文件相关规定，BCR 的实体内容可以说是《数据保护指令》相关条款的翻版，数据保护标准和执行保障机制都面面俱到，十分具体。[10]

综上所述，欧盟所制定的数据跨境流动法律框架无论从实体内容还是规则形式上来看，都是 1995 年《数据保护指令》的衍生物。换言之，欧盟以本地区

---

[8] 孔令杰：《个人资料隐私的法律保护》，武汉大学出版社 2009 年版，第 268—271 页。2019 年年初刚审议通过的欧日数据跨境流动框架则是最新典范法例。

[9] 同上书，第 276—288 页。

[10] 同上书，第 289—292 页。

域内的数据法律和数据政策来设定其与其他国家的数据互动关系框架，具有极其明显的单边性质。无论是以个案审查形式评估他国的数据保护水平，还是作为例外补充的标准合同条款模式和约束性企业规则，万变不离其宗，其根本准则都是《数据保护指令》的实体规则和执行机制。众所周知，《数据保护指令》树立了相当高的数据隐私保护标准，制定了非常具体的数据保护执行机制，然而，数据隐私本质上是文化观念的人为建构产物，数据保护执行机制又往往取决于各国不同的法律历史传统和社会经济现状，其都是内生于各种语境性极强的社会基础条件之上。欧盟以数据主体的个人权利价值内涵为最高价值，形成法律，并化诸手段，通过规制数据流动的商业行为蔓延至其他国家或行为体的规则体系里，自然激起强烈批评，被认为是文化帝国主义的产物。[11] 价值分歧之外，更重要的是，欧盟的数据流动法律制度严重缺乏实操性，其本是区域内数据法律与政策的制度延伸，但既缺乏主权权力的强制力来保障，又没有高效精干的执行机构来妥善协调，这种略显空洞、实践贫乏的法律框架制度只能削弱数据保护的普遍遵守，最终造成大多数的数据流动主体往往是无视规则地向不具备充分数据保护水平的第三国传输流动各种数据。[12]

放大、激化以上问题的恰恰是与欧洲各国意识形态相近、经济生态相似的美国。美国与欧盟同属数据信息进口国—数据产品出口国（data importing-information products exporting country）[13]，两者不仅存在尖锐的数字经济竞争，彼此秉持的数据法律传统亦大相径庭。[14] 不过，数字经济的未来前景和当下利益依然牢固黏合着两者的数据流动商业行为，使得双方最终妥协催生出双边谈判性质的"安全港"协议。对于欧盟而言，这实在是一个无可奈何的选择。

（二）"安全港"协议的困境

早在1998年，美国商务部就发布了《美国国际安全港隐私保护原则》

---

[11] 马丁·艾布拉姆斯：《新兴数字经济时代的隐私、安全与经济增长》，温珍奎译，载周汉华主编：《个人信息保护前沿问题研究》，法律出版社2006年版，第4—9页。
[12] [德] 克里斯托弗·库勒：《欧洲数据保护法——公司遵守与管制》，旷野、杨会永等译，法律出版社2008年版，第135页。
[13] 齐爱民等：《大数据时代个人信息开放利用法律制度研究》，法律出版社2015年版，第100页。
[14] 郭瑜：《个人数据保护法研究》，北京大学出版社2012年版，主要参见第三章第45—73页、第八章第227—245页。

（Safe Harbor Privacy Principles）法律文件，抓住隐私保护原则这一关键，积极打造与欧盟的数据隐私共识，以此为基础谋求协商数据流动"安全港"协议的谈判空间。2000 年，美国相继制定并发布了《安全港协议》（Safe-harbor Agreement），协议主要由七项内容构成，涵盖"通知、选择、传输、安全、个人数据完整性、渠道和执行"等方方面面，该协议遵循美国传统的行业自律基本模式，建立经营者承诺—政府评估监督的运行机制，以此间接获得欧盟所认定的数据流动法律保护水平，这一协议同年获得欧洲议会通过。[15]

　　一般认为，"安全港"协议是美国谋求准入欧洲数据市场而作出的必要妥协。美国的国内数据保护法律制度自成体系，对于数据隐私和行业自治的文化理解也有别于欧洲国家，明显不符合欧盟所设定的对等保护原则及其例外，严格按照欧盟的数据流动法律框架，美国将会被排除出欧洲数据市场。由于欧盟数据流动法律框架的单边立场，美欧双边谈判的"安全港"协议主要围绕着欧盟区域内数据法律政策的基本原则和主要规则展开，并借此作为中介点，衔接美国国内数据保护行业自治惯例。但是，恰因如此，"安全港"协议的双边性正是以欧盟数据流动法律框架的单边性削弱为前提的。欧盟意识到既有数据流动法律框架的单边性质和严苛规则并不能确保数据流动受到严格监控，反之要从对等谈判出发，与数据流动的其他主体方密切合作，彼此协调，借助具有实际执行能力的他国主体权力才能完成数据流动的法律监管。可见数字经济竞争的压力是双向的，既逼使美国必须寻求某种特殊法律形式接榫欧盟数据法律体系，也迫使欧盟被动改造其顽强坚守的数据流动法律框架。美欧之间的数据市场涵盖了全球第一经济总量地区，多达近三十个国家和八亿人口，经济体量与技术优势都超越其他国家，双方达成的"安全港"协议自然在事实上替代了欧盟创制的其他数据流动法律制度，成为占据主要地位的数据流动基本法律制度。那么，"安全港"协议是否真的是一场双赢呢？

　　"安全港"协议为美国与欧洲的数字经济和数据保护都作出了重大贡献。对于欧盟国家，其念兹在兹的个人数据隐私保护必须受到美国企业的尊重，参与欧洲数据市场的企业以承诺参加"安全港"的形式获得欧盟认可，被认为提供

---

[15] 简荣宗：《网路上资讯隐私权保障问题之研究》，转引自齐爱民：《大数据时代个人信息保护法国际比较研究》，法律出版社 2015 年版，第 303 页。

了充分的隐私保护；如果企业违反相关数据保护法律，欧盟公民可以在美国起诉，获得救济。而对于美国而言，美国公司自愿加入"安全港"协议，遵守并执行数据隐私原则，即可享受"安全港"协议带来的一系列法律许可，其中最重要的即是允许企业在美国境内收集、存储欧盟公民的个人数据。在阿努潘·钱德勒（Anupam Chander）教授看来，"安全港"协议和美国国内的数据隐私低水平保护形成合力，创造了一种有利于互联网数据经济发展的"法治补贴"状态，相比欧盟的互联网数据经济之疲软，这是美国硅谷互联网产业崛起的重要法律制度因素。[16]

互联网大数据经济的迅猛发展暴露了"安全港"协议的诸多隐患，自2010年以来，面对美欧互联网产业的强弱对比，欧盟内部议论不断，表面上不断质疑"安全港"的实际作用和管理流程是否能够保障数据隐私及数据安全，暗地里也不断反思"安全港"协议和欧盟数据法律框架为何没有如愿催生出发达的欧洲数据经济，法律与政策目的全然落空。[17] 2013年斯诺登事件爆发，这种质疑声逐步壮大，最终演变成要求废止"安全港"协议的法律挑战，这种挑战既有直接的，也有间接的。

首先，直接挑战即是已经引起广泛关注的"马克西米利安·施雷姆斯诉数据保护委员会案"（Case C-362/14 Maximillian Schrems v. Data Protection Commissioner）。斯诺登事件之后，欧盟国家对美国数据隐私保护的怀疑加重，该案即是发酵产物。马克西米利安·施雷姆斯是一名奥地利公民，长期使用脸书（Facebook）社交媒体，他认为美国国家安全局的大规模监听计划侵犯了他的数据隐私权利。为此，他向脸书的欧洲总部所在地爱尔兰的数据保护委员会提出申诉，要求该机构禁止脸书分公司将他的个人数据转移到美国。爱尔兰数据保护委员会否决了他的申诉，因为根据欧盟相关机构的"2000/520号欧盟决定"（Safe Harbor Decision），"安全港"协议已能保障个人数据安全。施雷姆斯不服决定，继而向爱尔兰高等法院提起了诉讼，该法院认可施雷姆斯的诉请。但是，由于该案涉及"2000/520号欧盟决定"的效力问题，故爱尔兰高等法院提请欧

---

[16] See Anupam Chander, "How Law Made Silicon Valley", *Emory Law Journal*, Vol. 63, 639（2014）.
[17] Ernst-Oliver Wilhelm, "A Brief History of Safe Harbor", https：//iapp. org/resources/article/a-brief-history-of-safe-harbor/, Feb. 15, 2016.

盟法院对此法律文件相关问题作出初步裁决。最终，2015 年 10 月，欧盟法院判定"2000/520 号欧盟决定"无效，"安全港"协议因此丧失法律基础，遭到架空。[18] 丹尼尔·索洛夫（Daniel J. Solove）教授认为此案意义重大，内涵复杂，基本可以断定美欧之间"安全港"协议立足存在的社会条件和法律基础荡然无存。而且，索洛夫教授着重指出，尽管施雷姆斯案判决的基本要旨被渲染为公民数据隐私权利，其实深具浓厚的政治意味，因为欧盟在互联网数据监控方面不遑美国，两者竞争态势明显，只不过其做法更加隐蔽而已。[19]

其次，施雷姆斯案之前，就已存在针对"安全港"协议的法律挑战，只是间接隐晦而已，如依据《欧洲 Cookies 指令》实质性推进开展的 Cookies 清扫行动，不过最为重要的应该是欧盟倡导的个人数据被遗忘权（right to be forgotten）。[20] 短短几年之间，被遗忘权由理论探讨逐步深入发展为法律条文（GDPR 第 17 条）和司法判例（Google Spain SL & Google Inc. v. Agencia Espa ola de Protección de Datos & Costeja González，即 Gonzalez 案），证明至少其在欧洲国家已有较为坚实的社会基础。毫无疑问，首先受到被遗忘权冲击的即是从事美欧之间数据跨境流动的美国各大互联网公司，被遗忘权极有力地扩容互联网时代的个人数据权利权能，釜底抽薪地加重了"安全港"协议里美国企业的法律责任和商业负担。[21] 更重要的是，被遗忘权的构造逻辑非常尖锐地直接消解了数据跨境流动的正当基础和日常流程，当主体可随时请求删除有关个人的数据信息时，各大互联网公司现存的数据商业模式势必难以持续下去。

---

[18] See Maximillian Schrems v. Data Protection Commissioner (Court of Justice of the European Union, C-362/14, 6 October 2015), http://curia.europa.eu/jcms/upload/docs/application/pdf/2015-10/cp150117en.pdf, Mar. 15, 2019.

[19] Daniel Solve: "Sunken Safe Harbor: 5 Implications of Schrems and US-EU Data Transfer", https://www.teachprivacy.com/sunken-safe-harbor-5-implications-of-schrems-and-us-eu-data-transfer/, Mar. 15, 2019.

[20] 蔡雄山：《网络世界里如何被遗忘——欧盟网络环境下个人数据保护最新进展及对网规的启示》，载《网络法律评论》2012 年第 2 期；邵国松：《"被遗忘的权利"个人信息保护的新问题及对策》，载《南京社会科学》，2013 年第 2 期；彭支援：《被遗忘权初探》，载《中北大学学报》（社会科学版）2014 年第 1 期。

[21] 张立翘：《被遗忘权制度框架及引入中国的可行性》，载《互联网金融与法律》2015 年第 2 期。

（三）小　结

欧洲现有的数据跨境流动法律框架可谓始于经济竞争，终于政法博弈。尤其令人扼腕的是，与欧盟另一部数据法律即《欧盟数据库指令》（Directive 96/9/EC）的遭遇相似，欧盟数据跨境流动法律框架最终也未达成其预定的法律与政策目标。互联网大数据经济的复杂形势使得美欧之间的数据经济态势强弱立判，"隐私盾协议"也势必艰难存续在美国互联网巨头的强势阴影之下。故此，欧盟数据法律制度的教训得失弥足珍贵，政法制度与经济发展的互动关系远非想象中的简单线性关系，积极主动的法律建构应该同时具备前瞻的战略谋划和切实的实践操作，尤其是要充分考虑到数据作为抽象物的形态特性、抽象物商业化相比实体物商业化的诸多特殊形态、数据技术的复杂演化和数据的政治属性等具体而微的问题，努力协调数据之上的各种价值冲突和利益重叠。

三、中国语境中的数据流动和留存

仅以法律形式渊源来看，中国目前还没有完整的数据跨境流动法律框架，欧盟数据跨境流动法律框架是其本区域内数据法律及政策的衍生物，按此逻辑，中国国内暂无系统的数据法律，民法体系内的个人隐私法例也较为孱弱，数据跨境流动的法律监管自然是无源之水。[22] 很多学者认为，中国必须赶上这一波数据经济的崛起势头，参照学习欧盟的数据法律制度，积极营造有利于数据经济的制度环境，首当其冲即是制定完善的个人数据保护法律，然后由内推外，接轨其他国家或地区的数据流动法律制度，以此确保中国的数据经济不因制度障碍而陷入维谷。[23] 不过，这样的论述于理可通、与事相反，中国的互联网产业在经济体量上早已超越欧洲，从 2000 年到 2014 年十多年间中国互联网领先企业资本体量从 10 亿美元到 1000 亿美元，再到 2300 亿美元，呈几何倍增。[24] 截

---

[22] 《中华人民共和国网络安全法》第三十七条现在被理解为"数据跨境流动"中国具体法源，但是其规定的"应当按照国家网信部门会同国务院有关部门制定的办法进行安全评估"至今还未具体落实，2017 年 8 月公开的《数据出境安全评估指南（征求意见稿）》也暂无下文。

[23] 参见齐爱民：《私法视野下的信息》，重庆大学出版社 2012 年版。

[24] 方兴东、胡智锋：《媒介融合与网络强国：互联网改变中国》，载《现代传播》2015 年第 1 期。

至目前，中国的阿里巴巴、腾讯一直稳居全球市值最高的 10 家互联网公司之列，其余皆是美国企业，欧洲企业则并未有突出表现。[25] 中国互联网经济无时无刻不在发生着数据商业行为，数据采集、存储、传输和挖掘是支撑互联网服务的底层要素，庞杂的互联网数据商业现象中难道不存在数据流动？缺失所谓数据流动法律制度的情况下，数据流动的现实规制又是什么样的状态呢？

（一）中国语境中的数据流动规制

中国语境中的数据流动规制被分解为两个彼此独立、内涵不一、目标相近的法律规制领域，即产业保护的外资准入管理和重要信息的数据留存管理。这两个法律领域似乎迥然相异，两者直接的管理目标都不是欧美数据法律意义上的数据流动现象，而且在各自法域立法规制之初，立法者及执行者可能也没有清晰认识到运用本法可以管理规制数据流动。但是路径依赖和非意料的后果相互纠缠、共同演化，却殊途同归地在法律效果上起到了规制数据流动的后果。可以确定的是，两者都是一个立法目的的产物，即基于国家战略安全的考虑而分别对经济安全和信息安全予以单门类的垂直管理。

首先，产业保护的外资准入管理中与数据商业直接相关的产业主要是指基础电信业、增值电信业、新闻媒体业、金融业等，而本文所关切的互联网数据经济则是重叠交错在前述各类管制产业之中的新兴产业形态，按照我国目前的法规《中华人民共和国电信条例》《电信业务分类目录》规定，其归属为增值电信业。[26] 数据跨境流动是指跨越国界对存储在计算机中的机器可读数据进行处理、存储和检索，其前提是存在着合乎数据流动各方法律规定的商业交往行为，如果法律规定禁止或者限制数据流动所依托的商业交往行为，"皮之不存、毛将焉附"，数据流动自然以产业规制的形式加以阻断了。以 2017 年修订出台的《外商投资行业指导目录》为例，《目录》明确列示了限制外商投资和禁止外商投资的行业种类。例如，限于 WTO 承诺开放的业务，增值电信业务（外资比例不超过 50%，电子商务除外），基础电信业务等行业被列为限制外商投资行

---

[25] 《全球互联网巨头市值排名大洗牌 但前五大还是 FAAM》，新浪网财经频道，http://finance.sina.com.cn/stock/usstock/c/2019-02-03/doc-ihrfqzka3393155.shtml，最后访问日期：2019 年 3 月 15 日。

[26] 参见工业和信息化部《中华人民共和国电信条例》第二章第八条、《电信业务分类目录（2015 年版）》B 类业务界定。

业，要求必须由中方控股。又如，互联网新闻信息服务、网络出版服务、网络视听节目服务、互联网公众发布信息服务等行业被列为禁止外商投资行业。具体到互联网产业，国家部委还规定，办理电信与信息服务业务经营许可证、互联网出版许可证、网络文化经营许可证、网络传播视听节目许可证等都要求中资企业资格。[27]

当然，加入世界贸易组织之后，中国电信和互联网行业相对来说越来越开放，不过由于战略安全的长远考虑，其始终处于审慎监控的局面之中，允许外资准入的细分行业里，依然严格控制外资比例。通过法律禁止或者限制的形式，互联网数据经济的数据流动现象被釜底抽薪地部分消解了。相比欧洲互联网市场上美国企业垄断服务的格局，中国企业充分地提供了基本满足本土社会大众需求的互联网服务，尤其是与生活息息相关的网络即时通信、网络社交媒体和网络电子商务。此外，中国相对特殊的互联网"防火墙"机制同样起到了阻断数据流动的作用，但是其并没有涵盖绝大多数的网络日常服务，对外资准入管理起到了补充作用。

因此，严格意义上，中国并没有欧盟语境中的数据跨境流动问题，而是另一个极其吊诡的棘手问题，这一问题使得上述外资准入管理制度产生了严重扭曲，某种中国历史上惯见的正式制度与非正式制度共存现象在"名与实"的隐秘转化中出现了。[28] 这就是中国互联网公司股权结构中的 VIE（Variable Interest Entity，即可变利益实体）协议控制问题。产业保护的外资准入制度原本是控制外资流入，确保本国资本控制重要产业，但是，中国的互联网产业乃至整个通信、媒体、科技（Telecommunication，Media，Technology，TMT）产业却直接受惠于庞大的外国资本，VIE 协议控制就是其中关键。所谓 VIE 协议控制，是指境外注册的上市实体与境内的业务运营实体相分离，境外的上市实体通过协议的方式控制境内的业务实体，业务实体就是上市实体的

---

[27] 参见《电信业务经营许可证管理办法》《互联网出版管理暂行规定》《关于文化领域引进外资的若干意见》《互联网信息服务管理办法》《互联网视听节目服务管理规定》。
[28] 周雪光：《从"黄宗羲定律"到帝国的逻辑：中国国家治理逻辑的历史线索》，载《开放时代》2014 年第 4 期。见该文第三部分对于中国历史上正式与非正式制度的名实转化的精彩论述。

VIEs，[29] VIE 协议控制是中国互联网产业股权融资规避外资准入监管的突破性创举，始于 2000 年门户网站新浪网赴美上市，经过新浪网和信息产业部的直接沟通，最终放行。至此，这一模式成为在境外上市中国 TMT 产业公司的一种常见合规性安排，目前几乎所有重要的中国互联网公司股权结构都存在 VIE 协议控制问题。[30] 限于主题，本文无意深入分析 VIE 协议控制问题的是非曲直，而是希望引申出其对于数据安全及跨境流动的复杂影响。表面上，中国的数据跨境流动现象受到某种程度的消解，网络安全和数据隐私掌握在中国境内企业手中，实质上，因为更加复杂的 VIE 协议控制问题，数据流动内化为资本控制，控股权和经营权之间的矛盾潜伏其中，尽管没有数据流动的表象，但是数据隐私、数据安全、数据主权、数据管理和数据财产等这些数据跨境流动监管所顾虑的数据问题以"借尸还魂"的奇特方式潜伏在中国实践中。而且，必须指出的是，这样奇特的方式并非所谓落后现象，相反，中国语境的特殊情状显露出数据经济中更深层次的政治经济学问题，互联网平台模式赖以维系的数据兼并与垄断将数据和资本的某种同构性暴露出来，"数据的金融化和金融的数据化"（《黑箱社会》中文版序言的点睛之语）以复杂的商业实践吸纳了单一维度的数据统一市场和数据隐私等问题。由此可看出，数据治理的国家战略着眼点不是一成不变的单一面貌，不同国家地区的具体政治经济结构与之紧密耦合，在中国是 VIE 协议控制之下的数据问题，在其他国家则是基于不同价值目的考虑而转向数据留存管理。

其次，重要信息的数据留存管理制度在中国同样有着实际的数据流动管理功能。数字信息技术兴起之前，关于国家机密和个人隐私信息的数据留存管理就普遍存在于各种部门管理的单一法例之中。例如，我国曾长期依赖国家和个人档案管理制度管理国家重要信息的存储和流动，国家档案管理局出台的《档

---

[29] 梁芳：《VIE 模式产生的原因、风险及对策分析》，载《中国经贸》2013 年第 18 期。
[30] 监管者与公众舆论对此始终保持高度关切。2006 年信息产业部出台的《关于加强外商投资经营增值电信业务管理的通知》，密切关注互联网公司 VIE 结构问题。2011 年，阿里巴巴集团"暴力拆除"支付宝 VIE 结构更是引起广泛的社会争议。2015 年，工业与信息化部发布《关于放开在线数据处理与交易处理业务（经营类电子商务）外资股比限制的通告》，决定在国内放开在线数据处理与交易处理业务的外资股比限制，外资持股比例可至 100%，终于打破了长久以来的暧昧的监管态度。

案法实施办法》第 19 条规定:"各级国家档案馆馆藏的一级档案严禁出境。各级国家档案馆馆藏的二级档案需要出境的,必须经国家档案局审查批准。各级国家档案馆馆藏的三级档案、各级国家档案馆馆藏的一、二、三级档案以外的属于国家所有的档案和属于集体所有、个人所有以及其他不属于国家所有的对国家和社会具有保存价值的或者应当保密的档案及其复制件,各级国家档案馆以及机关、团体、企业事业单位、其他组织和个人需要携带、运输或者邮寄出境的,必须经省、自治区、直辖市人民政府档案行政管理部门审核批准,海关凭批准文件查验放行。"我国《征信业管理条例》《电信条例》《信息服务管理办法》《计算机信息网络国际联网管理暂行规定实施办法》等法例中同样存在类似的"数据流动"监管办法。随着互联网信息传播技术的迅猛发展,世界各国立法活动都相对迟滞,但是中国的因应措施却相时而动,尤其是针对事关国家战略安全的各类行业数据、云计算存储政府数据和互联网个人数据,分别出台《中国人民银行有关银行业金融机构做好个人金融信息保护工作的通知》《关于应用安全可控信息技术加强银行业网络安全和信息化建设的指导意见》《银行业信息技术资产分类目录和安全可控指标》《电信和互联网用户个人信息保护规定》及《关于加强党政部门云计算服务网络安全管理的意见》等法规。

现实往往是历史的投影。中国数据经济的形态受制于在先的政法制度,外资准入制度和重要信息的数据留存办法间接地决定了中国并不存在近似欧盟的数据流动现象。同时,非正式制度与正式制度的现实博弈为中国的数据经济迅猛发展留下足够空间,数据流动现象也因此潜伏在更复杂的问题之中。因此,中国的数据流动规制表现为相当宽泛的产业规制政策和数据留存制度。

(二)数据留存之辨

自斯诺登事件之后,不论是主要发达国家还是发展中国家都开始重新积极反思本国网络数据与国家战略安全的现实状况,某种相对收缩的保守法律政策正逐步蔓延各国,不同制度形态和政策面貌的数据留存监管正是政策主线。例如,在发达国家,澳大利亚提出个人健康数据信息应当留存国内的法例;[31] 法国提出"数据主权"和"数据税"的法律政策,非常看重云计算等重要信息基

---

[31] Personally Controlled Electronic Health Records Act 2012 (Cth) s 77 (Austl.), https://www.comlaw.gov.au/Details/C2012A00063, Mar. 15, 2019.

础实施的本国化；德国提出类似的数据政策和法律建议，希望通过发展本国数据经济，降低外国数据监控风险。不少发展中国家，如俄罗斯、印度、韩国、越南、印度尼西亚和马来西亚，也都从数据隐私、数据安全和数据经济发展等方面提出数据留存的具体法律政策。[32]

考诸各国，数据留存法律政策的立法要旨和政策目的主要有三方面。第一，从个人权利本位出发，保障数据隐私，维护人格尊严，提升个人福利。[33] 第二，从社会发展本位出发，创造环境吸引外部资金，刺激本国信息产业，维护良好有序的数据经济秩序，培育高度发达的数据经济市场。[34] 第三，从国家战略安全出发，控制重要信息的数据流动，强化国家数据认证能力，提高国家综合治理能力。[35] 从表面上看，数据留存似乎是数据流动监管的进一步细化，是各国数据流动实践总结的反思之策。其实不然，两者的立法要旨和法律技术都有本质差异。第一，从立法旨意来看，数据流动的法律监管制度预设数据自由流动的自然正当性，只要符合双方对等原则，数据信息皆可自由流动，贸易自由和思想自由是其正当性基础。数据留存制度则预设数据信息并非价值无涉的自然物，而是有着强烈的社会属性和政治属性的构造物，有必要针对不同情势而分类分级区别管理，关键信息的数据禁止跨境流动。第二，从法律技术来看，数据流动的法律监管本质是数据跨境商业行为的法律监管，国际法特征明显，面临不同主权国家的法律协调与冲突，其法律强制力无法与国内法相提并论。数据作为抽象物，监管难度远甚于一般物质性实体物。此外，互联网数据流动也非一般的货物商品贸易，兼具服务贸易和技术要素的多重属性，监管者很难深入商业流程中积极监管，其实操性大打折扣。数据留存的法律监管则无须面对复杂的国际法冲突，实际的法律执行手段也相对简易，无须深入动态变化的商业实践之中。

---

[32] Anupam Chander, Uyên P. Lê, "Data Nationalism", Vol. 64, *Emory Law Journal*, 708-714（2015）。该文对十几个国家与地区的相关法律政策作了清晰梳理。
[33] ［德］克里斯托弗·库勒：《欧洲数据保护法——公司遵守与管制》，旷野、杨会永等译，法律出版社2008年版，第一章。
[34] 马丁·艾布拉姆斯：《新兴数字经济时代的隐私、安全与经济增长》，温珍奎译，载周汉华主编：《个人信息保护前沿问题研究》，法律出版社2006年版，第4—9页。
[35] 欧树军：《国家基础能力的基础》，中国社会科学出版社2013年版，第3—44页。

从法律内部视角出发，数据留存制度将重新塑造数据流动的法律监管，一些国家严格的网络数据留存制度甚至禁止数据流动，这势必对全球当下的互联网格局产生深刻影响，故此，很多国家的相关政策尚在酝酿之中就激起了广泛争议。阿努潘·钱德勒教授是抨击数据留存制度最为激烈的学者之一，其将所有数据本地化的留存政策都打上"数据民族主义"的意识形态标签，从价值主张和实际功用角度细致批判各国数据留存制度的立法目的和现实作用。[36] 阿努潘·钱德勒教授认为，要求数据本地化的留存制度本质是一种具有民族主义诉求的经济保护主义，完全违背了当今世界主要国家奉行的全球化自由贸易政策。不仅如此，数据留存政策潜存的政策意涵非常危险，极易滑向所谓国家信息控制。[37] 同时，数据留存制度的现实作用也极为可疑，第一，一味推行数据本地化的很多国家并无良好的信息基础实施条件，既无低廉建造数据中心的成本优势，也无数据安全的人才和技术积累。相反，数据中心过度集中，更易成为黑客的攻击对象，国外监控的危险性更大。第二，阻断数据流动最终会严重影响本地的信息产业发展和普通网民的网络服务日常需求，相反，只有全球商业竞争才会提升数据安全和网民福利。第三，僵化的数据留存制度并不能防止国外监控，反而能促进本国的数据监控加强，会严重危害本国网民的数据隐私权利和思想言论自由。[38] 总而言之，钱德勒教授认为在全球化经济贸易与网络互联世界的深度融合之下，只有秉持自由贸易政策，"电子丝绸之路"畅通无阻，才能保障长远的数据安全和经济发展。[39]

正如克里斯托弗·库勒教授一针见血指出的那样，数据留存并非昙花一现的简单现象，它是经济全球化和民族国家经济发展之间长期矛盾的一种新表现，应该将其回归到相对较长的历史时段中来考察。数据留存的目的与功能确可商榷，但是，钱德勒的批判同样兼具强烈的意识形态特征和单一的分析视角缺陷，事实上，数据流动的法律经济学视角亦难以压倒数

---

[36] Anupam Chander, Uyên P. Lê, "Data Nationalism", Vol. 64, *Emory Law Journal*, 735 (2015).

[37] Ibid.

[38] Ibid.

[39] Anupam Chander, *The Electronic Silk Road: How the Web Binds the World Together*, Yale University Press 2013.

留存的其他价值主张，无论是出于隐私理解还是战略考虑。[40] 阿努潘·钱德勒和黎鸳（Uyên P. Lê）的论文开创性地比较研究了十多个国家与地区的数据留存法律现象，但是其各国研究止于简单的法律和政策罗列，并未深入地经验考察不同国家数据留存的政法考量，这才引来库勒批评其只是单一的法律经济学视角。就现实而言，地区大国与小国在数据留存方面的基础条件和战略考量显然并非一致，简要来说，德法等地区大国在欧盟数据流动法律框架之下，更加侧重于对国家战略安全与经济竞争的考虑，非欧盟国家的俄罗斯、巴西和韩国等地区大国则并重看待数据隐私和战略安全，而其他地区小国则更加侧重于本国公民数据隐私和信息经济发展。再考虑到全球互联网格局"割据形势"，美国互联网巨头的市场优势、技术优势和监控遏制给各个国家的压力并不相同，大国之间、大国与小国之间国际关系的此起彼伏是数据跨境流动的基础，那么，不同国家与美国之间的关系变迁也会是其数据流动和留存的基本着眼点。

因此，应该将数据之上不同叠加利益的战略考虑复合，才能具体地理解、细致地批判不同国家的数据流动和留存的正当价值和制度利弊。事实上，历史经验告诉我们，大国与小国的政法制度，常常因国际关系、地理疆域、人口民族、文化多样和经济体量的个体差异而必须承担各自不同的某种规定性。[41] 数据留存的复杂价值不可以自由贸易简单化约，"数据民族主义"的标签太过轻飘，反而掩盖了扎根于下的复杂的政治经济结构。相较于价值正当，数据留存制度的现实功用是否未如理想预期，甚至造成南辕北辙的作用，同样需要具体分析。本文谨慎同意钱德勒教授的综合分析，由于不同国家之间的差异基础，数据留存在某些国家确实作用难测，例如云计算，对能源资源和地理条件有着相当高的成本要求，强行建造数据中心反而得不偿失。但是，本文的分析另有关切，数据技术日益发展，大数据与数据留存的互动关系正在浮现更加诡谲的政治法律问题。

---

[40] Christopher Kuner, "Data Nationalism and Its Discontents", *Emory Law Journal*, Vol. 64, No. 3, 2015.
[41] 苏力：《政治精英与政治参与》，载《中国法学》2013 年第 5 期。

四、大数据与数据法律政策

（一）大数据视野之中的数据流动和留存

数据流动和留存的监管对象并非现实的物质实体物，而是观念中的信息抽象物，只是由于特殊原因，才将监管对象设定为信息物质载体。这个特殊原因就是人的信息认知心理直接受制于信息抽象物的物理性质。第一，内容与载体的一体性是信息抽象物的基本物理特征，故信息内容和信息载体的监控管理也是一致的，承载关键信息内容的物理载体可以通过限制其流动，留存境内而防止信息传播。所以，无论是个人隐私信息，还是商业机密信息，抑或是国家战略安全的关键信息，都可以通过对主体接触媒介的载体控制到达内容控制，信息内容只能依靠人的认知而传播。大体而言，这一认识在互联网大数据出现之前是正确的，然而，信息数字技术使得海量的信息内容不再需要巨量的物质载体来表现，直接动摇了通过载体监控而控制信息内容的重要作用。第二，一般情况下，内容—表达—载体形成媒介认知，人通过认知信息抽象物的具体表达而直接获知信息内容，因此，具体表达所呈现的直接内容往往是信息控制的主要对象。与此相反，直接内容之外，具体表达所可能潜存的间接意涵并不是信息控制的目标，法律的稳定预期特征不会干预逃逸清晰认知之外的不确定性的可能意涵。[42]

因此，信息内容控制的基本着眼点是以控制媒介载体的手段，进而控制干预载体中具体表达所呈现的直接内容。如果以上分析不错，这就是数据流动和留存制度的构造逻辑之起点。然而，大数据及其塑造的数据商业则改变了这一起点。

本文所理解的数据跨境流动，是"跨越国界对存储在计算机中的机器可读数据进行处理、存储和检索"。这是一个相对技术化的理解，突出一组复合概念：机器可读数据，数据流动与留存的现实差异表现为是否限制不同主体进行机器可读数据的处理、存储和检索。机器可读数据，按照目前理解，是把握大

---

[42] 人与媒介的认知及文化关系，请参见［美］林文刚：《媒介环境学》，何道宽译，北京大学出版社 2007 年版；［加拿大］马歇尔·麦克卢汉：《理解媒介：论人的延伸》，何道宽译，译林出版社 2011 年版。

数据核心概念的关键词，更是当前人工智能的核心技术之一。首先，大数据意义上的数据不仅是指数据的庞大，而是特指来源多样、类型多样、大而复杂的数据，与常规的结构化的、静态的、易于处理的数据集相比，它具有非结构化的、动态的、不易处理的特点。[43] 其次，正因如此，大数据所意欲呈现的信息意涵，个人很难直接认知，只能机器可读，借助复杂的数据分析算法进行模式识别，当需要提供给人直接认知时，再以数据可视化技术加以转化表达。换言之，大数据不以数据呈现的直接内容为目标，而是追求数据整合之后的深层次洞察。[44]

互联网大数据的特质改变了数据的商业模式和基本架构，传统以货物贸易与服务贸易的交替并存为特征的数据商业形态遭到重构，演变为筑基于互联网之上的平台经济，数据商业基本特征呈现为货物贸易与服务贸易的交融并存。[45] 新形态中，信息数据沉淀为基础设施和主要渠道，在基础支撑的技术架构和前台交易的应用供需上保障平台经济的稳定运行，而完成这一切的并非数据承载的直接内容，而是数据意涵的深层洞察。作为全球电子商务网站巨头，我国互联网公司阿里巴巴集团的云计算和大数据被业界公认为世界前沿，阿里巴巴公司的未来前景和战略构想是一套 IT（Information Technology，信息技术）转向 DT（Data Technology，数据技术）的技术及商业想象，通过数字信息技术的广泛应用和信息基础设施的普遍安装，结合政策、制度创新，促进各类信息（数据）最大限度地传播、流动、分享和创造性使用，从而提升经济社会运行效率，故此，阿里巴巴公司自认是一家数据驱动的科技企业。[46] 循此逻辑，可以发现，数据垄断是互联网大数据的行业壁垒，而数据算法能力则是竞争核心。

这样的巨变对于数据流动和留存的法律制度有什么意义呢？一言以蔽之，在大数据面前，数据流动和留存法律制度的监管弱化、目标失焦。寄希望于以

---

[43] 朱扬勇、熊赟：《大数据是数据、技术，还是应用》，载《大数据》2015 年第 1 期；李国杰：《对大数据的再认识》，载《大数据》2015 年第 1 期。

[44] 整合数据、挖掘数据一直是学界和产业界追求的目标，请参见郑毅：《证析：大数据与基于证据的决策》，华夏出版社 2012 年版，第 101—200 页。

[45] 李谦：《人格、隐私与数据：商业实践及其限度——兼评中国 cookie 隐私权纠纷第一案》，载《中国法律评论》2017 年第 2 期。

[46] 参见阿里研究院：《互联网＋：从 IT 到 DT》，机械工业出版社 2015 年版，第 27—38 页。

控制媒介载体的手段，进而控制干预载体中具体表达所呈现的直接内容，已经无法妥善保障重要信息的安全性。互联网上用户的某些网络行为可能并不属于隐私，而是自愿披露的公开信息，比如发表博客文章，更新微博、商品点评和参与论坛发言等，但是，网络行为数据长久积累，再与其他非结构化数据整合挖掘，能够清晰地勾勒用户画像，分析出大量行为隐私，甚至挖掘出用户无意识的潜在欲望和可能需求。当然，既是规避法律，也是技术要求，数据挖掘是在封闭的算法识别程序中进行机器学习，需要时才进行数据可视化，对应人的认知。例如，电子商务的商业流程中会积累大量的货物数据、交易数据和物流数据，如果只是单一数据集，其并不是能够透视国家经济状况的重要经济信息，但是，如果通过大数据整合算法挖掘之后，其数据意涵的战略意义就不容小觑。

除了外资准入的法律制度是以行为禁止的形式直接杜绝不适格主体接触任何法定的数据信息，其他形式的数据留存制度其实都是以控制信息载体留存境内的间接形式防止重要的信息内容扩散出境。然而，如前所述，大数据及其商业模式的出现可能已经破坏了数据留存制度所预设的管理前提，静态的数据载体控制难以应对局面，而动态的数据能力竞争与监控才是问题的重点。数据流动和留存法律制度的真正疑难不再是简单化约的物质实体物，幽灵般的抽象物重回法律视野。回到本文开头，欧美之间"隐私盾协议"淡化规则约束的刚性权力——事实上，欧盟也无法监管美国企业是否履行规则承诺，更何况还有大量数字技术问题需要厘清——强化国家权力的动态监管。由此可见，面对事关国家战略意义的数据安全，在经济态势和政治盟约的强弱对比之下，欧盟其实已经变相选择了权力委托、共同治理的数据政策和法律。当然，互联网大数据经济还在持续演化发展，技术与经济的格局拐点可能还会出现。但是，考虑信息产业所特有的网络效应和规模效应，以及大数据与其他产业的深度融合趋势，自然垄断一时难以逆转，可能在相当长一段时间内，这是无可奈何的选择。

（二）中国数据法律与政策的选择

那么，中国应该作出什么样的选择呢？

首先，产业保护的外资准入制度和数据留存法律对中国互联网大数据经济有着深刻的塑造作用，并且遗留下非常特殊的 VIE 协议控制问题。既有的法律政策充分证明我国将互联网产业及数据经济视为事关国家战略安全的战略性产业，这并非是中国的特殊政策，东亚诸国在经济后发战略中长期奉行德国历史学派经济学说，尤其遵循战略性贸易政策（strategic trade policy），对于本国的幼稚产业和战略产业进行政策保护。[47] 而且政策保护还表现为某种形态的"个案审查"，华为公司进入美国市场屡屡受挫，又何尝不是一种禁止数据跨境流动的"个案审查"。当然，保护政策与开放政策都是取决于具体时势，从互联网大数据经济的发展趋势来看，数据流动与开放是数据经济发展的动力之一，封闭保守不是长久之计，更何况中国已经步入"互联网出海时代"。

当前，我国的数据流动势态正在发生变化。法律政策方面，自2014年起，工业和信息化部公布了《关于中国（上海）自由贸易试验区进一步对外开放增值电信业务的意见》，开始在我国上海自贸区尝试放宽电信业务领域的外资股比限制，其中包括在线数据处理和交易业务处理。在此基础上，2015年工业和信息化部公布《关于放开在线数据处理与交易处理业务（经营类电子商务）外资股比限制的通告》，决定在全国范围内放开在线数据处理与交易处理业务的外资股比限制，外资持股比例可至100%。这说明更加灵活开放的数据政策可能已经到了适宜的时机。数据经济发展方面，我国信息产业和互联网产业处于良好起步势态，部分企业早已扬帆出海，例如华为公司已是全球最大的电信设备供应商，[48] 腾讯公司微信即时通信服务在东南亚和中东地区也有一定的市场占有率，[49] 国产移动手机在印度和非洲国家都有相当不俗的销售成绩。[50] 当然，相比美国互联网企业，中国互联网大数据经济的国际化程度还很低，适当的数据

---

[47] 日本的半导体产业就是典型事例，其因政策保护而迅猛发展，参见［美］米鲁斯·博鲁斯等：《创造优势：政府政策如何影响半导体产业的国际贸易》，载保罗·克鲁格曼主编：《战略性贸易政策与新国际经济学》，海闻等译，中国人民大学出版社2000版，第83页。中国战略性工业化的历史分析，请参见严鹏：《战略性工业化的曲折展开：中国机械工业的演化（1900—1957）》，上海人民出版社2015年版。

[48] 参见《华为掀翻爱立信 成2017年全球最大电信设备商》，腾讯网腾讯科技频道，http://tech.qq.com/a/20180316/024406.htm，最后访问日期：2019年4月21日。

[49] 参见《微信，腾讯的国际化梦想？》，凤凰网科技频道，http://tech.ifeng.com/internet/special/tencentintel/，最后访问日期：2019年3月5日。

[50] 谢丽容等：《中国智能手机行业重划版图：沦为巨头间的游戏》，载《财经》2015年12期，http://it.sohu.com/20151222/n432189666.shtml，最后访问日期：2019年4月21日。

流动法律框架将有利于提高我国信息产业跨国企业的海外竞争力，发展出更富生态活力的数据经济。

更为关键的是，数据留存制度难以保障大数据意义下的数据安全，彻底断绝数据流动也是因噎废食的盲目之举，强化数据经济的战略导向，注重数据能力的国际竞争，提升数据流动的动态监管，尤其加强准入之后数据战略安全评估方面的数据治理能力，会比单一的数据留存更加切中时弊。政策创新和技术进步必须合二为一，扭结合力。总而言之，应当在国家治理能力战略框架内统筹管理数据安全与数据经济。

其次，在具体的制度建设方面要注重内外协调。第一，构筑匹配中国国情的个人隐私和网络数据法律体系，目前国内的《网络安全法》、民法体系内的隐私权法律和各地正在试行的数据交易规则可算初啼试声，斟酌损益美欧的立法得失，立足中国经验。[51] 第二，总结数据留存法律制度的得失，明确数据类型，实施分类分级的数据管理制度。[52] 第三，借鉴美欧之间双边谈判的数据流动法律框架经验，侧重双边谈判或者多边谈判的框架性功能，务求灵活态度处理数据跨境流动问题。第四，《跨太平洋伙伴关系协定》（TPP协定）的核心要素是知识产权和数据流动，TPP协定要求缔约国在保护个人数据隐私的前提下，确保全球信息和数据自由流动，以驱动互联网和数字经济。毫无疑问，中国亦应以适当的方式参与国际数据规则的建立，确保一个有利于我的外部规则环境。

五、结　语

本文希冀说明并论证的是，数据跨境流动并非是一个法律规范性论证的单一问题，尽管至今大部分"政治正确"的理解，都将数据跨境流动与个人隐私权利挂钩。反之，我们希望切入数据流动这一商业现象，厘清欧盟的法律演变逻辑，梳理中国的具体问题，并力图将这些分析融入正在发生的技术巨变之中，揭示出新近的技术变迁将对法律政策产生扭曲，着重指明作为问题背景的国际

---

[51] 洪延青：《在发展与安全的平衡中构建数据跨境流动安全评估框架》，载《信息安全与通信保密》2017年第2期。

[52] 石月：《数字经济环境下的跨境数据流动管理》，载《信息安全与通信保密》2015年第10期。

关系和作为基础问题的技术演变才是理解数据跨境流动的关键切入点。基于此，本文既批判了数据留存法律制度的现实作用，也肯定了数据留存法律制度的价值意涵。最后指出，仅论中国语境中的数据问题，"数据金融化和金融数据化"的挑战非常严峻，不仅是外资控制，数据垄断与资本垄断的利益同构性可能会形成新的控制和压迫，这警醒我们更加严肃地看待数据流动规制中隐含的政治意义，数据能力竞争和数据动态监管可能已迫在眉睫。

国际法视野下无障碍环境范畴反思与构建

赵树坤*

摘　要	目前国内残障法对于无障碍环境范畴的理解，有明显的局限性，即主体涵容性差，内容狭窄，忽视障碍者主观维度。在《残疾人权利公约》启示下，将"社会态度"作为无障碍环境范畴的内在规定性之一，可以部分克服上述理解的不足。在态度环境无障碍建设中，既要警惕法律本身可能作为"障碍性的存在"以及法律的隐性功能；也要看到科学技术在发挥其工具性价值的同时，其霸权的一面可能带来的弊病。
关键词	环境障碍　社会态度　法律的隐性功能　技术霸权

目前全世界总人口中有大约 15% 的人有某种形式的残疾，人口总量超过 10 亿人，其中近 2 亿人面临并正经受着相当严重的功能困难。伴随着全球老龄化以及寿命延长所带来的慢性疾病的增加，未来世界的残疾率将进一步上升。面对这一境况，需要关注无障碍环境议题。无障碍环境观念，始于建筑设计领域。1961 年，美国国家标准协会制定了世界上首个无障碍标准，在建筑方面，要求考虑残疾人等特殊群体的需求，以通用设计为新的指导方针。随着无障碍理念的传播，无障碍环境的行业标准和法规也逐步发展。例如，1968 年美国制定的《建筑无障碍法》明确，在以后的公共建筑物的建造过程中，要考虑残疾人的需求，为残疾人的生活方便提供条件；1970 年的美国《城市公共交通法案》，要求在以后由政府出资投入的公共交通方面都要考虑残疾人的出行便利性；1973 年的《联邦援助高速公路建设法案》坚持由政府出资修建的高速公路

---

* 赵树坤，西南政法大学教授、法学博士、博士生导师，主要研究方向：法理学、人权法学。

在设计之初就要考虑残疾人的需求；等等。2006 年 12 月 13 日，联合国大会通过的《残疾人权利公约》进一步重申为了促进、保护和确保所有残疾人充分和平等地享有一切人权和基本自由，消除"基于残疾的歧视"，要以"合理便利"与"通用设计"等理念与方法来切实保障残疾人享有均等机会、参与社会发展，维护残疾人固有尊严。

目前，我国残疾人超过 8000 万人。同时，人口老龄化速率逐年递增。根据联合国的预测，到 2020 年，中国 65 岁以上老龄人口将达到 1.67 亿人，约占全世界老龄人口 6.98 亿人的 24%。推进无障碍议题研究显得尤为迫切。尽管我国是最早的《残疾人权利公约》倡导、签署、批准国之一，但总体上无障碍环境理念进入中国比较晚，改革开放四十余年来，无障碍环境建设虽然取得了不少成就，但尚属于起步阶段。本文拟从当前几个主要的残疾人权利保障的规范性法律文本出发，分析无障碍环境范畴的局限性，并在国际人权法视野下，提出扩展该范畴的新内容。同时，也从法律和科技两个方面，反思无障碍环境建设的可能困境。

一、当前我国法律文本中的无障碍环境范畴

1986 年制定的《方便残疾人使用的城市道路和建筑物设计规范》，是无障碍环境理念在制度上的较早反映。目前，集中规定无障碍环境建设内容的两个高位阶法律文本分别是全国人大 2008 年修订的《残疾人保障法》和国务院 2012 年制定的《无障碍环境建设条例》。前者以专章方式用 7 个条文来规定具体内容，后者是无障碍环境上的专门立法，共 35 个条文。除此之外，国务院从 2009 年至今先后发布三个《国家人权行动计划》以及 2016 年到 2020 年的《"十三五"加快残疾人小康进程规划纲要》四个规范性文件，也都对无障碍环境建设给出了详细的要求。对比这些规范性文件关于无障碍环境的规定，可以发现当前制度层面对无障碍环境的认知，主要集中在以下内容：第一，建筑设施无障碍。建筑设施的范围，通常即指《残疾人保障法》第七章重点标明的建筑物、道路、交通设施等，要求旧有建筑设施的改造、扩建、新建筑设施的建设应当符合通用设计标准，满足残疾人的正常生活需求和实际需要，应当符合国家有关无障碍设施工程建设标准。第二，信息交流无障碍。通常指任何人，无论是健全人还是残疾人，在任何情况下都能平等地、方便地、无障碍地获取和利用

信息。传统的信息交流无障碍主要是为盲人考生提供盲文试卷,电视新闻提供手语翻译,也即《残疾人保障法》第 55 条规定的:"公共服务机构和公共场所应当创造条件,为残疾人提供语音和文字提示、手语、盲文等信息交流服务,并提供优先服务和辅助性服务。"在新兴互联网领域,信息交流无障碍建设涉及国家通信战略、信息通信技术设备开发与服务等领域,核心是确保残疾人能够无障碍地通过互联网获取信息。第三,社区服务无障碍。在日常生活中,个人总是会与特定的社区密切相连,如农村的村或乡、城市的住宅小区等。《无障碍建设条例》规定:"社区公共服务设施应当逐步完善无障碍服务功能,为残疾人等社会成员参与社区生活提供便利。"社区服务无障碍的内容涉及实施和信息交流上的无障碍,这与前两种无障碍内容显然会有重叠之处,其主要从空间范围进行界定,在无障碍的内容上并没有实质拓展。

二、目前无障碍环境范畴界定上的不足

从前述法律文本和规范性文件来看,目前对无障碍环境范畴的理解,呈现下述缺陷。第一,主体涵容性差。"全面建成小康社会,残疾人一个也不能少!"其实,超出小康社会目标,在人类社会发展和人权语境上,同样要求保障每一个残障人的权利,坚持"一个都不能少"的原则。然而,按照现有的制度认知,无障碍环境受益主体主要为肢体障碍者,尤其以视障、听障、语言障碍三类为主。大量的法条致力于为这三类障别人群在社会参与过程中扫除各种物理障碍,提供多元化信息和社区服务支持。但智力障碍者、精神障碍者、社交障碍者等群体,对他/她们而言,何为障碍以及如何建设无障碍环境,这些问题在立法上是缺位的。第二,内容狭窄。目前的无障碍环境范畴主要将建设目标指向有形的、物化设施、技术层面的障碍客体,大部分人理解的无障碍环境就是盲道、无障碍卫生间、电梯、盲文教材、手语翻译,等等。这种关于"障碍"理解的单向度,极大地限制了该范畴的外延。第三,忽视障碍者的主观维度。障碍既是一种客观存在也是一种主观认知和评价。一种客观存在物,会因为不同主体的客观情况及主观认识,对之产生不同的评价。比如,汉语作为交流工具,对于视障者并不是一种障碍,但其对听障者来说却是;楼梯对于坐轮椅者来说属于一种障碍,而对于听障者、智障者来说则不算。再比如,从主观认知的角度,一种歧视性的言语与行为,对于某些障碍者来说被认知为其融入社会的一种极

大的障碍性阻却力量，但对另一些拥有更强大自我认同感和心理承受力的障碍者来说，可能就不被认定为具有实质影响力的障碍。在这个意义上，关于无障碍环境内涵的真正把握，是不应该偏废主体的主观维度的。

由此，需要考虑一种弥补现有制度文本上无障碍环境范畴不足的新视角。这种新视角下的无障碍环境范畴理解，至少应该起到以下作用：第一，该范畴关注所有障碍人群，从以往的个别障碍者转向所有障碍者。《残疾人权利公约》认定的障碍人群包括肢体、智力、精神、感官有长期损伤的四类。我国对残障人的分类包含视力、听力、言语、肢体、智力、精神和多重残疾。新的无障碍环境范畴必然也应该包含这些公认的不同障别群体。第二，该范畴既重视"障碍"的客观性也重视"障碍"的主观性维度。针对不同的障碍人群，该范畴应该坚持障碍的共性特征与个性特征的统一，显性障碍与隐性障碍的区分，物化的客观障碍与非物化的主观障碍的形式差异。第三，该范畴将有助于实现残障研究者从外在观察者视角向内在参与者视角的转换。在残障研究中，由于障碍者的特别生命样态和体验，倘若研究者只是处于外在观察者的地位，这种研究的正当性相对其他研究来说，承受着更多的挑战。简言之，一个健常人如何证明仅凭外在观察，就可以"把握"残障者个体性的心理体验和认知？当研究者从外在的视角对所谓的障碍议题进行论证和探讨时，也许对障碍者本人来讲，这不过是一种误解或隔靴搔痒。"Nothing about us, without us！"正是对此种外在视角研究的质疑。所谓的内在视角，其核心强调，在残障研究中，研究者和障碍者应该是互为观察者、研究者和被研究者。强调"身受才能感同"，研究者必须以融入的、参与的，而非高高在上的、审视的姿态介入残障议题。什么是障碍？对谁而言，在什么意义、程度上的，怎样的障碍？只有对这些问题有了严谨的答案，无障碍环境建设方案才有可能是恰切而可能的。

三、《残疾人权利公约》的启示

《残疾人权利公约》是到目前为止残疾人权利保障的最重要国际人权法文本，重新审视公约关于残障的定义，可以为"无障碍范畴"的理解找到新的启示。

"残疾是一个演变中的概念，残疾是伤残者和阻碍他们在与其他人平等的基础上充分和切实地参与社会的各种态度和环境障碍相互作用所产生的结果。"

按照这个定义，残疾是基于两个因素之间的互动而产生的，即残障者的伤残事实与其所处社会的各种态度和环境障碍。在此,对残障者来说,影响其充分切实参与社会的因素是两类:一是各种环境障碍,其更多为前文所述我国法律制度等规范性文件中所指的"无障碍环境建设"范畴中的设施、信息、社区环境等因素中的障碍性存在。二是"社会的各种态度"。我们似乎一直在忽略建构残疾概念的这一态度因素。正如社会心理学提醒我们的,二重或者群体之间,互动、态度以及态度的转变,角色之间的关系、身份,以及自我和他人所认为的自我,这些问题是不可忽略的关键视角。举例来说,如果健常人与残障人皆认为彼此是不同的,但这种不同并没有优劣,那么,在残障人参与社会这个问题上也许就不存在"态度"上的排斥或障碍。相反,如果一个健常人与残障人皆认为彼此是不同的,且这种不同存在优劣:健康的是正常的、是好的;残疾是不正常的,是病态的;那么,此时残障人参与社会这个问题就会存在"态度"排斥或障碍。实际上,残疾人长期处于社会的边缘地带,没有得到社会友善的对待,久而久之,他们自己也开始认同自身的"一无是处"并自我标签化。因而,考察"社会态度"环境障碍是如何建构的,如何去除这种环境障碍,即成了必要。

(一) 谁的态度?

社会是人的社会,社会态度说到底就是形形色色的人们的态度。在残障话语语境下,这里的"人们",至少有以下三个层次:第一,"我们"与"他(她)们"。如果前者代表所谓的健常人群体,那么他(她)们即障碍者群体。第二,"我们"内部的"我"与"他或她",即健常人群体内部的不同主体。如果以与残障者的亲疏关系为划分标准,如果残障者的父母或监护人作为"我",残障研究者、残障事务主管者或关联者、民间残障工作组织人员都可能作为"他"或"她"。第三,"他(她)们"内部的"我"与"他或她",即障碍者群体内部的不同障别人群和个体,如果肢体障碍者为"我",那么语言障碍者、视力障碍者、智力障碍者、精神障碍者等可以作为"他或她"。

自我与他者,在这样一种认知结构下,因为"自我都是以'我'为中心来观看世界(包括他人)的。我与他人之间存在一道隔线,彼此的差异构成一种竞争、斗争的关系,他者甚至会是自我存在的一个障碍"[1]。在社会层面,相

---

[1] 张荣兴:《开往身心障碍者港湾的慢船》,载张万洪主编:《残障权利研究》(第三卷),社会科学文献出版社2016年版,第3—4页。

对于属于主流文化的群体而言，属于边缘文化的群体就是他者。很明显，当健常人的态度和认知代表社会主流时，残障人作为少数，其态度和认知则往往属于从属地位。在医疗模式主宰时期，医生等专家的态度和认知是决定性的，残障人作为被治疗的"病患"，其主张和表达的价值是低位阶的。[2] 在监护关系中，如果监护人的态度和认知是支配性的，那么残障儿童或精神障碍者的态度和认知则是可忽略不计的。正如有学者指出的，长期以来，"残疾人在建筑、出行、公共设施等方面都有障碍，而且已经排除在社会、经济、政治活动以外，甚至比种族主义政府的种族隔离政策产生的影响还大……人们不仅对残疾人存在成见，而且还有些蔑视，这也使得残疾人成为被厌恶和被排斥的人群。对公众态度展开的研究揭示出公众对残疾人存在大量的排斥情绪。"[3] 主体基于社会身份和权力资源的不同，其态度和认知的影响作用是不同的。由此，区分不同的主体，考察其所持有的不同态度和认知，有助于我们把握究竟是谁的态度和认知作为一种障碍性的存在，实质性地阻却障碍者平等参与、融入社会，从而有助于弄清所要构建的无障碍环境，其重点和目标是什么。

（二）主体的什么态度？

残障议题涉及的内容广泛而复杂。社会主体对这些议题有不同的认知和态度，并非每一认知和态度都至关重要。本文核心关注以下几个方面。

第一，何为残损？残损被认为是区分残障人与健常人的标准。在医疗模式下，只有确定了何为"残损"，才能基于"残损"而确定"残疾"身份，进而才有"残疾人"相应的社会角色塑造。然而实际的情形是，残损并非是静态的、客观的、绝对的，而是变化中的。试想一下，为什么我们很少将患近视的人视为残疾人？即使对方是高度近视，一刻也不能离开近视镜（辅具）。一个色盲也很少被认为是残疾人，只是当考驾照受阻时，其才会被认为有功能障碍。而

---

[2] 曾有31名年龄在22—69岁之间、受过良好教育、工作成绩突出、属于不同种族的残疾女性在受访中表示，医生在对待她们时默认她们是没有性需求的，认为她们不应该有孩子，并且假定她们不想要孩子，也不需要月经。在很多案例中，医生首先提供给她们的治疗建议是进行子宫切除手术。转引朱迪斯·洛勃：《残疾的性别冲突与身份困境》，Nosek et al., "Barriers to Reproductive Health Maintenance Among Women with Physical Disabilities", *Journal of Women's Health* 4, 1995, pp. 505-518.

[3] Hahn, "Toward a Politics of disability: Definitions, Disciplines, and Policies", *The Social Science Journal* 22, 1985, p. 86.

《巴黎圣母院》中的敲钟人仅仅是因为驼背和相貌丑陋，就被他人和自己所嫌弃。如果一个聋儿的所有家庭成员都是聋人，那他在家庭环境中就不算残疾，他的沟通能力在这个环境下不存在低等问题，他本人及其他家庭成员也没有因为"聋"而产生任何的障碍性感受，尽管"听力丧失"这一客观的物理性缺损是实实在在的。与此同时，聋儿及其家庭成员彼此对"残障"的认知态度也将是一致的，没有所谓"病""治愈"这类的观念生成的基础。简言之，在一个人人都用手语说话的社会中，那些听力系统功能受限的人——即社会上认为聋的人——并不是不正常的。可见，"残疾"与否，受制于一个社会人们的观念和认识，是社会判定的状况。有些人尽管残损症状不严重，也选择承认自己是"残疾人"；也有人尽管有可见的残损或严重残损，却选择否认自己是"残疾人"。可见，残疾与健全，身体功能的丧失和缺陷，患病的年龄，病理学上的严重程度、可见程度等，都会影响残障人看待自己和他人看待残障人的态度。所以"谁是障碍者，并不容易清楚界定。障碍本身除了各种客观定义方法外，也具有主观的成分"。[4]

第二，障碍者是否有资格参与社会？无论残损的边界有多模糊，但从语言的标准含义或法律的最低限度共识的角度，残损的存在以及被承认是不争的事实。如此，残障人是否有资格与其他社会成员一样，平等地参与社会呢？从历史上看，障碍者在法律上曾长期受到不平等对待。根据《旧约》，先天残疾是上帝的惩罚。残疾人、妓女与月经都被认为是不洁的，因此残疾人是不能成为神职人员的。到了中世纪，社会普遍相信残疾是因为魔鬼的诅咒，从而排斥残障者参与家庭和社会生活。（女性）精神障碍者常被认定为女巫处死。[5] 经过漫长的发展，障碍者作为人的主体资格才被广泛认可。[6]《残疾人权利公约》第一条指出其宗旨是"促进、保护和确保所有残疾人充分和平等地享有一切人权和基本自由，并促进对残疾人固有尊严的尊重"，这就是对残疾人平等主体资格

---

[4] 王国羽等编：《障碍研究——理论与政策应用》，巨流图书公司2012年版，第45页。
[5] 同上书，第14—15页。
[6] 自文艺复兴、启蒙运动，直至现代，经济的繁荣以及生物医学、心理学、教育学等的发展，使残障议题经历了医疗模式到社会模式，专家观点主导到残障者自主与社会互动，残障者个人或家庭责任到政府责任等研究视角的转变。残损不损人性，残障人与其他人一样，作为独立法律主体，其资格获得普遍承认。

的明确认可。

第三，障碍者是否有能力参与社会？关于这个问题，争议很大。古希腊哲学家亚里士多德排斥妇女和奴隶，认为其缺乏过一个充分和有意义的生活的可行能力。作为西方主流政治哲学的社会契约理论，其在讨论个人与政治共同体关系时，预设共同体的生成是"理性人"通过契约让渡的结果：所有缔约参与人之间体力和智力大致相同，正因为意识到彼此大致相同，缔约各方相信谁也不可能完全地主宰他人，互惠式的让渡则成为可能。毫无疑问，这种"理性人"假设排除了具有严重身体缺陷和认知障碍的人士参与缔约。换言之，在发端意义上，政治共同体的生成是没有残障人参与的结果，残障人的参与能力一开始就是被否认的。"长久以来，历史学家都没有意识到他们已经建立了一个将残疾人排除在外，没有话语权的主导叙事——这种叙事方式简单草率地将健全人的历史优先作为全人类的历史。"[7]

而在共同体生活展开的维度下，残障人是否有能力参与社会？关于这个问题的主导性回答是法学上的"行为能力理论"。该理论主张一个具有法律主体资格的人进行法律行为受制于其年龄、智力、精神等多种因素。诸如，未成年人是没有能力缔结婚姻关系的，智力障碍者是不能进行某种工作的，精神障碍者是不能与他人良好沟通的，等等。关于具体的能力，在医学模式下，专家观点是权威性的，比如伤残程度的医学鉴定是法律上重要的决策依据。同时，"残疾人"社会化标签预设了这群人是有残损的、被动的、依赖性的，是孩子一样的"病人"。进而，"有残损的人通常被认为是不漂亮的、没有性欲望的，不能进行性行为的，如果是女性，还不能生育，也因此不需要避孕；不能抚养孩子。"[8] 社会整体构建的残疾人能力低下的意象，使得对残疾人的不同社会实践，也变得理所应当。比如，经济学家的研究表明，残疾人往往比健全人挣的钱少。这种即使同工也不同酬的现象，人们之所以熟视无睹，部分源于雇主及公众甚至残疾人本身皆认为残疾人能力低人一等，自然无法同工同酬。类似的现象久而久之，反过来又不断强化人们的认知和态度，残疾像是被打上了烙印一样。

---

[7] Hirsch, "History and a Story of Polio", *Disability Studies Quarterly* 18, 1998, p. 265.
[8] [美] 芭芭拉·奥尔特曼等编：《拓展社会科学对残疾问题的研究》，郑晓瑛等译，北京大学出版社2013年版，第80页。

由此可以看到，社会环境中"态度"的障碍比物理环境障碍复杂得多。因此，"身心障碍者要融入社会，物质环境上的无障碍显然是不够的。障碍研究要多层面地设计障碍者参与社会的方式，避免其被社会孤立，如此才能让身心障碍者建立人际关系，享受爱、友谊和亲密关系"[9]。由于态度、认知、观念等心理、文化结构层面的障碍多是看不见摸不着的，其对残障者融入和参与社会发生阻碍是以隐形甚至无形的方式完成的。这显然不同于前文那种客观的、实在的、物理意义上的环境障碍。由是，无障碍环境范畴其实是包含了硬环境和软环境两个部分。其中前者的着力点是物理环境无障碍，后者的着力点是心理环境无障碍，特别关注社会态度及认识层面的环境障碍。

四、无障碍环境构建的反思

无障碍环境建设是涉及多方面的综合系统工程。比如，从社会公众的角度来说，扫除心理环境障碍要求全社会形成尊重残障人、平等对待残障人的共识，涵养一种包容、多元的生命观，"在道德与法理论中，与这一社会理论的转向相应的是对差异高度敏感的普适主义，对每一个人的同等尊重并非仅仅限于同一类别者，而应扩展到作为'他者'或异类的人"[10]。人权的主体在承认差异的基础上应包容一切遭受歧视、遭受苦难的异类人。平等地对待每一个人的前提必须是认同生命形式的多样性。男人与女人是不同的，但没有优劣之分。健常人与残障人是不同的，同样没有优劣之分。"应该将残疾人看作我们平等的一员，不要把他看作一个盲人、聋人，更加直接一点就是他是聋子、他是瞎子、他是瘸子，不应该把他看作是这样一个残疾人，而首先应该看作是人。我也是人，你也是人，残疾人也不应该先把自己看作一个残疾人，而更应该先把自己看作一个人，跟别人一样的人。社会如果逐渐接受这样的认识，接受这样的思维方式，整个社会环境就会有很大的改变。"[11]这种改变要仰赖于长期的思想启蒙和教育，涉及文化学、教育学、传播学、法学等多学科综合推进。本文对此

---

[9] 张恒豪、苏峰山：《书评：〈残障权利及其误用〉》，载张万洪主编《残障权利研究》（第三卷），社会科学文献出版社2016年版，第198页。
[10] [德]哈贝马斯：《他者的引入》，转引自章国锋：《关于一个公正世界的"乌托邦"构想》，山东人民出版社2001年版，第168页。
[11] 邓朴方：《人道主义的呼唤》（第二辑），华夏出版社2006年版，第320页。

不做更多讨论。仅就下列两个问题展开思考：第一，法律作为当今最重要的社会塑造机制，其在心理无障碍环境构建中有怎样的地位和作用。第二，新兴技术发展日新月异，其在该问题上有怎样的作为。

（一）法律（制度）的功能及反思

法律（制度）是态度或观念的集中反映，同时也是社会建构的产物。当一种主流的态度或观念凝结成某种制度时，如果这种态度和观念本身经受不住科学、理性、历史的检讨，那此时的法律制度本身就完全可能成为对旧有观念和态度固化的机制，从而成为观念更新的障碍。例如，中世纪时期的法律默认残障人不能担任神职人员。这种职业歧视恰恰是通过法律制度得以确认和强化的。再比如，入职体检时将乙肝病毒携带者列为体检不合格者，从而取消其录用资格。虽然用人单位内部执行的体检规定不属于国家法，但作为规范性文件，其也是制度的一种形式，其本身就是一种"障碍性的存在"。由此，在法律（制度）生成环节，如何实现对旧观念、旧意识的涤荡而不是捍卫，就成了一个关键。我们所服从的法，应该是本身制定得良好的法！[12]

1981年我国台湾地区制定了《残障福利法》，1997年该法正式修改为《身心障碍者保护法》，2007年又改为《身心障碍者权益保障法》。从名称的变化可以看到，残障"福利"法的名称，是公众广泛认为残障人是被照顾的、弱小的、功能低下的观念下的产物。而身心障碍者"保护"法与身心障碍者"权益保障"法名称的区别在于，前者仍然无法完全从"父爱主义""福利"视角解放出来，对残障人的保护完全可能仍然是居高临下的强者对弱者的救济和慈善逻辑；但后者明确使用"残障者权益"，意味着残障人作为独立人的人格和平等权利主体资格被承认，因为"我"作为残障人是与他人一样的人，"我"享有所有法律上的平等权利，"我"所有的权益主张都应该被平等地尊重和保护。这个根据既不是基于强者对弱者的同情、保护，也不是国家、政府基于"父亲"角色的照顾、恩慈。在此，可以看到，一方面是社会公众认知、态度的变迁，带来制度的不断修正；另一方面是通过制度的生成与运行，不断地传播着这种态度和观念。

同时，还要警惕法律的隐形功能。所谓法律的隐形功能，是指法律对社会

---

[12] 参见［古希腊］亚里士多德：《政治学》，吴寿彭译，商务印书馆2009年版，第202页。

的影响后果超出立法者预期，或者走向了立法者意图的反面。换言之，即使出发点是好的法律制度，也可能产生负面的效果。例如，我国《残疾人保障法》第 33 条规定，"国家实行按比例安排残疾人就业制度"。第 36 条规定，"国家对安排残疾人就业达到、超过规定比例或者集中安排残疾人就业的用人单位和从事个体经营的残疾人，依法给予税收优惠，并在生产、经营、技术、资金、物资、场地等方面给予扶持"。2007 年公布施行的《残疾人就业条例》规定，"用人单位安排残疾人就业的比例不得低于本单位在职职工总数的 1.5%"，并且规定，"用人单位安排残疾人就业达不到其所在地省、自治区、直辖市人民政府规定比例的，应当缴纳残疾人就业保障金"。残疾人就业保障金的设置，本意是督促用人单位依法雇用残障者，保障其平等就业权。然而，现实中却衍生出两种现象：一种是企业每年都足额、甚至超额及时缴纳残保金，从而替代其履行按比例雇用残障者的义务。另一种是"假雇用"。企业为了逃避缴纳残疾人就业保证金，就假雇用残障者，只支付少量工资给受雇者，却不让残障受雇者上班，不提供工作岗位。通过假雇用，一方面，企业在形式上满足了履行法定义务，甚者还可能因此享受税额减免等优惠；另一方面，残障者在不工作的前提下，可每月领到一些"薪水"。表面看起来，企业和残障者双方各得其所，皆大欢喜，但是这样的结果隐性强化了残疾人"无能力""依赖""被照顾"等社会认知，是一种更隐蔽的歧视和排斥方式！而这也是完全违背立法者设计就业保障金这一保障手段的立法初衷的。

现代社会的显性制度歧视和排斥越来越少，但由于法律或法律实施，以及法律（制度）的隐形功能所造成的社会、经济或政治安排，以及因此形成的种种结构所造成隐性歧视仍不在少数。这需要审视国家整个法律的运行环境是否建立在"尊重每一个人"的普遍观念和认同基础上。

（二）科学技术的双重作用

科学技术是当今社会最引人注目的生产力。其在无障碍物环境建设中所发挥的正功能有目共睹。在科技支持下，医学领域里不断提升的治疗和康复水平，在推进残障者功能恢复、参与社会方面成就巨大。同时，新的辅助工具、器械、发明等在康复、残障者就业等方面的效用也越来越强大。在发达国家，推进信息无障碍的许多措施已经使得很多残障人士、老年人能够在残疾或退休后继续工作，通过互联网继续为社会创造价值，弱化他们对政府的依赖度。同时，新技术支持下的多元媒体形式，在促成公众更多地了解残障人生存状态、传播新观念、提升社会认同等方面也发挥出极大的效力。[13]

但与此同时，科学技术在推进非歧视、认同、融合等心理无障碍环境建设上，也有尴尬的一面。

首先，新技术在残障议题中，引发更为复杂的认知和争论。比如，1982年通过的《关于残疾人的世界行动纲领》极高地评价生物学研究，指出"借助革命性新技术，实行预防缺陷和保证缺陷不致发展成为更为严重的残疾方案，要比以后不得不照料残疾人，使社会付出的代价小得多"。但公共政策中的预防损伤内容，长期以来被批评为是"旨在消灭残障者"的政策；通过这些政策，传递的或被解读的信息依然是"残疾是异常的、低位的""有残疾的生活是不值得过的"。日益精准的产前胎儿甄别技术的运用，引发女性生育自由与残障儿童生命权的争议。再比如，以就业为例，一方面，技术的发展挤压了残障人的工作机会——传统靠人力为主的捕鱼业，视障者是可以与其他人一起出海工作的；但渔船机械化后，一条船只需要少数操作机械的船员即可，视障者就更容易丢失工作。另一方面，网络技术的快速发展，为残障人就业提供了更为广阔的前景——一个视障者打理一个网店，可以说与任何其他人相比，这个店主都没有任何劣势，连传统的就业歧视和排斥也几乎失去了存在基础。然而，这种新技术提供的交易空间，避免了交易双方面对面的同时，是否以另外的方式剥夺了残障人融入社会的机会呢？

其次，科学技术作为一种支配性"权力"，其开发、使用主要由专家掌控，技术成果的受益者残障人则往往是"不在场"的。如此，"霸权"问题如何解决？

关于科技与社会的研究指出，建筑物与技术看起来似乎是价值中立的，然而情况并非如此。我国的各级法院为了彰显法律的权威，其建筑的设计往往在抵达一楼前有长长的台阶，这极大地限制了轮椅使用者的进出。美国的"以公车为主要交通工具的穷人和黑人，就难以使用高架桥外的公园和海滩等游乐设

---

[13] 比如，2018年3月25日，一篇《中国版飞越疯人院：密谋十七年的逃亡》网文迅速在各大网站被转载，48小时内阅读量超过10万次。这种新媒体方式对于公众了解精神障碍者的生存状态、权利保障等问题所产生的效果是传统媒体方式无法企及的。

施。空间的特殊呈现方式引导了空间实践,将人群与活动指派到不同的空间,有效达到身体阶层(性别、种族、身心障碍者)秩序的建立和维持"[14]。换言之,建筑物、技术、语言等的存在,是许多不同社会利益与价值冲突的结果。拥有权力(或知识)去界定环境的人,他们的偏好、价值和操作程序不仅具有支配性,还会让大多数人不加怀疑地接受他们所创造出来的世界秩序。当技术专家不依赖于公众讨论,只从毋庸置疑的技术性逻辑和方法论规则出发,其无意识地在扮演着独裁者的形象。而专家获取了压倒性地位,当科学技术的工具合理性占了优势,对价值合理性产生挤压就不可避免了。

残障人长期作为社会边缘群体,缺少话语权力,没有有效方式和途径参与到生活世界的构建与发展中。无障碍环境强调的是物质、制度和精神生活的全面无障碍。人的自由和解放从来不仅仅是免除物质上的匮乏,还应该克服工具理性以"合理性名义"而造成的对人在精神上和文化上的压抑和统治。纵使有科学技术的发展在物质环境无障碍方面的有力推进,但不应遮蔽其工具理性可能造成的专家"自我"与残障人"他者"之间的支配与隔阂。在心理环境无障碍建设语境下,要改变这种霸权关系,意味着在文化价值层面提出了变革的要求。同时,还要通过法律制度为残障人提供更多更宽的表达、参与途径。文化与制度之间实现良好的互动,科学技术才能发挥其正向的功能。

---

[14] 王国羽等编:《障碍研究——理论与政策应用》,巨流图书公司2012年版,第268页。

中国法社会学的理论困境与未来出路

余盛峰[*]

摘 要	与经典社会理论的分析不同,法治实践在中国形成了一系列悖论特征,在劳动法、财产法、合同法、金融法、公司法和环境法等领域,形成了一种内外有别、呈现身份和产权差序化格局的法律体系。无论是形式主义或者实体主义理论都不能完整把握其性质。法社会学无法直接套用西方的某派学说或者盲目坚持本土主义、实践主义的学术路径。要对改革时期中国的法治运动在全球和国家层面形成的特殊结构与逻辑,在社会理论层面展开更为切实而深刻的分析,并在正义和规范层面对法治发展作出前瞻性的批判、反思和引导,这将是未来中国法社会学突破学术困境、探索新路的关键。
关键词	悖论社会法社会学　社会理论　法治运动　法律正义

一、悖论社会的法治逻辑

欲在社会学的意义上总体理解中国法律,其前提是把握法律在作为悖论社会(paradoxical society)的中国所呈现的特殊形态。[1] 这不仅是指法律实践在中国经常违背形式主义预设的应然逻辑,既不同于自由主义的法律想象,又不同于社会主义的法律传统,并指向一对对相互矛盾、既此且彼的法律现象的同时存在。这展现在包括产权、合同、公司、金融、劳动、行政等在内的一系列

---

[*] 余盛峰,北京航空航天大学法学院、人文与社会科学高等研究院副教授,主要研究方向:法理学、比较法、法律社会理论、法律史。
[1] 有关中国的悖论社会特征,详见 [美] 黄宗智:《实践与理论:中国社会、经济与法律的历史与现实研究》,法律出版社2015年版,第1章和第7章。

领域。法条教义学或本土经验主义都只能捕捉这些悖论现象的某个侧面，无法在一种整体性（integrity）的法律哲学指导下实现对法律体系的自我描述和理解。[2] 改革开放之后的中国法治进程，预设了整合于统一的市场经济以及相应的产权形态和随之而来的一系列法律发展，通过法律人和法律职业共同体的理念塑造，提供理性经济人在商品交易和资本流通过程中的基础法律保护。它假定了法治化进程最终会顺利突破城乡分立的法律格局，通过科学立法、严格执法和公正司法来保证一个橄榄型中产阶级法治社会的逐步形成。但与这种韦伯意义上的资本主义理性法的想象不同，中国当代法律的实践逻辑是多重悖论和矛盾的并存。不妨从国际和国内两个层面予以分析。

（一）作为国际"比较优势"的法系身份

改革开放时期的法治运动，形成了一种不同于近代中国"六法全书"体系的特殊性格。其核心悖论表现在：中国从1949年之后的西方法律秩序的挑战者、社会主义法系的核心成员，摇身一变成为美国法全球秩序的利益攸关者和制度模仿者，但与此同时，它也从未完全脱离"社会主义"法系的传统。

2001年中国加入WTO之后，表面上是完全以法律移植的方式确认了法律变革的方向，但与此同时，类似国有企业、国家资本这些特定法律身份的保留，都注定无法在传统西方法治模式中为其找到准确的定位。[3] 在世界各大法系中，这一被批判为"搭便车"的"中国模式"具有极为特殊的性格，它既不是普通法系，也不是传统的大陆、苏联或中华法系，甚至不被承认具有"市场经济地位"。某种程度上，正是有意借助这种法系身份的暧昧性和模糊性，中国产业与资本在世界分工体系中取得了一种特定的竞争"比较优势"。

可以说，这也是改革开放时期中国法治一种有意为之的策略性选择。它希望能够尽可能灵活地穿越于全球各大法系之间，从其制度的暧昧性之中套取在

---

[2] 德沃金有关作为"整体性"的法律解释的论述，参见［美］德沃金：《法律帝国》，李常青译，中国大百科全书出版社1996年版，第158、167、170、196—198、203等页。
[3] See Andrew Szamosszegi and Cole Kyle, "An Analysis of State-owned Enterprises and State Capitalism in China", Vol. 52, *Capital Trade, Incorporated for US-China Economic and Security Review Commission*, 2011, pp. 72-94.

各种规则穿梭中觅得的经济红利。[4] 必须意识到，在万国竞逐的格局中，此种另类的法律策略正伴随中国崛起而遭遇愈发频繁的质疑和挑战，无论是在非洲腹地的投资、东南亚的高铁建设，还是在中美贸易战之中，这种法系身份的暧昧性，正不断转化为各种难以避免的摩擦和冲突。

中国在改革初期摆脱苏联遗产，选择以日本和台湾地区为中介的法德大陆法系移植为方向，在加入WTO之后，则进一步以英美法系为主导的国际经贸投资秩序作为法治发展的重心。此一法治进程以摆脱苏联遗产、全面接轨西方法律为标志，试图通过技术层面的法律移植来确立一种新的法统。从根本上而言，这是试图通过私法层面的变革，达到一种被国际经贸秩序逐渐接纳的效果。但从更本质的层面来说，这也是美国主导的全球分工格局需要中国来承担一种出口外向型的世界工厂功能，同时，其中又包含了一种希望通过私法改革渐进推动中国政体变革的期待与想象。

在经济模式上，中国主要表现为发展出口外向型和劳动力密集型产业，为了在国际分工体系中获得特定份额并满足西方国家的特定需求，中国在法治发展中因此形成了一系列特点：主要是推动民商法部门的法律移植（有意隔离公法制度），并且在劳动法、合同法、金融法、公司法和环境法等方面，形成了一种内外有别、呈现身份和产权差序化格局的法律体系。在此过程中，一种特别有利于国家资本动员和发展壮大的法律体系，通过具有高度选择性的法律移植过程得以形成和展开。而这一特殊的法治运动之所以能够顺利启动，则首先得益于它有机地嵌入20世纪90年代之后一种特殊的全球秩序，即由美国主导的围绕贸易、投资、金融与知识产权制度所型构的总交易模式的世界经济体系之中。[5] 中国式的法治运动之所以能够成型，正是因为它以一种特殊方式成功嵌入了由美国所主导的这一全球法律体系。

近代以降，从西班牙、尼德兰、英国与美国的持续霸权转移中，我们已经目睹了数次工业革命对世界格局的深刻冲击，它也同时通过法律变革的方式，

---

[4] See Anita Chan, "A 'Race to the Bottom': Globalization and China's Labour Standards", *China Perspectives* 46, 2006, pp. 1-13.

[5] 参见［美］西尔维亚·奥斯特里:《世界贸易组织：压力下的体制》，丁开杰译，载［美］斯蒂文·伯恩斯坦、威廉·科尔曼编：《不确定的合法性：全球化时代的政治共同体、权力和权威》，丁开杰等译，社会科学文献出版社2011年版，第119—141页。

不断推动了世界法系和法律全球化模式的演化与调整。最晚近的法系变革，即是美国在1986年乌拉圭回合谈判中形成的以知识产权协议（TRIPs）为主导的法律全球化方案，它配合美国在全球经济体系中对于自身发展方向的重新定位，呼应并持续推动了20世纪90年代之后金融新自由主义和信息主义在全球发展中日益凸显的地位。正是通过这一法系的变革，美国一举甩开了欧共体与日本这些竞争者，欧洲和日本法系在晚近的低迷正是这一过程的表现与结果。但大大超出美国预期的，则是一个原本相对脱离于世界法系游戏规则之外的中国，在其改革变法中搭上了新一轮全球化和数字经济的便车，借助于在此前所建立的核心工业体系与出口型经济所储备的各种优势，开始形成一个难以被美国主导的世界法系秩序所认知与消化的"法律怪物"。可以说，中国改革时期的法治战略，实际是内嵌于一种特殊的世界法系格局之中。问题是，当国际格局发生新的演变，当全球经济出现新的迁移，中国法治新的方向如何寻找？

毋庸置疑，中国法治无法再像过去40年那样，顺理成章地通过灵活"搭便车"继续赢取全球法系的认可。塑造何种新的法系，将一方面依赖于对法治趋势和方向的判断，同时也依赖于国际法律秩序与世界法律体系的认可。在此意义上，它必须是一种具有全球视野与关怀的法治体系，因为中国已经深深嵌入一个由200多个民族国家、数千个国际组织、数十万跨国公司、数万亿级全球沟通组成的世界体系，由众多国家、亚国家、区域性、超国家、跨国家以及无数个全球节点所形成的网络结构之中，全球化的内在动力正在发生重大的蜕变。中国法律，既不可能退回过去，也无法继续"搭便车"，所有既有的法治模式正在失效。在这个意义上，悖论的中国法律体系在面对新的全球条件时，将面临一场新的变法压力。不再有确定可以保证成功的法治模式，需要的恰恰是一种具有世界主义性格的法律体系。法治发展无法再是简单的模仿与移植，无法再是高度灵活性的"搭便车"行为，而需要在越来越复杂化的全球格局中，处理自身法律体系的特殊性/普遍性、保守性/超前性、道义性/引领性、本土性/全球性这几组核心张力。

如果说，改革时期开启的法律移植进程，有赖于一种由全球增量空间所带来的国内法利益共享，而未来新的法治发展，其最大的风险，也正在于全球法律红利空间不断缩小，过去曾拥有"比较优势"的中国法律将面临各种挑战。这尤其需要立法者在国家内部的法治建设中，超越过去的经济私法比较学，真正激活一种宪法意义上的新型法律改革。[6]

（二）中国法治的差序格局[7]

一个基本的事实是，中国法治空间的构造依然延续了中华人民共和国成立之后城市发展但乡村落后的基本格局。这种城乡法律之间的格局落差不仅是传统延续和发展时序的自然反映，它更依存和建立在城乡两种经济身份制度和两种产权改革形态的交接点上。在某种程度上，正是基于农村土地集体产权和小农家庭财产制的特殊安排，确保了一个规模庞大的临时性、半正式和非正式农村劳动力市场可以持续被城市资本以低成本吸纳，从而可以提供中国经济发展以及中国法系在全球发挥其比较优势。黄宗智在其《重新认识中国劳动人民》一文中，就揭示出中国的《劳动法》和《劳动合同法》不是针对所有就业人口的同等保护从而可以形成一个统一的劳动力市场，处于国家劳动法规保护和福利制度之外的非正规经济的大规模扩增，需要在法律上形成对"劳动"概念的特殊界定，需要把大量的劳动排除在法定"劳动"范畴之外。正是通过在法律上对非正规"劳务关系"和正规"劳动关系"的严格区分，《劳动法》的适用对象最后被限缩在国家公务员、事业单位人员和少数蓝领工人。改革时期所形成的大规模"非正规经济"，正是通过这种特殊的身份等差和城乡等差的法律格局安排，通过一系列相应的"非正规法律"才形成了为经济发展保驾护航的国际比较优势。这种特殊的法治逻辑成为地方政府相互竞争和招商引资的重要法宝，不仅劳动法规如是，产权、合同、金融、环境保护法执行等其他方面亦如是。[8]

在既有的法学研究视野之下，无论是偏重条文解释的教义法学，还是主张本土经验主义的法社会学，以及强调中国传统与文明主体性的流派，都未能在其理论和概念体系里正视和处理 1.53 亿户籍农民在城镇就业，以及 2.17 亿农民

---

[6] 参见余成峰：《宪法运动的三次全球化及其当代危机》，载《清华法学》2016 年第 5 期，第 69—87 页。

[7] 此处借用了费孝通在《乡土中国》中提出的著名概念。费孝通强调其相对西方"团体格局"的特征，本文更突出这一概念的身份/层级/阶序色彩。

[8] 有关中国劳动法的历史演变与非正规经济，详参 [美] 黄宗智：《实践与理论：中国社会、经济与法律的历史与现实研究》，第 17 章。

在农村从事非农就业这两大事实。[9] 中国当代法律关于人的形象的预设，其表达与实践显然存在严重的背离。真实的形态，既不是形式主义法学预想的"道路通向城市"的经济人和法律人，也不是本土派浪漫想象的"无须法律的秩序"，而是伴随中国社会急剧变迁所形成的悖论和矛盾身份结合的秩序形态，一种既巩固城乡等差身份又极其鼓励流动性的法律格局。在某种程度上，形式主义法学和本土资源派基于对"城市/乡村"法律各执一端的表述和辩护，立基于城市制定法与乡村习惯法的不同气质假设，各自建立了一个关于中国法律图景的非此即彼的二元描述。然而二者共同的社会图景中都没有正视和处理中国悖论社会下法律的悖论化特征，且"假装"中国法治进程已经在一个统一的社会学公式下整体性地得以建构。两者之区别不过是对此采取拥抱抑或抗拒的态度。在此理论语境下，无论是西化主义或本土主义，无论强调西方法律的普适性抑或标榜中国历史与实际的特殊性，都因此陷入普适主义与特殊主义方法论的二元困境，都阻碍了从法社会学和法社会理论上对中国法律真实运作逻辑的探寻。

兹以中国的民商法实践为例，其特殊性就表现在中华人民共和国成立后所形成的悖论法权特征。实践中，多种产权模式并立：一是传统中国过密的糊口小农经济和家庭财产制的延续，它也是今天的非正规经济和非正规法律的重要历史基础；[10] 二是旧有计划经济下庞大的国营工业体系及其产权结构，仍占全部国民经济产值的将近一半；三是市场化转型下出现的资本主义意义上的私有产权体系的发育；四是国有企业抓大放小私有化以及大型国企资本的公司化股份制改造。[11] 在此之外，还有农村土地集体所有制和城市土地国有制所形成的复杂土地产权结构。[12] 这个由多重悖论所组成的错综复杂的庞然大物，形成了一个难以被传统物权法学清晰概括和阐明的复杂法权结构。它无法用自由主义法权或社会主义法权的逻辑进行统一界定，也无法简单沿用传统的公法与私法

---

[9] 数据参见［美］黄宗智：《实践与理论：中国社会、经济与法律的历史与现实研究》，第482页。
[10] 有关中国的家庭财产制，参见俞江：《中国民法典诞生百年祭——以财产制为中心考察民法移植的两条主线》，载《政法论坛》2011年第4期，第116—132页；参见余盛峰：《家庭代际传承的习惯法、国家法与西方法》，载《私法》第五辑第1卷（总第9卷），北京大学出版社2005年版。
[11] 参见［美］黄宗智：《实践与理论：中国社会、经济与法律的历史与现实研究》，第24页。
[12] 可以参见《法学研究》杂志近年围绕城市土地国有问题的系列讨论。

的二元框架来加以认识，也难以使用政治国家和市民社会的二元对立模式来进行定位。中国改革开放以来所形成的财产法权格局，所依托的显然不是简单的私有化路径或既有国有产权形态的延续，而是采取了相当繁复而差序化的法律制度框架重构，来同时确保不同种类资产的市场化流动以及国家对于各类形态资本的持续影响和支配力。"改革时期的市场经济和私营企业很大部分是在国家机器和官员扶持下兴起的，私人企业的很大部分和党—政国家权力机构带有千丝万缕的联系。"[13] 正是由此，在中国改革语境下，各种私法意义上的物权转移行为和各种公法意义上的国家法律行为其实具有深刻的连带关系，它们都需要"社会主义法律体系"通过各类特殊的法权制度安排予以衔接、调和、变现与落实。在中国法社会学的研究中，如果不能正视这个历史中形成的多重悖论法权结构，试图简单套用潘德克顿式法学方法论来建构一个统一自足的规则体系，显然无法回应实际存在的诸多理论和实践悖论。

中国改革后期以来，正是通过各种特殊的法律制度安排，形成对劳动力、土地和资本的极为特殊的规范形态和法律界定，而地方政府正是借此利用非正规廉价劳动力以及各种各样的非正规补贴和优惠（包括法律政策倾斜）来吸引外资和内资，借此推动中国的发展奇迹，并由此嵌入全球的分工体系与法律体系之中。由此可见，正是通过地方政府的各种非市场行为和反法规行为，通过包括金融、财税、户籍、劳工和环保在内的多种国家公法手段，才建立起一个最有利于国家和资本逻辑发挥动员作用的市场结构和法权体系，从而可以用最有利于政府的成本/收益核算来招引各种资本。这种法治发展逻辑就不是传统法学辩论中坚持的政府和市场、公法与私法非此即彼的二元论，不在于公权对私权的一味替代或私权对于公权的自然胜利，而在于两者特殊的协调与搭配机制。新制度经济学和形式主义法学都未能考虑到这个基本的制度性因素，而中国的法学实践则试图在一个超脱意识形态束缚的教义学框架中建立一个理想规范图景来引导实践的发展，但实际上，被遮蔽的真实的悖论法权结构与实践形态根本不受这种"科学自足"法社会学想象的主导，从而可能借助形式主义法学所预设的社会结构及其提供的规范性机制掩盖不正义实践的事实。这种表面上排斥社会学分析的技术法学路线，实际上并非完全价值无涉的科学主义法学，在

---

[13] [美] 黄宗智：《实践与理论：中国社会、经济与法律的历史与现实研究》，第133页。

其背后，所依托的往往是一种特殊的功利主义或国家主义社会哲学的预设。[14]

既有的形式主义法学流派都多少预设了具有统一性的劳动力、土地和资本市场在中国业已存在，而未来法律改革的目标就在于顺应这个基本前提，从相应的权利体系和基本原则出发，通过严密的法律逻辑推导以及可能的漏洞填补，演绎出各个不同的部门法条文，从而形成一个自圆其说、全面涵摄、前后一贯的体系化结构。而各种基于社会科学政策分析方法特别是有关资源配置的经济效益成本分析，则配合教义法学所提供的基础规则框架为其进行查漏补缺的规则补充和正当化论证工作。因此，作为理论敌手的教义法学和社科法学实际都欠缺对于中国长时段历史演变和社会结构深层观察的社会学视野，而与此同时，它们都回避了中国法律发展过程中所存在的各种不正义现象，经常陷入对不同情况同等对待的法律正义悖论，缺乏对于中国法律公正性拷问的前瞻性价值的指引，从而无法真正形成一种同等情况同等对待的法社会学关怀。

中国的"非正规经济"和"非正规法律"发展模式实际存在严重的社会不公问题，而无论采取技术主义、形式主义，还是本土主义方法路线的法学理论，实际都多少忽视并掩盖了既有的法律部门在有关劳动力、土地和资本市场等领域法律规则构造过程中的正义性问题，夸大了作为法律规则制度的整合性程度以及法治将自动伴随市场经济发展而建成的乐观想象，借此也否认和掩盖了贫富悬殊、不公多有的社会实际，并且规避和转移了对于巩固那些不正义的悖论制度安排的理论拷问。而此种意义上的法律危机，实际难以用流行的法治改革口号中所隐含的过渡期话语（比如有待未来出台的《民法典》）和时髦的法治转型话语（比如司法改革）所消弭，也无法用貌似客观中立的技治化的资本配置合理化等形式主义理论模型（比如法律经济学理论）来淡化。[15]

1985年以来，低报酬、低稳定性、低或无福利、没有国家劳动法律保护的非正规经济就业人员已经从所有城镇就业人员的3.5%爆炸性地扩展到2010年

---

[14] 季卫东先生就深刻指出，强调"阶级性"的中国法理学实际容易导向功利主义，参见季卫东：《法理学在中国复活的契机》，载《中国法律评论》2016第3期，第1—20页。
[15] 参见赵晓力：《法律经济学在中国》，载苏力、陈春声编：《中国人文社会科学三十年》，生活·读书·新知三联书店2009年版，第188—213页。

的63.2%。[16] 这些劳动力不拥有平等国家公民的身份，无法享有社会保障法、养老保险与医疗保险法规的同等保护，成为被城市法实际所排斥的法律人群。中国经济自20世纪80年代以来从一个基本全是正规+国有经济的体系极其快速地转变为一个大部分是非正规、非集体经济的体系。而与法治乐观论者的想象不同，中国并未由此从一个苏联式的全能国家法律体系向一个同等保护所有公民的法制健全的社会形态转变，也没有从一个没有私法保护的国家公法体制，向一个严格同等保护财产和独立法律人格的市民法模型转变。实际上，作为工人阶级领导的社会主义国家，其全部就业人员的绝大比例没有获得基本的社会保障和劳动法规保护。最大多数的劳动人员，实际上被整体地排斥在正规的劳动法律体系乃至城市法律体系之外，更遑论宪法意义上的劳动权保护。因此，如果简单地将学术视野聚焦于正规经济和正规法律，并想象全国的法律群体已经或行将被整合进一个同等对待的单一法律体系，完全无视规模极其庞大、由九亿农村户籍的"半工半耕"家庭所组成的广大劳动人民，这种法社会学的幻象将持久地抑制有关法律正义性的理论拷问。

改革开放之后形成的农村地权安排，依据是不允许耕地自由买卖但平均分配耕地使用权的原则，再配合以城乡二元的户籍法规定，由此形成了一个由国家法律所强行制度化了的"半工半耕"过密化农业。[17] 而由这种地权和身份权安排所形成的过密化小农家庭财产制，其法权逻辑就与西方意义上的资本主义农场法权形成了鲜明对比，它同时也与城市资本和企业产权两相呼应形成了一种事实上的中心—边缘的法权等差结构，从而可以通过降低企业的劳动力成本和福利支出进而大幅增加其资本回报率。而中国企业产权也在某种程度上形成了等级化的所有制形式，由此再形成各种特殊的产权结构以及相应的物权、债权和侵权法制度安排，还包括极为复杂的法人间与法人—自然人法律关系的构建。在这个意义上，以科斯定理为代表的新制度经济学和法学理论在中国就会面临理论误用的困境，因为中国产权改革历史绝不是简单的形式主义意义上的降低交易成本或合约成本的问题。农村劳动力跨越城乡和地域的流动不是某种

---

[16] [美]黄宗智：《实践与理论：中国社会、经济与法律的历史与现实研究》，法律出版社2015年版，第479页。

[17] 参见[美]黄宗智：《制度化了的"半工半耕"过密型农业》，载《读书》2006年第2、3期，第30—37页。

自然化与合理化资源配置的结果，而是基于国家法律政策的积极塑造和特殊安排所形成的人为法权结构，大量产权改革一方面大幅度降低了各种交易成本，但由其产生的负外部效应也被不成比例地转嫁给各类法律上的失语群体（比如"农民工"）。在这个意义上，中国社会今天的主要差别已经不再简单是工业和农业、非农就业和农业就业，甚至也不简单是城市法和乡村习惯（法）的差别，而是在表面统一的公民权和宪法权背后实际依然牢固的等级化的身份权和财产权制度安排。在这里，法社会学意义上的理论探讨，就获得了一种法律哲学和政治宪法学意义上的理论提升的潜力。

因此，在笔者看来，中国法社会学的意旨，不仅应该是探索成文法律、司法机构、法律职业群体或者民间法律习惯的实际运作，更需要在法律社会理论和法律哲学的意义上，关注规范层面的原则和价值探讨，观察抽象法律与社会结构的深层逻辑，追问法律正义和正当化机制运行的实际状况，需要同时在社会理论和宪法的意义上理解作为涵括所有公民和所有人口的现代法律功能机制建立的内在价值预设，反思中国法律发展模式特殊性背后所掩盖的正义难题和道德困境，从而可以为中国法社会学提升其特别的道德关怀和政治正义的维度。只有如此，才能超越教条化的左翼和右翼情怀，首先作为严谨的理论观察者通过对长时段的中国历史和社会发展的分析，真正从抽象而又符合实际的角度，把握中国法律实践的深层结构。中国显然还不是德国思想家卢曼意义上的已经实现了的现代功能分化社会，而是一个通过身份差序分化和城乡层级分化所型构的悖论社会形态。[18] 中国既有现代官僚行政科层制从属于传统行政法规范的成分，又是一个既高度集权又深度渗透社会却不隶属于国家公法范畴的党国全能体制，而在国家结构方面则又演化出高度的中央集权与地方分权的悖论结合，这些多重悖论特征同时并存于同一个国家体系中，并进一步与社会系统的功能分化逻辑形成了更为复杂的耦合效应。它一方面制约了市场力量的正常发展，另一方面又无法在法律层面形成对经济系统过度扩张的有效制衡，从而在实践中经常陷入与政治权力相互交接而形成的腐败法律结构。这也是中国法社会学研究需要正视的一个基本前提。

---

[18] 有关卢曼法律社会理论，参见［德］卢曼：《社会中的法》，李君韬译等，台湾编译馆 2009 年版。

在这种特殊的悖论法律结构下，政治系统与经济系统、法律系统无法实现其各自功能运作意义上的封闭和分化，政治权力依然是国家和法律秩序展开与演化的中心，并且经常出于各种安全、货币和财政上的实用考虑来直接决定法律体系的发展议程与司法实践。这在某种程度上就使得包括《劳动法》在内的法律体系变成具有强烈倾向维护特权身份和收入阶层的既得利益的法规，这种具有等级分化意味的法律形成了一种系统化的社会排斥机制，因而与各种新自由主义的乐观法律想象形成了鲜明反差，而基于自由主义法律原则假设的各种形式主义理论，则可能同样无视和否认不公正法律的产生机制。这样一个法律体系的社会学图景，就可能呈现为"全球化"与"本土化"的特殊结合。而被排除在政治法律系统之外的弱者，就不再有可靠的"权利"武器来反抗宰制。因此，正如一些学者所批评的，近20年中国比西方具有更为严重的政治权力与商业金融资本的联姻趋势，[19] 以及由此形成的非常不公正的社会法律结构。而中国法律所潜藏的内部危机，也将伴随中国法系在全球化新格局中所面临处境的变化，而不断被凸显和暴露出来。

二、法社会学的危机意识及其前瞻导向

（一）认真对待理论？——理论主义的困境

基于不同的理论观察者视角，从中国法律的实践/实际运作之中，我们可以看到众多不同的中西法律并存、冲突和互动的实际，如产权、债权、公司和继承法制度；但另一方面，假如缺乏足够的理论抽象和概念提炼能力，特别是欠缺对于理论观察的再观察能力，那么对于中国法律的社会学把握也同样是不可能的。中国法社会学发展的一个瓶颈就在于过度执着于理论和实践的二元对立。而实际上，近现代中国法律的一个基本前提就是中国与西方、历史和现实、本土与世界的长期并存，所以我们必须超越在理论与经验、表达和实践以及中国与西方的二元之间作非此即彼的抉择，实际上，只有首先借助西方的经典社会理论研究和强有力的概念描述工具，才更有可能把握中国法律实践中存在的诸

---

[19] See Victor Nee, "Social Inequalities in Reforming State Socialism: Between Redistribution and Markets in China", *American Sociological Review*, Vol. 56, 1991, pp. 267-282.

多悖论现象。中国法社会学研究的理论意识，因而就应当是正视种种二元悖论的并存和互动，关注在这种种法律悖论间所隐藏的理论潜力，进而把握中国法律的真实逻辑及其未来发展的走向。在过去，中国法学研究可能过于强调理想法律实践的统一性、一体性和划一性，从而不自觉地使理论研究陷入一种和实践理想同化的实用主义倾向，加之中国近代以来伴随殖民主义进程和国家与社会建设中对于大一统和统一性纪律的要求，不断陷入全盘西化和传统延续的二元困境，也由此经常使得法理学和法史学研究同样陷入各种二元化的对峙局面，乃至形成两个泾渭分明的二级学科，造成两者各行其是、互不过问，无法相互激发社会学灵感的僵死格局。

而作为后发的法律移植国家中的法律人，我们还面临着比理论/实践矛盾更深层次的文化/价值认知困境，因为我们还必须处理历史和现实之间的关系，并因此很容易陷入各种应然和实然、事实与规范之间的价值选择困境。面对这类难以承受的历史和认知重负，作为法律研究者就特别容易面临一种退缩到"乾嘉学问"的诱惑，即希望可以依照科学、客观、中立、技术化的路径来处理法律问题，由此可以回避在历史正义和政治正义的维度上对法律发展道路作总体性的历史考察与价值评判。特别是，当各种舶来的法律条文、规则与制度安排，似乎可以为经济发展保驾护航、体现比较优势，乃至实现与世界先进国家的接轨，这种来自现实发展的逻辑论证，似乎就足以取消对法律发展和法律正义问题的批判和质疑。又因为，唯有通过这种必要的限缩和切割，才可以为法律的科学研究创造出一个合适的封闭"实验室"环境，各种舶来的分析资源才可以顺利发挥它们的工具作用，更不论由此在行政化学术体制中所赢取的各种竞争优势。这种去除了社会—政治关怀视野的技术主义法学路线，因为可以回避对复杂历史和正义问题的深入追问，同时其又符合学科专业化和实证主义的研究潮流，并容易配合于各种"服务实践"的法治建设工程，因此，它就能特别顺利地和自命为科学主义的法学研究前见达成某种理念同盟，从而不断鼓励和制造出各类犬儒主义的法律研究潮流。

事实上，冷静地看，我们的问题，既不是理论太多，也不是实践太少，而是没有真正认识清楚和处理好两者之间的关系。根本问题，在于研究中放弃了历史、社会和政治的总体理论视野，从而导致法学研究缺乏具有贯穿性的历史解释力和兼具正义关怀的价值导向，有的只是支离破碎的"去历史化"和"去政治化"的琐碎工具运用。对历史和现实的整体解释，最后变成各种庸俗理论的简单拼凑。理论和实践成了分离的"两张皮"，而无论是理论上的认知努力，还是田野调查、史料的钩沉，都不能从根本上解决这种内在的困境。事实上，一种新的法社会学和社会理论法学研究的出路，应当是在翔实可靠的经验证据的基础上，极力强调理论维度的重要性，通过比较和结合多种理论传统中的不同洞见，进而探寻和建构符合中国实际的法社会学概念。

法社会学的理论主义路径，有时会被同化为法律思想史或学术史研究，沦为思想家著作分析或人物传记性研究。当谈到社会理论，我们首先就会想到韦伯、马克思、涂尔干、梅因、哈贝马斯或卢曼，离开这些经典作家，似乎就无法想象"社会理论"。更常见的下意识做法，就是通过标签"现代性"或"资本主义"这些概念来证成自己问题域的正当性。但事实上，无论韦伯还是马克思，无论哈贝马斯还是卢曼，引用他们的理论论述或是概念术语本身，无法直接给我们的法律社会学研究带来正当性。托庇在思想巨人的光环下，也可能给学术问题的自我生成带来阴影，甚至成为思想懒惰的绝佳理由。

换言之，在今天，如果我们只在一般的思想史脉络中梳理他们的学术要点，而没有真正读懂他们的所思所想，真正理解他们切入问题的方式，真正学会他们讨论问题的方法，而只在所谓资本主义和现代性理论这样的框架内打转，也就很难把这些旧的思想资源，创造性地转化为对于新的历史社会问题进行思考和解释的有效理论资源。而且，如果只是一般性的思想史研究和传记性介绍，西方成果已经汗牛充栋，中国学者充其量只能进行补充性和点缀性的学术工作。

而作为法社会学，如果仍然只是在上述视野下将触角收束于法学的论题范围，也无法避免同样的追问。一般性的（社会理论）法律思想史研究，或者宏观的现代性法律研究，是否可以自动从中转化出法学知识增量，恐怕未必。它可能不过只是在作为实证法学家的奥斯丁、哈特，以及作为功利法学派的边沁、密尔之外，增列了一个包括韦伯、涂尔干或马克思在内的不同学术谱系而已。如此这般，随着时间推移，法社会学的研究成果，可能只会逐渐落实为"韦伯法律思想""马克思法政思想"或"哈贝马斯论法律"这样的研究。学者根据学术兴趣的不同，依照不同的个人心性，选择一个领域持续钻研。这当然也会带来丰硕的学术成果，但它很可能是碎片的、分散的，很难形成真正的"法社会学",它与一般性的法律思想史研究,很难形成本质的不同。关键是,其内部的研究可能会依据思想人物的不同,趋于议题的分散,而无法形成实质性的对话、交接、呼应和联系,不是接力式和互惠式的研究互动,从而也很难形成真正的新意和理论冲击力。[20]

而且,伴随思想史研究路径的狭窄化,学术的审美疲劳会不断消磨每个人对于研究议题的激情。今天研究韦伯,明天研究涂尔干,后天研究帕森斯,只能通过间歇地变换研究对象,来避免学术激情的退化。这几乎是所有法律思想史研究共同面临的问题。那么,问题出在哪里?问题可能就出在无法形成真正的"社会学问题",从而无法从对真正具有焦虑性的社会问题及其创造性答案的追索中,在其内在冲动的学术追问中生成"法社会学"的独特品格。换言之,对不同社会理论家思想内容的诠释本身,很可能无法自动带来真正的"问题意识"。思想史的路径,充其量只是法社会学的入门功夫和学术训练方式,而无法成为法社会学的主要研究方式。同样的道理,有关法律与资本主义、法律和现代性的提问方式,也都过于宏大、抽象,缺乏基本的问题视野和切入视角。也就是说,有关法律现代性的研究,也几乎等于宣称,要对整个现代法律进程作一个宏观社会理论的总体探讨,这也几乎等于说,要用一种理论化的方式探讨整个现代法律和社会。事实上,这很可能会经由论题的虚假宏大,来掩盖问题意识的实质薄弱。

实际上,只有在不同的理论资源之间借助各自犀利的理论洞察力,才有可能匹配关于复杂的中国历史和社会现实的总体研究任务,才能指示一个对于简单历史和理论框架而言难以解释的复杂法律文明体的演化逻辑及其未来发展方向。悖论性的历史社会现象实际构成了理论创造的生长点。对于中国经验和中国问题的强调,绝不是对于历史材料和社会现象的简单堆积和梳理,以此去建构某种"乾嘉学问"意义上的历史考据学;也不是要通过某种所谓"中国模式"的想象建构,去固化和僵化某类特定法律实践的逻辑,从而限制中国法律未来发展的可能性以及改变不正义的当下实践的可能性。对于中国经验和田野

---

[20] 对此作出理论突破的努力和丰硕成果,可以参见高鸿钧教授主持的《清华法治论衡》系列封面专题与相关文章,特别是高鸿钧与於兴中教授主编的《清华法治论衡》第12辑《社会理论之法前沿》。

证据的强调，不是以此来宣示一种自足的理论正当性和意识形态正当性，而是突出和强调社会与历史的复杂悖论现实，以及对不考虑任何理论背景而标榜自然科学意义上的实证演绎的研究做法的拒绝。这一法社会学研究，同时也是对法律范式想象的一种探索，它允许法律实践过程中的各种悖论现象，从而可以允许多重的矛盾和悖论、创新与演变，而不是将历史发展路径锁死在一种抽象的理论模式之上。

（二）如何对待实践？——实践主义的困境

传统的法社会学都多少预设了某种"实践论"的主张，而这些"实践论"的问题在于，它容易导致对历史和现状合理性的先天接纳，容易蜕化为对当下不合理状态的确认和巩固。在这个意义上，实践论的"时间性"可能也会指向一种"去时间化"的历史特定解释，从而难以揭示"历时性"的"历史"所充斥的各种相互冲撞的力量、难以消弭的冲突因素，以及未来的丰富可能性。虽然在"理论"上可以兼容不同的形式化原则，在观念上可以强调其共存的合理性，进而构造出不同的抽象层次上的理想调和原则（诸如中国法律的"道德实用主义""家主义法律传统""非诉讼解决"等）。但这些具有内在冲突的原则，其协调均衡点在"实践"中如何把握，特别是当"疑难案件"出现之时，当必须作出某种法律"决断"时，"实践论"就必须将试图避免作出的非此即彼的决断公开表达出来。否则，"实践论"就有可能蜕化为无原则的浑融主义和犬儒主义。作为严格意义上的正义道德原则，其背后都有特定的规范性条件预设，这些规范性条件预设，所代表的往往是相互冲突与对撞而不是始终友好协调的历史社会力量。这些难以调和的"诸神之争"意义上的冲突和矛盾，最终作为"历史的狡计"，恰是历史正题和反题上升为合题的契机。但实践论的记录主义态度，则可能带来对社会过程和社会选择的简单解读和拼接，虽然可能出于科学态度的要求，但也可能进一步导致"理论"和"正义"的死亡。因为，对于社会现实的科学描述，以及对矛盾价值原则事实共处的善意期待，可能也会沦为对社会和权力现实的无原则记录和解读。如果把握得好是实践融贯，而如果把握不好，则可能蜕化为对现状合理性无批判的认可。

概而言之，法律的社会实践必然包含目的、原则和道德的维度。因此，诸如中国法的"道德实用主义""家主义法律传统""非诉讼解决"这些法社会学的自我宣示，实际也隐藏着内在的矛盾和张力。[21] 比如，"道德主义"和"实用主义"要素在实践中如何具体结合？其历史连接机制是如何持续演化和最终巩固的？这两种历史动力原则如何能够始终内在合契地共处，特别在"疑难案件"出现之时，当必须进行价值和原则决断与论证之时，其决断主体和论证结构又是如何进行设置的？判断其合理性的标准又是怎样生成的？它是否可以并应当被掌握在一个具有超然性地位和角色的群体或组织手中？从更法理化的层面而言，"法律"作为"法律"的特殊之处，正在于它的规范性运作过程中，存在一个必须作出规范决断的"临界点"。法律作为一种超越日常"实践"的规范性力量，天然具有某种"反日常实践"和"反事实性"的特殊属性，正是通过这种反对和抗拒"日常实践"的姿态，法律承担其作为法律系统的特殊功能。法律作为维护规范性期望于不坠之地的一种特殊实践形态，本身就要求以一种"不学习"和"不顺从"实践的态度，来维持住这种规范性期望的持续稳定。即使破坏这种规范性期望很可能带来某种"实践"上的好处，它也要求必须采取一种看似愚笨的非实用主义态度来维系所谓"法律的信仰"，以此来安定一个更高层次和更大更抽象意义上的历史实践的可持续性。换言之，法律与社会学之间始终存在着一种有待立法者和司法者不断去进行创造性转换的内在张力。

这也是各种自由主义或社会主义观念在型塑法律实践过程中的真正力量。它们充当了历史车轨扳道夫的角色，通过对道德与正义原则的历史追溯和弥新解释，来塑造历史并改变历史的轨迹，从而赋予采取"不学习"和"不顺从"态度的法律实践以道德方向指引的历史驱动力。"实践主义"无疑也隐含了特定的价值与原则抉择的态度，但由于它极力隐藏这种态度，由此可能沦为一种多少具有巫术性色彩的概念，成为一个对于现实无条件接纳和顺服的暧昧原则。它既可以容纳普通法的传统，也可能涵括法家主义的传统；既可以是亚里士多德式的，也可以是康德式的；既可以是儒家主义的，也可能是马锡五式的概念。

因此，中国法社会学必然强调的"实践"逻辑，绝不应该是对于历史和现

---

[21] 相关的代表性论点，参见黄宗智：《中国古今的民、刑事正义体系——全球视野下的中华法系》，载《法学家》2016年第1期，第1—27页；张龑：《论我国法律体系中的家与个体自由原则》，载《中外法学》2013年第4期，第699—717页；俞荣根、魏顺光：《中国传统"调处"的非诉讼经验》，载《政法论坛》2012年第5期，第85—95页。

状无原则的总体接纳。而一些法律本土派和模式派的"实践主义"主张，恰恰由于其只是记录性地关心司法实践并无视前瞻性的法律价值，无视前瞻引导性的价值规范，所以很容易就陷入盲目的保守从而在根本上无力指引中国法律的实践导向。这些"实践论"可以表现为各式的法律现实主义、实用主义、社会科学分析乃至教义论，其思想光谱可以涵盖从左翼到右翼的模式论、本土资源论、法史研究、法律经济学和新自由主义法学的各种版本，而其共同的特征都在于陷入一种简单的经验主义、现实主义、回顾主义和本土主义，无视现有法律体系的缺点，特别是无视当今法律全球化中一些不断被激发的新的演变趋势。这已使当代中国法学与法社会学研究陷入一种危机状态之中。

因此，中国法社会学所隐含的"实践"导向，必须同时提供对法律规范性意涵的言说和论辩。各种宣称"理论"要为"实践"服务的"现实主义"或"实用主义"法律学说，究其根本就在于缺乏前瞻性和批判性的正义价值维度，特别容易沦为对现实合理性的论证和辩护，从而无法借助对历史实践的认知，反向提供改变历史现实进程的价值指引。这正是中国"法社会学"能否发扬光大的一个内在制约因素，也是必须基于全面反思才能够再出发从而真正成其为"中国法社会学"的关键。"实践逻辑"不可能都是合理和正义的，因此"实践逻辑"当有"善"与"恶"之分，而就作为稳定规范性期望的法律制度而言，其本身就具有极为强烈的"应然"色彩，因此就需要通过前瞻性和批判性的原则标准提供对其一制度是否从属于"良法"的判准。必须依靠正义和原则道德层面的法律商谈，才能辨明法律制度的善恶，唯有如此，才能从杂多的"实践逻辑"中辨认出具有普适性的法律发展道路。善与恶之间的道路选择，更需要以理解历史实践的复杂性和悖论性为前提，唯有如此，才能以成熟稳健的历史智慧，探寻出一条既符合实际又带有前瞻性的法律道路，这也正是新的中国法社会学的历史使命所在。

重罪谋杀罪规则：源流、规范与启示[1]

邓毅丞*

摘　要	重罪谋杀罪规则的前身是根植于英国中世纪宗教法的非法行为谋杀罪规则。英国普通法为了限制谋杀罪处罚的范围而确立重罪谋杀罪规则。美国的重罪谋杀罪规则是由各州通过成文法方式逐渐建立起来，并在不断摆脱结果责任的过程中得到发展。美国主流观点认为，重罪谋杀罪规则不违背责任主义、罪刑均衡原则以及正当程序原则，因而应予保留。美国的重罪谋杀罪规则的存在根据包括犯罪预防、对生命的重视、对被害人的尊重、政策要求、转移故意等。其中，犯罪预防是主要根据。重罪谋杀罪的成立受到内在危险要件、独立重罪要件、关联性要件以及责任要件等的限制。重罪谋杀罪规则与大陆法系的结果加重犯在规范结构、历史源流以及理论构造等方面均高度相似，前者应视为后者的特殊模式。另外，重罪谋杀罪规则的立法设置、存在根据以及成立要件对于结果加重犯有着重要的借鉴意义
关键词	重罪谋杀罪　责任主义　罪刑均衡　结果加重犯

　　重罪谋杀罪规则是美国一项极其重要的谋杀罪规则，根据此规则，行为人即使没有杀人的故意，也可以被认定为谋杀罪。我国学界对此规则少有问津，而且在寥若晨星的有限论述中，学者一般亦认为此规则违背责任主义而予以否弃。但是，重罪谋杀罪规则并非纯粹的结果责任，在漫长的司法实践中，这一规则已经逐渐形成了比较严谨的理论构造，其中包括重罪行为人应当具有关于致人死亡危险的预见可能性这样的责任要件。这与结果加重犯所遭遇的状况非

＊　邓毅丞，杭州师范大学沈钧儒法学院副教授，法学博士，主要研究方向：刑法解释学。
[1]　本文为2014年度浙江省高校重大人文社科项目攻关计划青年重点项目"责任主义视角下的结果加重犯研究"（2014QN042）的阶段性研究成果。

常相似。[2] 这就不得不让人产生以下疑问：重罪谋杀罪规则的真面目究竟是什么，此规则与结果加重犯的关系又是怎样，其能否为结果加重犯的理解提供有益的借鉴？本文拟通过对重罪谋杀罪规则的深入探析，反思结果加重犯的界定标准以及理论构造。

一、重罪谋杀罪的概念与源流

（一）重罪谋杀罪的概念

在美国，重罪谋杀罪（Felony Murder）不是独立的罪名，而是谋杀罪的一种类型，因此也被称为重罪谋杀罪规则[3]（Felony Murder Rule）。这一规则是指，行为人在实施重罪或者企图实施重罪的过程中致使被害人死亡，因而承担谋杀罪责任的情形。[4] 就形式而言，重罪谋杀罪与严格责任或者结果责任没有差别，因为美国刑法的谋杀罪通常以存在杀人的恶意预谋（Malice Aforethought）为成立要件，而重罪谋杀罪却缺乏这一要件。然而，重罪谋杀罪的成立受到其他条件的限制，例如，重罪存在致人死亡的内在危险，重罪必须有法律的明文规定，重罪与致人死亡之间盖然的因果关系，等等。[5] 基于此，其概念可以界定为：行为人在实施重罪的过程中致人死亡，且符合一定条件的情况下，即使没有杀人的意图也构成谋杀罪的犯罪类型。

---

[2] 结果加重犯同样遭到与责任主义相悖的非难，亦基于与责任主义及罪刑均衡原则的协调而被赋予责任要件与不法要件。例如，德国刑法第 18 条关于因法定结果而加重处罚的情形要求行为人对于加重结果至少存在过失。这也是日本和我国目前的通说。另外，结果加重犯还被赋予直接性要件作为特殊不法进行限制。参见［日］平野龍一：《結果の加重犯について（一）》，载《法学教室》1981 年第 10 期；张明楷：《严格限制结果加重犯的范围与刑罚》，载《法学研究》2005 年第 1 期。

[3] 英美刑法杀人罪种类繁复，一般区分谋杀罪（Murder）和误杀罪（Manslaughter）。在美国，谋杀罪的成立要求具有恶意预谋这一要件。其中，故意杀人谋杀罪（Intent-to-Kill Murder）被认为是具有明示的恶意；故意重伤谋杀罪（Intent-to-Do-Serious-Bodily-Injury Murder）和极度轻率谋杀罪（Depraved-Heart Murder）被认为具有暗示的恶意；重罪谋杀罪（Felnoy Murder）被认为具有构建性的恶意。参见 Wayne R. LaFave, *Criminal Law*, 5th ed., West/Thomson Press, 2010, pp. 764-852.

[4] Cynthia Lee & Angela Harris, *Criminal Law Cases and Materials*, 2d ed., West Press, 2009, p. 373.

[5] Joshua Dressler, *Understanding Criminal Law*, 5th ed., Lexisnexis Press, 2009, pp. 526-535.

(二) 英国重罪谋杀罪规则的兴衰

重罪谋杀罪规则最早的思想渊源可以追溯到早期英国法的邪恶思想原则（Principle of Evil Mind），即行为人对因非法行为而非故意造成的损害亦应承担责任。这一原则的思想根植于基督教伦理和教会法。阿奎那（Aquinas）曾指出，"非意欲或者非故意不能构成罪恶，但非意欲或者故意的事项可被附随的意欲或者故意引起。我们可以通过移除阻碍来附随地引起某些事情。这意味着行为人在其可以而且应当避免这样一种杀人的情形而又不避免的场合，在某些意义上来讲可以构成自愿的杀人"[6]。教会法对于英国刑法在中世纪后期的实践与理论有着重要的影响，从而促成了非法行为谋杀罪规则的形成。当时的英国法官布拉顿（Bracton）就认为，行为人在非法行为过程中非故意地造成他人死亡，应承担杀人的责任，而不能被宽恕。[7] 科克（Coke）更进一步地指出，行为人为了盗窃而非法（用枪支）射杀公园中的一头鹿，却意外地杀害了躲在草丛中的小孩，这属于谋杀，因为射击行为本身违法。[8] 但是，非法行为谋杀罪规则不仅没有区分重罪和其他非法行为，也没有区分谋杀和较轻的杀人行为，还不能算是正式的重罪谋杀罪规则。

直至18世纪后，为了减少刑罚的滥用，英国的普通法确立了重罪谋杀罪规则。学界通常认为，达克勋爵（Lord Dacres）案是重罪谋杀罪规则的判例的第一案。[9] 在该案中，达克勋爵和他人商议非法狩猎，并且同意对抵抗者予以杀害。勋爵不在场时，其他参与人杀害了一名看守员。勋爵被认定为谋杀罪。[10]

---

[6] See Binder Guyora, "The Origins of American Felony Murder Rules", *Stanford Law Review* 73, 2011, p. 97.

[7] See Binder Guyora, "The Origins of American Felony Murder Rules", *Stanford Law Review* 75, 2011.

[8] Michael C. Gregerson, "Case Note: Criminal Law-Dangerous, Not Deadly: Possession of A Firearm Distinguished From Use Under The Felony Murder Rule-State v. Anderson", *William Mitchell Law Review* 31, 2004, p. 612.

[9] Michael C. "Gregerson, Case Note: Criminal Law-Dangerous, Not Deadly: Possession of A Firearm Distinguished From Use Under The Felony Murder Rule-State v. Anderson", *William Mitchell Law Review* 31, 2004, p. 611.

[10] People v. Aaron, 299 N. W. 2d 304, 307 (Mich. 1980).

重罪谋杀罪规则在英国出现之后，曾以严格责任的面貌示人，[11] 但是，呈现严格责任面貌的重罪谋杀罪规则受到怀疑，其限制要件也逐步被构建起来。裁判法官塞纳（Serne）在引导陪审团时指出，只有重罪行为"被预见危及生命以及其自身可能引起死亡，才能适用重罪谋杀罪规则"。[12] 弗莱彻（Fletcher）因此认为，"此规则不是认定谋杀罪的形式标准，而是一种奠基于过度危险的谋杀罪变体"。[13] 在英国，适用范围受到严格控制的重罪谋杀罪规则最终被《1957 年杀人法》废除。[14]

（三）美国重罪谋杀罪规则的嬗变

美国第一个真正意义上关于重罪谋杀罪规定的立法在 1827 年由伊利诺伊州通过。1827 年伊利诺伊州《刑法典》规定，"非自愿杀人在实施非法行为的过程中出现，而该行为性质上倾向于剥夺他人生命，或者以重罪的故意实施，这个犯罪将被认定为谋杀罪"。[15] 此后，新泽西等州也加入了关于重罪谋杀罪的立法。

从 20 世纪开始，美国大部分的州通过各种途径对重罪谋杀罪进行立法，有的规定以暗示的恶意为要件，有的规定以危险重罪为要件，有的规定以特定重罪为要件，有的则规定重罪谋杀罪可以在任何重罪的基础上成立。重罪谋杀罪立法的增加不是出于响应科克勋爵在 17 世纪提出来的非法行为谋杀罪规则，而是因为受 1794 年宾夕法尼亚州的等级性谋杀罪立法模式的启发。[16] 与此同时，由于犯意是美国刑法认定刑事责任的重要根据，[17] 而重罪谋杀罪规则在没有实

---

[11] See Binder Guyora, "The Origins of American Felony Murder Rules", *Stanford Law Review* 97, 2011, pp. 63-64.
[12] Regina v. Serne, 16 Cox Crim. Cas 311, 313（1887）. See Fletcher, *Rethinking Criminal Law*, Oxford University Press, 2000, p. 283.
[13] See Fletcher, *Rethinking Criminal Law*, Oxford University Press, 2000, p. 283.
[14] See Homicide Act, 1957, 5&6 Eliz. 2 Ch. 11 & 1.
[15] See James W. Hilliard, "Felony Murder in Illinois the 'Agency Theory' vs. The 'Proximate Cause Theory': The Debate Continues", *Southern Illinois University Law Journal* 25, 2001, p. 355.
[16] Leonard Birdsong, "Felony Murder: A Historical Perspective by which to Understand Today's Modern Felony Murder Rule Statute", *Thurgood Marshall Law Review* 32, 2006, pp. 19-20.
[17] Wayne R. LaFave, *Criminal Law*, 5th ed., West/Thomson Press, 2010, p. 253.

际的杀人恶意或者故意的情况下认定被告人构成谋杀罪,因而质疑重罪谋杀罪的声音从未间断。1962 年美国《模范刑法典》规定,只有"蓄意、明知和极端冷漠的轻率致人死亡"才能构成谋杀罪,但是,"行为人实施特定重罪可以推定其致人死亡时的轻率和冷漠态度"。[18] 这种可反驳的推定基本上否定了重罪谋杀罪规则。部分州采纳了模范刑法典的意见,废除了此规则。例如,在 1980 年的人民诉亚伦(People v. Aaron)案中,密歇根州最高法院指出,重罪谋杀罪规则在密歇根州只是普通法创造的规则,而非成文法的规定,而且,"等同对待故意犯一项重罪与故意杀人、故意重伤他人、鲁莽和有意地无视行为的自然性质会引起他人死亡或者重伤的可能性"是不合理的,从而废除了此规则。[19] 另外,夏威夷州和肯塔基州则通过立法废除了重罪谋杀罪规则。[20]

尽管如此,重罪谋杀罪至今仍然普遍存在于美国的司法区域。关于这一规则为何在英国刑法与美国刑法中走向不同命运的问题,法律家鲜有系统论述。就笔者掌握的文献来看,美国刑法之所以对重罪谋杀罪持基本肯定的态度,大概是基于以下三个现实因素:首先,美国刑法的重罪谋杀罪规则主要以成文法为渊源,从而减少了该规则被滥用的可能。其次,美国对重罪谋杀罪规则的立法以保护社会秩序和被害人的利益为基点,而违法者的人权保障则居于次要位置。[21] 最后,美国的司法实践在整体上未呈现出滥用重罪谋杀罪规则的现象。在大部分的司法区域,该规则得到正当的适用。[22] 总的来说,重罪谋杀罪规则一方面在美国表现得并非那么的令人讨厌,另一方面又有成文法这一形式保障,因此可以维系至今。

谋杀罪是最为严重的犯罪,如果重罪谋杀罪规则被滥用,必将对被告人的

---

[18] See Model Penal Code § 210. 2.
[19] People v. Aaron, 409 Mich 672; 299 N. W. 2d 304 (1980).
[20] See Haw. Rev. Stat. Ann. § 707.701 (Michie 1998) and Ky. Rev. Stat. Ann. § 507.020 (Michie 1997). Also See Kara M. Houck, Note, People v. Dekens, "The Expansion of the Felony-Murder Doctrine in Illinois", *Loyola University Chicago Law Journal* 30, 1999, p. 362, n. 53.
[21] Leslie G. Sachs, "Due Process Concerns and the Requirement of a Strict Causl Relationship in Felony Murder Cases: Conner v. Director of Division of Adult Corrections", *Creighton Law Review* 23, 1990, p. 667.
[22] See Binder Guyora, "The Origins of American Felony Murder Rules", *Stanford Law Review* 207, 2011.

权利造成重大损害。因此，保留重罪谋杀罪规则的司法区域并没有松懈。为了限制重罪谋杀罪规则的适用，美国的各个司法区域设定了不同程度的成立要件。这些要件在后文有详细介绍（本文第三部分），在此不再赘述。值得一提的是，美国法院近年来还呈现出在量刑与程序领域限制重罪谋杀罪的态势。在量刑方面最为突出的例子是对未成年人的量刑限制。未成年人被认为"缺乏认识和避免对其不利的经验、洞见与判断"，因而"决定过程区别于那些成年人"。[23] 自2005年开始，美国联邦最高法院发表了关于儿童与青少年根本不同于成年人以及两者应当在宪法上区别对待的意见。在罗帕诉西蒙斯（Roper v. Simmons）案中，美国联邦最高法院认为对犯有谋杀罪的未成年人判处死刑违背了美国宪法第八修正案关于禁止酷刑与不正常刑罚的规定。[24] 该法院在2012年进一步作出决定，认为即使被告人被认定犯重罪谋杀罪，"对犯罪时未满18周岁的人判处无假释的终身监禁违反了宪法第八修正案的'禁止残酷与不正常刑罚'的规定"。[25] 有力地限制了重罪谋杀罪规则对于未成年人的适用。另外，共犯的量刑也是限制重罪谋杀罪的重要领域。美国判例对重罪谋杀罪的共犯一般不适用死刑。[26]

在程序的限制方面，1989年的州诉托马斯（State v. Thomas）案是典型例子。托马斯被指控构成重罪谋杀罪。在庭审中，检控官与托马斯分别描述了存在较大差别的案件事实并各自提交了相应的证据。如果按照托马斯的主张，其只能构成自愿性误杀罪，而不是谋杀罪。但是，审判法官只引导陪审团如何认定重罪谋杀罪，而没有提及自愿性谋杀罪的认定方法。北卡罗来纳州最高法院认为这是一个无可否定的错误，因为审判法院在达到以下两个条件时，应当引导陪审团考虑认定较轻的犯罪：第一，较轻的犯罪必须是作为法律事实被包含在被告人被指控的犯罪中；第二，必须存在支持以较轻犯罪定罪的证据。[27] 有

---

[23] Emily C. Keller, "Constitutional Sentences for Juveniles Convicted of Felony Murder in the Wake of Roper", Graham & J. D. B., *Connecticut Public Interest Law Journa* 11, 2012, p. 312.

[24] Roper v. Simmons, 543 U. S. 551, 578 (2005).

[25] Evan MILLER, Petitioner v. ALABAMA; Kuntrell Jackson, Petitioner v. Ray Hobbs, Director, Arkansas Department of Correction. 2012 WL 2368659 (June 25, 2012).

[26] Enmund v. Florida, 458 U. S. 782, 787 (1982).

[27] State v. Thomas, 325 N. C. at 591, 386 S. E. 2d at 559.

学者认为，这一规则"很可能使得较少的被告人在北卡罗来纳州被认定为重罪谋杀罪"[28]。不过，美国法院并非一味地限制重罪谋杀罪规则。在蒂松诉亚利桑那州（Tison v. Arizona）案中，[29] 美国联邦最高法院不否认共犯人有适用死刑的余地。[30]

美国法院的立场有所摇摆，一方面是因为重罪谋杀罪规则无可避免地背负着人权保障与社会防卫之间的冲突，不可能表现出单纯的放宽适用或者严格限制的直线走势；另一方面，基于个案中被告人具体情节严重程度的不同，法官对可罚性判断可能有法感情上的差异。[31] 然而，从目前的情况来看，美国的法院关于重罪谋杀罪的处罚总体上表现出谨慎的态度。可以预见，重罪谋杀罪今后的发展将以有限的适用为主要方向。

二、重罪谋杀罪的存废之争与正当性根据

（一）重罪谋杀罪的存废之争

关于重罪谋杀罪是否应当被废除的问题，学界存在广泛的争议。有学者质疑重罪谋杀罪规则的正当性，主张废除该规则。主要理由包括：首先，重罪谋杀罪规则的处罚充满偶然性，不符合正义观念和预防目的。[32] 其次，重罪谋杀罪规则与责任主义相违背。有学者认为，重罪谋杀罪规则对自然犯适用严格责

---

[28] David George Hester, "A. State v. Thomas: The North Carolina Supreme Court Determines that There are Lesser Included Offenses of Felony Murder", *North Carolina Law Review* 68, 1990, p. 1143.

[29] Ricky Tison 和 Raymond Tison 两兄弟与其他亲属帮助其父亲越狱。在越狱过程中，其父亲抢劫了 Lyons 的林肯汽车，劫持了 Lyons 一家，而且，这两兄弟目睹其父亲与另一同案犯 Greenawalt 杀害了这些路人，却既没有对杀害行为提供帮助，也没有对被害人进行救助。对此，法院判决这两兄弟在帮助作为重罪的武装抢劫、绑架等犯罪过程中致人死亡，构成重罪谋杀罪，并判处两人死刑。

[30] Tison v. Arizona, 481 U. S. 137 (1987).

[31] 在 Tison v. Arizona 案中，美国联邦最高法院对比了 Enmund v. Florida 案，认为"上诉人对重罪的参与不是轻微的，而是'实质性的'"，"远远区别于仅仅帮助抢劫犯逃跑而坐在远离现场的汽车上的司机"。See Tison v. Arizona, 481 U. S. 137 (1987).

[32] See Guyora Binder, "The Culpability of Felony Murder", *Notre Dame Law Review* 83, 2008, pp. 1030-1037.

任，违背责任主义。[33] 最后，重罪谋杀罪不符合罪刑均衡原则。有学者认为，重罪谋杀罪规则使得行为人承受不应得的惩罚，违反了美国宪法第八修正案的规定。[34]

对于上述废除论的见解，存续论进行了以下反驳。

第一，关于重罪谋杀罪的公正性与功利性，存续论认为，按照废除论的观点，所有以实害为要件的处罚都是随机的惩罚。如果重罪谋杀罪没有正当性，诸如既遂犯等其他结果犯的立法也是不合理的。这种根本排除实害犯立法的逻辑是不太可能成立的，而作为解释的指导原则也是失败的。另外，在功利主义的理论中也可以找到超出简单的威慑理论而支持重罪谋杀罪的理由，因为在实害犯中，被害人的地位遭受了实际的贬低。国家立法惩罚重罪谋杀罪这样的实害犯，是履行了证明被害人与行为人之间的地位平等的职责，从而促使被害人忠诚于国家的法律。[35]

第二，关于重罪谋杀罪规则是一种严格责任的批判见解，存续论认为，这种批判意见忽略了关于严格责任的分类。[36] 美国有学者指出，严格责任有两种类型：纯正的严格责任和非纯正的严格责任。纯正的严格责任是指，行为人对于任何的客观因素都没有任何对应的主观因素；非纯正的严格责任是指，行为人至少对其中一个客观因素有主观因素，但是同时存在至少对一个或者其他的客观因素没有对应的主观因素。[37] 古约拉·宾德（Guyora Binder）借用这一分类，认为纯正的严格责任违背了责任主义，但是非纯正的严格责任则不然。从后者的角度来看，重罪谋杀罪可以要求行为人对致人死亡的结果有过失，从而

---

[33] Rudolph J. Gerber, "The Felony Murder Rule: Conundrum without Principle", *Arizona State Law Journal* 31, 1999, pp. 771-772.

[34] See Nelson E. Roth, Scott E. Sundby, "The Felony-Murder Rule: A Doctrine at Constitutional Crossroads", *Cornell Law Review* 70, 1985, pp. 478-485.

[35] See Guyora Binder, "Making the Best of Felony Murder", *Boston University Law Review* 91, 2011, pp. 422-423.

[36] See David Crump, "Reconsidering the Felony Murder Rule in Light of Modern Criticism: Doesn't the Conclusion Depend upon the Particular Rule at Issue?", *Harvard Journal of Law & Public Policy* 32, 2009, pp. 1159-1160.

[37] See Kenneth W. Simons, "When is Strict Criminal Liability Just?", *Journal of Criminal Law and Criminology* 87, 1997, pp. 1085-1088.

与责任主义相符。[38]

第三，关于重罪谋杀罪规则违反罪刑均衡原则的批判见解，存续论认为，虽然美国宪法第八修正案的禁止酷刑条款可以推导出罪刑不均衡的禁止，但是，第八修正案区分了相对的均衡和功能的均衡。前者是在不同犯罪之间或者同一犯罪在不同司法区域之间进行刑罚的衡量。后者是指刑罚对于其服务的目的是否适当。相对均衡原理不能用作批判重罪谋杀罪规则，因为重罪谋杀罪本身普遍存在，而且重刑也大量存在于非暴力犯罪。但是，在重罪谋杀罪缺乏内在危险性要件和预见可能性要件的限制而导致成立范围异常广泛时，则可以受到相对均衡原则的评价。至于功能的均衡原则，其在长期监禁方面的约束较之死刑宽松得多。同时，美国联邦最高法院主要以报应主义而非功能均衡作为死刑的正当根据。关于监禁刑的罪刑均衡问题，该法院倾向于区分应受非难性的顺位，并允许预防效果的预测作为非暴力犯罪的长期监禁刑的判断基础，因此，功能性的罪刑均衡在现行美国刑法的框架内不能要求重罪谋杀罪以杀人故意为责任要素。[39] 但是，罪刑均衡原则可能限制重罪谋杀罪的成立范围。例如，爱荷华州最高法院在1988年驳回了关于一宗重罪谋杀罪案件违反罪刑均衡原则的诉求，但是，这个案件中的行为人对致人死亡具有轻率心态。[40]

第四，关于重罪谋杀罪规则违背正当程序的见解，存续论认为，正当程序只是说明重罪谋杀罪必须有罪责要素，但没有要求行为人必须对结果有认知。受到严格的成立要件限制的重罪谋杀罪，没有违反正当程序原则。[41]

（二）重罪谋杀罪的正当性根据

在上述存废之争中，存续论最终占据了上风，重罪谋杀罪规则也得以在美国刑法中保留。但是，关于重罪谋杀罪规则的正当性根据，则不无争议。大体来说，存在以下代表性见解：

---

[38] See Guyora Binder, "Making the Best of Felony Murder", *Boston University Law Review* 91, 2011, pp. 426-428.

[39] See Guyora Binder, "Making the Best of Felony Murder", *Boston University Law Review* 91, 2011, pp. 430-431.

[40] State v. Ragland, 420 N. W. 2d 791, 794-95 (Iowa 1988).

[41] See Guyora Binder, "Making the Best of Felony Murder", *Boston University Law Review* 91, 2011, pp. 430-433.

第一，预防犯罪说。通说认为，重罪谋杀罪是为了预防重罪实施过程中的杀人行为。[42] 也有学者认为，重罪谋杀罪规则的目的被理解为预防人们实施危险的重罪。[43]

第二，尊重生命说。有见解认为，重罪谋杀罪规则反映了社会关于实施重罪过程中致人死亡应受更重的惩罚的判断。[44] 在联邦诉阿梅达（Commonwealth v. Almeida）案中，宾夕法尼亚州最高法院指出，"重罪行为人盖然的致人死亡是刑事责任，而且必须向社会回答……"[45]

第三，犯罪类型说。有见解认为，重罪谋杀罪反映了一个判断：在抢劫过程中造成他人死亡，更接近于谋杀罪，而非抢劫罪。[46]

第四，双重责难说。有学者认为，重罪谋杀罪具有两个层面的责难基础：一是行为人对于引起损害的期待，二是行为人创造风险的目的所具有的道德价值。[47]

第五，转移故意说。有见解借用转移故意理论，[48] 认为行为人犯重罪的故意，转移到杀人结果，因而对杀人结果便有了故意。[49]

---

[42] Dana K. Cole, "Expanding Felony-Murder in Ohio: Felony-Murder or Murder or Murder-Felony?", *Ohio State Law Journal* 63, 2009, p. 21.

[43] People v. Washington, 62 Cal. 2d 777, 790, 402 P. 2d 130, 139, 44 Cal. Rptr. 442, 451 (1965).

[44] Joshua Dressler, *Understanding Criminal Law*, 5th ed., Lexisnexis Press 2009, p. 524.

[45] Douglas Van Zanten, "Felony Murder, The Merger Limitation, and Legisiative Intent in State v. Heemstra: Deciphering the Proper Role of the Iowa Supreme Court in Interpreting Iowa's Felony-Murder Statute", *Iowa Law Review* 93, 2008, p. 1571.

[46] See David Crump, "Reconsidering the Felony Murder Rule in Light of Modern Criticism: Doesn't the Conclusion Depend upon the Particular Rule at Issue?", *Harvard Journal of Law & Public Policy* 32, 2009, p. 1162.

[47] See Guyora Binder, "Making the Best of Felony Murder", *Boston University Law Review* 91, 2011, p. 434.

[48] 转移故意原本是指，被告人意图侵害一个对象，但是由于某种原因，被告人的行为实际上侵害的是另外一个对象，并且对实际上侵害的对象造成了其预想的危害结果。在这种情况下，被告人对意图侵害的对象有故意，而对实际侵害的对象没有故意。但是，法律认为被告人针对意图对象的故意转移到实际对象之上，按照针对实际对象的既遂犯罪处罚。参见刘仕心：《美国刑法的犯罪论原理》，人民出版社2010年版，第72页。

[49] Guyora Binder, "Felony Murder and Mens Rea Default Rules: A Study in Statutory Interpretation", *Buffalo Criminal Law Review* 4, 2000, p. 442.

在上述正当性根据中,除了转移故意说不当地扩大故意范围以外,其他学说均从不法程度和罪责程度升高的角度考虑重罪谋杀罪规则的正当性,对重罪谋杀罪规则的存在价值以及限定方向提供有益的指引。

三、重罪谋杀罪的限定要件

虽然重罪谋杀罪在美国普遍得到承认,但是,美国司法并没有纵容这种谋杀罪类型漫无边际地成立,而是在上述正当性根据的基础上,通过各种各样的要件进行限制。其中,主要的限制性方案如下:

(一)内在危险要件的限制

美国有的州立法详细罗列了具体的重罪范围。在没有穷尽列举特定重罪的州中,许多法院都要求重罪谋杀罪只能在行为人意图或者实施对他人生命有内在危险的重罪的情况下才能成立。然而,关于如何确定内在危险,则存在不同的路径。有的法院采取形式路径,即要求重罪必须是普通法中的某些重罪(如强奸、抢劫、兽奸和鸡奸、夜盗、纵火、重伤、盗窃)之一,或者限于自然犯的重罪,而非行政犯的重罪。[50]

有些法院则采取实质的判断路径。现在看来,片面地主张抽象标准或者具体标准,都未必妥当。有的法院已经尝试将两者结合。在州诉安德森(State v. Anderson)案中,明尼苏达州最高法院基于重罪行为必须同时在行为性质上具有抽象危险性,以及在结果上具有具体危险性,从而推翻了被告人持有枪支行为作为重罪的判断,并否定重罪谋杀罪的成立。[51]

(二)独立重罪要件或吸收原则的限制

美国大部分的州都承认"独立重罪"要件。此要件的含义是,重罪谋杀罪只能在特定重罪独立或者平行于杀人罪(杀人结果)时成立。例如,在人民诉胡特(People v. Huter)案中,行为人在意图逃避逮捕的过程中,开枪射杀了一名警察。法院认为,行为人此时构成为抗拒逮捕而袭击公务人员的重罪,但是,不构成重罪谋杀罪,因为重罪的袭击是杀人罪的一部分,被合并在杀人罪之

---

[50] Wayne R. LaFave, *Criminal Law*, 5th ed., West/Thomson Press, 2010, p.787.
[51] State v. Anderson, 666 N. W. 2d 696 (Minn. 2003).

中。[52] 又如，在人民诉史密斯（People v. Smith）中，被告人虐打孩子（重罪）的过程中致其死亡。法院认为，虐待儿童是杀人行为的组成部分，因而被告人不能构成重罪谋杀罪。[53]

美国司法实践之所以确立这一限制性要件，是因为如果袭击本身可以作为重罪谋杀罪的特定重罪，相当于所有的袭击致人死亡的情形都能构成重罪谋杀罪。那么，在美国刑法中作为较轻形式的杀人罪（如自愿性的误杀罪、非自愿性的误杀罪以及刑事过失致人死亡罪等）都会被排除。但是，这样的结论显然不妥当。因此，以下情况应当区分，如果行为人因打击错误而杀害他人，就只能构成误杀罪的责任转移（故意转移）。相反，如果行为人在故意袭击某一特定的被害人时，又明知其行为可能造成多数人的危险，那么就可以构成重罪谋杀罪。[54]

（三）关联性要件

重罪谋杀罪规则要求死亡"发生在重罪实行或者着手的过程之中"。从文义上理解，这似乎是一个纯粹时间方面的要求。然而，这一要求往往被实质地解读为杀人必须"在实施重罪所完成事项的关联性范围内"发生。这一关联性要件包括以下两个方面的重要内容。

第一，重罪行为和死亡结果之间的时空距离不能过于疏远。美国有些法院在重罪完全结束后仍然肯定重罪谋杀罪的成立。在州诉科尔恩堡（State v. Colenburg）案中，科尔恩堡盗窃了一辆汽车，时隔7个月，驾驶汽车在路上撞到了一名突然冲出马路的两岁儿童并致其死亡。行为人被判处重罪谋杀罪。[55] 这种见解使得重罪谋杀罪规则的适用几乎失去了边界，基本上已经遭到否定。

目前，美国法院通常要求重罪谋杀罪的成立必须具有时间和距离上的相对的密接性。根据这一要求，致人死亡发生在重罪之前以及重罪完全结束之后重

---

[52] See Russell R. Barton, "Applcation of the Merger Doctrine to the Felony Murder Rule in Texas: The Meger Muddle", *Baylor Law Review* 42, 1990, p. 538.

[53] People v. Smith, 35 Cal. 3d 798, 678 P. 2d 886 Cal. Rptr. 311 (1984).

[54] See Guyora Binder, "Making the Best of Felony Murder", *Boston University Law Review* 91, 2011, p. 523.

[55] See State v. Colenburg, 773 S. W. 2d 184, 185 (Mo. Ct. App. 1989).

罪谋杀罪规则是不会被适用的。[56] 甚至有人指出，这种密接性可以理解为在重罪着手或者完成以前，其构成要件要素未完全具备时，即使出现了致人死亡的结果也不能构成重罪谋杀罪。[57]

美国法院没有在时间和空间要件方面过于苛求，而将"重罪实施时"的时间范围扩张到重罪行为人在实施重罪后到达一个暂时安全的地方之前。在人民诉波德烈（People v. Bodely）案中，被告人波德烈抢劫（重罪）了一个超市后企图驾车逃跑，在其逃跑过程中，在停车场的路人安德烈（Andre）参与追捕并跑到被告人驾驶的汽车前面并用手拦截被告人的车辆，但被告人突然向左急转弯而撞到安德烈并致其死亡。法院认为被告人构成重罪谋杀罪。[58]

第二，因果关系也是限制重罪谋杀罪的要件。关于因果关联性程度的判断却存在很多争议。有的法院只要求重罪行为和杀人结果之间存在条件关系即可。但是，更多法院要求严格的因果关联性。[59] 在国王诉联邦（King v. Commonwealth）案中，法院认为，单纯的条件关系不足以成立重罪谋杀罪的因果关系，致人死亡的行为必须用以直接促进重罪，或者为重罪所必需，才能肯定因果关系的成立。[60] 学界对此要件概括为近因（盖然的因果关系）或者法律的因果关系。

因果要件容易与基本犯的内在危险要件相混淆，因为因果关系的判断难以避免危险程度的规范性考量。但是，两者还是被区分开来。特定的重罪行为可以有致人死亡的内在危险，然而，死亡结果的发生仍然可能由不可归责于行为人的原因所导致。[61] 另外，关于因果关系的判断，美国法院往往重视的是行为人关于致人死亡的可预见性。[62] 但是，可预见性并非因果要件的唯一基准。在

---

[56] See Cynthia Lee, *Angela Harris*, *Criminal Law Cases and Materials*, 2d ed., West Press, 2009, p. 386.
[57] Joshua Dressler, *Understanding Criminal Law*, 5th ed., Lexisnexis Press, 2009, p. 530.
[58] See People v. Bodely, 32 Cal. App. 4th 311, 38 Cal. Rptr. 2d 72（1995）.
[59] See Cynthia Lee, *Angela Harris*, *Criminal Law Cases and Materials*, 2d ed., West Press, 2009, p. 386.
[60] King v. Commonwealth, 368 S. E. 2d 704, 708（Va. Ct. App. 1988）.
[61] See Wayne R. LaFave, *Criminal Law*, 5th ed., West/Thomson Press, 2010, pp. 790-791.
[62] See Wayne R. LaFave, *Criminal Law*, 5th ed., West/Thomson Press, 2010, p. 791.

菲利普斯诉州（Phillips v. State）一案中，警察在与抗拒抓捕的行为人搏斗时心脏病发而死亡。法院认为，死亡结果必须缘于重罪犯武力的非法使用，而且如果被害人是因为追赶时心脏病发而不是基于暴力搏斗导致死亡，那么行为人就不用承担重罪谋杀罪的刑事责任。[63]

（四）责任要件

美国不少司法区域（包括美国联邦）都以一定的形式要求在实施重罪过程中的谋杀罪需要具备可责难的主观态度。例如，特拉华州要求重罪谋杀罪在存在轻率时构成一级谋杀罪，在存在过失时构成二级谋杀罪。[64] 又如，亚拉巴马州限定杀人罪为至少存在过失责任的致人死亡。[65] 有的判例甚至要求行为人对于死亡结果的发生具有重过失的责任。[66] 在大部分情况下，美国刑法中的责任要件与违法要件并非截然相分，而是在特定重罪、内在危险性或者因果关系的范畴内被讨论。但是，责任要件是否与违法要件分离作为独立限定重罪谋杀罪的因素，并未影响责任要件的存在意义。约舒亚·德雷斯勒（Joshua Dressler）指出，"无论是哪个版本的内在危险限定方式，都使得重罪谋杀罪十分接近极度恶意的轻率概念"。[67] 瓦纳·拉法夫（Wayne R. LaFave）也认为，纯粹的内在危险标准是一种不正确的路径。[68] 以行为人可能预见死亡结果的发生为重罪谋杀罪的成立要件，是通说的见解。

四、重罪谋杀罪规则的启示

（一）重罪谋杀罪与结果加重犯的关系

通过上述介绍可知，重罪谋杀罪与结果加重犯存在诸多相似之处。从规范结构来看，两者"都是对超出基本罪的重结果加重刑罚"，[69] 具有相似的加重

---

[63] See Wayne R. LaFave, *Criminal Law*, 5th ed., West/Thomson Press, 2010, p. 489.
[64] Del. Code Ann. tit. 11, § 636 (2007).
[65] Ala. Code § 13A-6-2.
[66] Commonwealth v. Garner, 795 N. E. 2d 1202, 1209-10 (Mass App. Ct. 2003).
[67] See Joshua Dressler, *Understanding Criminal Law*, 5th ed., Lexisnexis Press, 2009, p. 530.
[68] See Wayne R. LaFave, *Criminal Law*, 5th ed., West/Thomson Press, 2010, p. 787.
[69] 参见郭莉：《结果加重犯与重罪谋杀罪原则比较研究》，载《政治与法律》2011年第10期。

要件和法律效果。而且，我国《刑法》中某些结果加重犯的构成要件与重罪谋杀罪几乎相同。例如，根据我国《刑法》的规定，绑架致人死亡是结果加重犯。除了没有以故意杀人罪来定性以外，该规定的结构与重罪谋杀罪规则并无二致。

除了形式上的相似性以外，重罪谋杀罪和结果加重犯还分享着共通的历史源流和理论构造。在发展源流方面，重罪谋杀罪规则和结果加重犯在思想渊源上是相通的。结果加重犯来源于宗教法的自陷禁区（versari in reillicita）理论，即"合法的行为即便造成违法的后果，行为人也不必为该违法结果负责；反之，如果行为人的行为不被容许，则必须对一切结果负责"[70]。这与作为重罪谋杀罪思想渊源的邪恶思想原则本质基本一致。两者都是中世纪的教会用以约束神职人员思想的规条，共同强调非法行为产生的所有后果均可归属于行为人的理念。

在理论构造方面，重罪谋杀罪规则和结果加重犯的类似之处比比皆是。首先，两者的存在根据有相通之处。危险说认为，基本犯行为类型的、固有的危险是结果加重犯加重处罚的根据。[71] 换句话说，结果加重犯的存在是为了预防具有固有危险的基本犯行为。日本学者榎本桃也博士直接指出，"危险性说所提示的结果加重犯的存在或者加重根据，是通过对故意实施危险的基本行为的非难，指向已经包含了结果惹起的作为一罪的结果加重犯的一般预防"。[72] 这与上述重罪谋杀罪规则的危险重罪预防论不谋而合。其次，两者在关联性要件方面的要求亦十分接近。结果加重犯的直接性要件要求加重结果必须由具有特殊危险的基本行为直接实现。[73] 相当因果关系则要求加重结果与基本行为之间存在生活经验上的相当性。[74] 这都与重罪谋杀罪规则的近因要件之间存在着共同的理念，即在条件关系以外通过更为严格的因果关联性要件来限制加重结果归责的范围，以求达到罪刑的均衡。再次，无论是重罪谋杀罪还是结果加重犯，通说都要求有责任要件。在重罪谋杀罪规则中，重罪行为人对于造成被害人死

---

[70] [日] 内田浩著：《結果加重犯の加重犯》，信山出版社2005年版，第53页。
[71] 参见 [日] 井田良：《结果加重犯的理论》，载《现代刑事法》2002年第44期。
[72] 参见 [日] 榎本桃也：《結果の加重犯の不法内容と構造に関する基礎的検討》，载《法学政治学論究》2007年第73号。
[73] [德] 克劳斯·罗克辛：《德国刑法总论》（第1卷），王世洲译，法律出版社2005年版，第219页。
[74] [日] 西田典之：《刑法総論》（第2版），弘文堂2010年版，第106—107页。

亡的危险具有预见可能性，而结果加重犯的基本犯行为人则应当对加重结果至少有过失，两者无甚差别。

从上述种种迹象看来，重罪谋杀罪与大陆法系的结果加重犯在实质内涵上是一致的，差别只在于是否变更罪名而已。日本学者森井暲就曾指出，"英美法的误杀罪相当于伤害致死罪。英美法从自陷禁止原理（versari in re illictita）出发，在非常广泛的范围内进行结果的归责，在相当于结果加重犯的场合……1957年英国杀人罪法没有对致人死亡的情形全部规定为结果加重犯，如此等等，暗示着英美法系的进路值得重视"。[75] 森井教授所说的"相当于结果加重犯"的犯罪类型，正是包括重罪谋杀罪规则。其实，罪名只是司法机关用以定罪的形式符号，不能决定犯罪的实体内容，因此，罪名的差异不应当左右根据犯罪内容所作出的类型归属。简言之，重罪谋杀罪可被视为结果加重犯的特殊类型。

（二）重罪谋杀罪规则的理论借鉴

在重罪谋杀罪规则的启迪下，我国刑法的结果加重犯的构造至少以下方面值得反思。

首先，在规范设置方面，我国刑法规定的结果加重犯与重罪谋杀罪规则相比，不仅处罚范围过宽，而且刑罚亦过于严厉。重罪谋杀罪规则仅以致人死亡为加重结果。反观我国的结果加重犯，不仅有具体的加重结果，还有抽象的加重结果；不仅涉及人身法益，还涉及财产法益，存在滥刑的嫌疑。结果加重犯的本质是故意基本犯与加重结果的过失犯的想象竞合犯，[76] 其刑罚却可能超出数罪并罚的刑罚总和，因此，只有在对重大法益有特别保护需要的情况下才有立法的正当性。那么，加重结果的范围应当明确化，并且基于法益保护必要性的考虑，应尽量将加重结果限于对生命或者重大身体健康的侵害。另外，法定刑过于严苛是结果加重犯一直以来备受责难的痛点。即使结果加重犯的特殊不法可以为加重处罚提供正当根据，结果加重犯较之于故意犯罪在责任方面仍然有所亏缺。因此，结果加重犯原则上不应当超出故意犯罪的法定刑。然而，诸如绑架致人死亡，法定刑只能是死刑，严重背离了罪刑均衡原则。反观重罪谋

---

[75] 参见［日］森井暲：《結果的加重犯》，载《法学論叢》1961年第2期。
[76] 参见郑逸哲：《构成要件理论与构成要件适用》，瑞兴图书股份有限公司、台北大学法学院图书部2004年版，第145页。

杀罪规则，被适用该规则的被告人只能构成谋杀罪，而不能在谋杀罪以外进一步加重处罚。因此，刑罚的上限与下限在一定程度上受到限制。较之于大幅提高法定刑乃至重于故意犯罪的立法，罪名变更的加重模式更为科学。当然，这并不是说所有的结果加重犯都采取结果型转化犯的立法模式，因为不少结果加重犯的可罚性远低于故意犯罪，对两者一律等同对待无益于刑法公正的实现。在以后的立法中，可以考虑将结果型转化犯作为结果加重犯的处罚上限，其余较轻的情形，应被规定较轻的法定刑或者排除在结果加重犯的范围以外。

其次，在存在根据方面，重罪谋杀罪规则的借鉴不无裨益。关于结果加重犯的存在根据，危险性说在德国刑法中是通说，而在日本刑法中亦逐步获得通说地位。[77] 近年来，我国部分刑法学者也开始借鉴危险性说。[78] 危险性说对于解释结果加重犯的法定刑可以超过故意基本犯与加重结果的过失犯的刑罚之和的原因具有积极意义。但是，并非所有的结果加重犯都有这样的问题。例如，暴力干涉婚姻自由的结果加重犯的法定刑较轻，与过失致人死亡罪几乎没有差别。[79] 没有必要以基本犯的特殊危险来作为其存在根据。另外，如果结果加重犯的加重处罚根据只来自于基本行为的固有危险，结果加重犯就容易被理解为以加重结果为客观处罚条件的危险犯。[80] 然而，加重结果是结果加重犯不法的体现，在结果加重犯的立法中意义重大。可见，危险性说只聚焦于基本行为的特殊危险，难以完整地说明结果加重犯的存在根据。对此，重罪谋杀罪规则的存在根据值得参考。双重预防的观点一方面以致死结果的预防为重罪谋杀罪规则的存在根据，另一方面，重视重罪行为自身的危险性，完整地展现了刑罚加重的立法理由。同时，重申人类生命尊严作为重罪谋杀罪规则的正当性根据，对限制加重结果的范围也有着积极意义。以此为鉴，结果加重犯的加重结果应当主要以生命法益为保护对象，兼顾重大的身体健康。

---

[77] ［日］丸山雅夫：《結果的加重犯の構造》，载《現代刑事法：その理論と実務》2003年第5卷第4号。

[78] 赵丙贵：《结果加重犯的本然、实然和应然》，载《当代法学》2009年第1期。

[79] 暴力干涉婚姻自由罪的法定刑是2年以下有期徒刑或者拘役，而在致人死亡的场合法定刑却是2年以上7年以下有期徒刑。过失致人死亡罪的法定刑是3年以上7年以下有期徒刑，在情节较轻的场合法定刑是3年以下有期徒刑。

[80] ［日］山本光英：《結果的加重犯の不法内容》，载《法学新報》1990年第97卷第3·4号。

最后，在结果加重犯的成立要件方面，重罪谋杀罪规则亦能提供有益的参考：第一，内在危险要件可以限定结果加重犯的基本行为。结果加重犯的基本犯并非必然具有产生加重结果的内在危险。结果加重犯的存在根据之一是关于危险行为的预防意义。因此，在缺乏内在危险的场合，基本行为不应当成立。第二，时间与空间要件能够限定加重结果的归责。在基本行为开始前或者结束后，由其他行为导致加重结果的发生，不能成立结果加重犯。第三，近因要件可以限定结果加重犯的因果关系。目前，司法实践中对于结果加重犯采取条件说。但是，既然结果加重犯以特殊危险作为存在根据，那么在特殊危险以外产生的加重结果，就不应当归责于基本行为。近因要件要求基本行为直接导致加重结果，对结果加重犯成立范围的限定有着积极的作用。第四，预见可能性要件可以限定结果加重犯的主观归责。根据责任原则，行为人对所有的量刑结果应当至少存在过失。[81] 重罪谋杀罪的成立以行为人对于死亡结果具有预见可能性为前提，符合这一要求。对其进行借鉴，可以避免结果加重犯走向结果责任的误区。同时，借鉴美国一些州的立法，[82] 对过失导致加重结果与故意造成加重结果的场合应区别对待。原则上来看，过失导致加重结果的情形不宜适用死刑。[83]

五、结　语

重罪谋杀罪规则通过罪名的变更来加重造成特定结果（死亡结果）的重罪行为人的法定刑，是结果加重犯的特殊类型。在此基础上，结果型转化犯同样是通过变更罪名来加重法定刑，亦应属结果加重犯。如此一来，重罪谋杀罪和结果加重犯应属特殊与一般的关系。重罪谋杀罪是最为特殊的结果加重犯，不仅罪名发生变更，而且加重结果也仅限于致人死亡。普通的结果加重犯既没有

---

[81] 参见张明楷：《结果与量刑——结果责任、双重评价、间接处罚之禁止》，载《清华大学学报》（哲学社会科学版）2004 年第 6 期。

[82] 特拉华州认为过失致人死亡的重罪谋杀罪属于二级谋杀。由于二级谋杀不会被判处死刑，因而过失致人死亡的重罪谋杀罪被告人也就被排除在死刑的适用范围之外。Del. Code Ann. tit. 11, § 636 (2007).

[83] 由于劫持航空器罪与绑架罪均有绝对死刑的加重规定，因而对于过失造成加重结果的加重犯完全排除死刑的适用似乎于法不合。这一困境大概只能通过刑法修正来进行解决。

变更罪名的特征，亦不限制加重结果的类别。结果加重犯完全有可能借鉴重罪谋杀罪规则的相关理论。

不少学者片面地将重罪谋杀罪规则解读成结果责任，是有失公允的。我们无法否认重罪谋杀罪规则在历史上曾经是一种纯正的严格责任，但是，经过两百多年的洗礼，重罪谋杀罪规则已经与责任主义和罪刑均衡原则逐渐契合。其中不少理论值得我们参考。例如，预防危险重罪、重视生命以及对被害人的尊重等理论用作解释结果加重犯的存在根据，无疑具有一定的指导意义。又如，内在危险要件、关联性要件、责任要件等都是合理限制结果加重犯的路径。另外，重罪谋杀罪规则已经被英国《刑法》所废除，其是否会进一步在美国《刑法》中消失，或者修改为《模范刑法典》规定的可反驳的推定责任，也有待观察。这些动向亦有可能为结果加重犯在将来的立法提供借鉴。

乡规民约与新时代乡村社会治理机制的建构[1]

李其瑞*
申碧珂**

摘　要　在中国乡村社会的历史发展中，乡规民约一直是乡村社会秩序构建和维持过程中不可或缺的元素之一。乡规民约通过伦纪教化、化民成俗的方式，维持着传统乡村的人际关系和社会秩序。我们在新时代乡村社会治理活动中，应以国家正式法律制度为主体，同时重视发挥乡规民约的作用，构建多元化的行为规范体系和纠纷解决机制，形成不同规范之间的良性互动。

关键词　乡规民约　国家法　乡村治理

党的十八届四中全会通过的《中共中央关于全面推进依法治国若干重大问题的决定》（简称《决定》）指出："要推进多层次多领域依法治理，支持各类社会主体自我约束、自我管理，发挥市民公约、乡规民约、行业规章、团体章程等社会规范在社会治理中的积极作用。"在建设社会主义新农村的背景下，如何推进乡规民约在乡村社会治理和社会秩序构建中的作用，并使乡规民约与国家立法协调发展，弥补国家法在乡村社会治理中的不足，成为一个需要深入讨论和不断实践的重要问题。

---

* 李其瑞，西北政法大学刑事法学院教授，博士生导师，主要研究方向：法哲学、法治文化理论。
** 申碧珂，西北政法大学法学理论专业2015级硕士研究生，主要研究方向：法理学。
[1] 本文为国家社科基金重大专项项目"社会主义核心价值观与法治文化建设研究"（17VHJ005）成果之一。

一、为什么重提乡规民约

当前,中国发展正处在一个重要的历史交汇点。2020年,我国要实现全面建成小康社会;2035年,基本实现社会主义现代化;到21世纪中叶,建成富强民主文明和谐美丽的社会主义现代化强国。而当下农业和乡村在现代化发展过程中还是一块短板。截至2017年年末,中国大陆总人口139008万人,其中城镇常住人口81347万人,农村常住人口57661万人。人口众多、农业人口比重较高,这是中国在未来二三十年发展中的阶段性特征,在这一基本国情下,推进国家现代化绝不能忽视乡规民约在乡村秩序构建中的重要作用。

(一)何谓乡规民约?——一个社会历史学的考察

从词源意义看,乡规民约中的"规",意指画圆形用的工具,引申为集体制定的供大家共同遵守、执行的规定、规则等;"约"则指共同订立、共同遵守的条文。[2] 乡规和民约合起来就是乡村居民共同商量、共同讨论、共同制订,每人都必须遵守和执行的行为规范。从历史上看,乡规民约起源于人类社会以地缘关系为基础的乡村社区形成之后,用以协调超越家庭、家族关系的区域社会秩序。不论其是"乡约""乡规""乡范""民约",都是"乡规民约"一词所涵盖的范围,而这与作为民间法组成部分的习惯法、家法族规、村落法等概念既有联系又有区别。[3] 从目前乡规民约的概念所指看,其含义较为混乱,并没有一个受到学界广泛认同的定义。因此,有学者将乡规民约区分为广义和狭义两类,前者泛指一切乡土社会所具有的国家法之外的公共性规则,而后者则仅指在国家政权力量的帮助、指导下,由乡民们自觉地建立的相互交往的行为规则。[4] 总体上看,乡规民约的特征可以概括为以下几个方面。

第一,乡规民约是外化的"规范"。乡规民约是特定群体和个人在参与社会活动时所遵循的行为准则,具有约束力,要求与约者共同遵守。也正因为如此,乡规民约中经常附带有对于违约者的处罚措施。

第二,乡规民约内含着"合意"。乡规民约生成不是强加于人的结果,而是

---

[2] [日]寺田浩明:《明清时期法秩序中"约"的性质》,载[日]滋贺秀三:《明清时期的民事审判与民间契约》,王亚新、梁治平编,法律出版社1998年版,第139—190页。
[3] 梁治平:《清代习惯法:社会与国家》,中国政法大学出版社1996年版,第38页。
[4] 谢晖:《当代中国的乡民社会、乡规民约及其遭遇》,载《东岳论丛》2004年第4期。

在社会发展过程中,应乡民生活的实际需求而自发产生的成果。因此,尽管其中存在着"首唱与唱和"的结构关系,但"其基础的一部分在于参加者们相互之间的合意是没有疑问的"。[5] 虽然法律也有协商合意之因素,但与乡规民约相比,其命令性和强制性更强。

第三,乡规民约制定的主体是"乡民"。乡规民约与国家法的不同之处主要在于,国家法是由国家制定与颁布的,并依靠行政、司法机构等强大的国家机器来贯彻和实施。相对于国家法,乡规民约属于"民间法"的范畴,是由乡民自发制定的,其约束力主要源自乡民对规则的认可、价值观的认同以及社会舆论等情感和道德的力量。

第四,乡规民约同时承载着"普遍性"和"地方特殊性"。乡规民约对于制定该乡约的村庄村民具有普遍约束力,但同时又有别于其他村庄的规定,也有别于该村庄内的其他行为规范,其兼具"普遍性"和"多样性"。

乡规民约作为乡民共同遵守的行为规范,其主要表现为文本形态和组织形态两方面。其一是传统的文本形态。自北宋陕西蓝田《吕氏乡约》以降,迨至中华人民共和国成立之前,"传统乡规民约的文本代有所出,广泛存在于史志、族谱、文集、碑帖、笔记、公牍等文字资料之中,并随着时代、地域、制定主体、规约事项的不同表现出极大的差异"。同时,乡规民约又表现出"万变不离其宗,都以不同程度的乡民合意或'会众议约'为其效力基础,在内容和形式上或多或少地受到《吕氏乡约》的影响"。[6] 其二是传统乡规民约的组织形态。人类社会的所有规则要得到有效实施,都必须依托于一定的执行机构。乡规民约形成和发展的同时,普遍依托于村落组织,行使乡规民约赋予的职权,保证乡规民约的顺利执行。至迟到北宋《吕氏乡约》出,在村落组织之外,还有了专门处理地方社区事务的乡规民约组织,乡民间的纠纷首先要在这一机构调解处理。"这就使得乡规民约的组织建设与制度建设同步进行,以'组织'保障

---

[5] 按照日本学者寺田浩明对这个词语的用法,"首唱和唱和"关系指的是在缔约时,通常有一个或一些人首先提出主张,然后其他人一起相和而循。[日] 寺田浩明:《明清时期法秩序中"约"的性质》,载 [日] 滋贺秀三:《明清时期的民事审判与民间契约》,王亚新、梁治平编,法律出版社1998年版,第139—190页。

[6] 张明新:《从乡规民约到村民自治章程——乡规民约的嬗变》,载《江苏社会科学》2006年第4期。

'制度'的推行。"[7]

(二)社会治理视域下乡规民约的历史流变

中国的乡规民约由来已久,其传统形态自上古一直延续到清末甚至民国时期。从周代"六邑六遂"始,将乡村分成"邻""里""乡"等小社会单位实行自治,同时又作为管控农户的中介,对乡民实行相互监督和约束,以降低管理成本。而国家要维持生存,就必须对分散的小农实现有效控制,征赋催税,国家政权与基层自治权同存的模式也因此出现并延及后世。[8] 据台湾地区学者展恒举先生考察,"汉制,乡里狱讼,由啬夫听之,不决则送有司。唐时通常讼案,须先经里正、村正、坊正处置,必须裁判者,则归县理之。元于乡里设社,社长对不敬父母及凶恶者,籍其姓名,以授有司。明清置乡约、里正负解讼之责"[9]。可见,历汉、元直到明清之际,我国乡村里社听讼裁判的重要依据之一就是乡规民约,乡村组织在基层社会肩负着社会治理的重要责任,形成了不同于西方社会的社会规范体系和基层社会组织体系,使得族权绅权成为我国古代大一统皇权统治的基础力量,对此,梁启超先生就曾经指出:"欧洲国家,积市而成,中国国家,积乡而成,故中国有乡自治,而无市自治。"[10]

"社会世界是一部积累的历史"[11],中国社会的独特性就在于其历史悠久,源远流长。史载,从传说中黄帝起始筑井田,传于夏商;周设六邑六遂制,汉设亭里制;魏晋相沿,至宋始设户籍、保甲制沿用至民国。"这些乡里制度都是当代村民自治制度的规范及组织渊源,其大都是以农村家庭为单位,或五十、多不过百户为一基本组织,首领由村民自行选出,实行自我管理并协助官府行事的基层组织。"[12]在中央高度集权的中国能够出现这种"有为国家"和"无为社会"两相结合的情形,是国家管辖范围广大而实际管控社会能力不足的表现,

---

[7] 张明新:《从乡规民约到村民自治章程——乡规民约的嬗变》,载《江苏社会科学》2006年第4期。
[8] 崔瑞德:《剑桥中国秦汉史》,杨品泉译,中国社会科学出版社1994年版,第52页。
[9] 张明新:《乡规民约存在形态刍论》,载《南京大学学报》(哲学社会科学版)2004年第5期。
[10] 梁启超:《梁启超论中国文化史》,商务印书馆2012年版,第99页。
[11] 包亚明主编:《文化资本与社会炼金术——布尔迪厄访谈录》,包亚明译,上海人民出版社1997年版,第189页。
[12] 赵秀玲:《中国乡里制度》,社会科学文献出版社1998年版,第20页。

这也是传统中国社会治理的一个基本特征。根据马克斯·韦伯对中国的研究，他认为，中央对地方的控制一直是传统中国政治的首要问题，由于国家一直未能建立有效的公告财政制度，缺乏有力的基层财政来源，中央财政职能也只能有效控制到县级，至民国时期才逐步渗透至乡级。[13]

总体上看，作为乡规民约的组织形态，我国古代乡村治理模式的发展可以划分为三个主要阶段：第一阶段是夏商周到春秋战国，直至隋文帝开皇十五年（公元595年）的乡官制模式；第二阶段为隋唐两宋时期，这一时期的乡村治理模式经历了由乡里制到保甲制、乡官制到职役制的模式转折；第三阶段从王安石变法至清代，乡村治理模式由乡里制度转变为职役制。清王朝于宣统五年（公元1913年）实行新政，以乡镇地方自治取代传统的乡里制度、保甲制度，后国民党政权虽又采取保甲制，但很快又被新政权以摧枯拉朽之势废止。[14] 民国时期的乡村自治实践和乡规民约建设因战乱频繁、经费短缺、政令不一、主事人员素质良莠不齐等因素的干扰，在各地发展极不平衡，持续时间也长短不一。大体而言，民国之初至20世纪30年代之前，由于受西方个人本位、民主宪政政治观的影响，保甲制度在表面上被废弃，各地都有范围不等、程度不同的自治试验，其中既有对中国传统乡里制度的借鉴，比如县—区—村里—闾—邻五级组织的设置，又有一些现代西方民主管理体制色彩的基层组织。从村级机构的设置看，既有村民会议这样的村民议事机构，又有诸如村公所这样的村政执行机关，还有相当于"一村之宪法"的"村禁约"。

1949年后，经历了一段过渡时期，1958年开始推行人民公社制度，政社合一。新中国建立之初，"乡政村治"模式主要是村民自治，但在其后人民公社的实践中逐渐发生了变化，乡镇政府权力下移，"乡政"对"村治"的干预愈加强烈，村民自治的最初理想没有得到落实。"乡政村治"的虚位与无奈引起学界的思考，并在研究中提出了乡村治理模式的新构想。如区分"理想村民自治的乡村治理模式"和"批判村民自治的乡村治理模式"，其中"理想村民自治模式"主要有"县政、乡派、村治模式""乡派镇治模式""乡派镇政模式"；"批

---

[13] 李强：《国家能力与权力的悖论》，载张静编：《国家与社会》，浙江人民出版社2000年版，第18—19页。
[14] 唐鸣等：《中国古代乡村治理的基本模式及其历史变迁》，载《江汉论坛》2011年第3期。

判村民自治模式"主要有"乡镇自治模式""乡治、村政、社有模式"。[15] 虽然契合我国农村社会实际的乡村治理的理想模式仍在探索中,但可以看出,希冀政权与治权实现良性互动,乡村多元主体合作共治是学者们的共识。

自改革开放以来,随着简政放权和小政府、大社会的市场需求,"农村基层的村民自治组织和活动从农村社会自发兴起到国家自觉提倡和规范,乡规民约作为村民自治的主要制度形式得以恢复和发展"[16]。随着村民自治制度在农村的广泛推行,乡规民约再次受到国家的支持与鼓励,并于1998年以立法的形式写入《村民委员会组织法》。该法第20条规定,"村民会议可以制定和修改村民自治章程、村规民约",唯其"不得与宪法、法律法规和国家的政策相抵触,不得有侵犯村民的人身权利、民主权利和合法财产权利的内容"。国家希望借由基层群众性自治组织中乡规民约的制定,实现村民的自我管理、自我教育和自我服务。《村民委员会组织法》颁布之后,各省、市、自治区又在此基础上制定了相应的具体实施办法。

党的十八大以来,法治国家、法治政府、法治社会三位一体的建设目标确立,社会建设被提到了与国家建设和政府建设同等重要的地位。从近年来乡村社会建设实践看,多地涌现出一批富有地方特色的乡规民约。如四川南充市的村规家训凡涉及村民生产生活、乡村旅游、电子商务、孝敬父母、邻里和睦等内容全部都囊括在村规民约里;河北省井陉县于家石头村以节水碑、护林碑、禁赌碑来约束村民行为;遂宁罗家桥村四十六条规定了有关红白理事会、"黄赌毒"大扫除的乡规民约;有最早成文乡约《吕氏乡约》的陕西蓝田县通过制定"蓝田新乡约"来规制修身、立业等问题,通过成立乡村文明街、善行义举榜、道德讲堂等来建设美丽乡村,完善乡村建设。到十九大报告再一次强调自治、法治、德治之间的互补性,乡规民约又得到了新的重视和发展。

(三)融合与张力:现代乡村治理场域能否离开乡规民约

乡村治理给定了治理的场域或空间,即乡村。乡村治理就是性质不同的各种组织,通过一定的体制机制和制度体系,共同把乡级以下的公共事务管理好。

---

[15] 蔺雪春:《当代中国村民自治以来的乡村治理模式研究述评》,载《中国农村观察》2006年第1期。

[16] 张明新:《从乡规民约到村民自治章程——乡规民约的嬗变》,载《江苏社会科学》2006年第4期。

而其中的"各种组织",应该包括乡镇的党委政府、"七站八所"、扶贫队、附属机构,村里的党支部、村委会、团支部、妇女会、各种协会等村级组织,民间的红白喜事会、慈善救济会、宗亲会等民间团体及组织。[17] 同时,乡村治理还指如何对中国的乡村进行管理,或中国乡村如何自主管理,从而实现乡村社会的有序发展。乡村治理的基本内涵应该包括三个相互联系的方面:其一,能够动员民众支持,获得民众的广泛信任;其二,能够提供良好的公共服务,满足村民的服务需要;其三,能够有效地解决冲突,具有良好的纠纷解决协调机制。[18] 乡村治理的关键就是要调动村民的主观能动性和积极性,构建适合乡村发展的治理模式。中国的乡村治理模式自古至今屡经变迁,至今仍是实现国家体系和治理能力现代化需要积极探索的重要问题。

基于国家治理体系和治理能力现代化对新时代乡村治理提出的新要求,如何有效地处理好国家法与乡规民约之间的关系,就成为一个前提性问题。但现实中存在的问题却呈现出更为复杂的情况,诸多学者的田野调查表明,中国的绝大多数村庄都处于"法律的不毛之地",人们主要通过村庄的内生机制来解决生活中的纠纷,而不是靠国家法律来解决大多数争议。[19] 对村民来说,这些内生性规范是习以为常、内化于俗的行为规范。同时,乡村社会存在雷同化的所谓"乡规民约",也使得乡规民约失去了原有的地方特色。针对这种乡土社会的现实情况,有学者认为,"乡村治理不宜过度强调乡规民约,原因在于当前乡村社会的乡规民约并非由村民自我讨论协商之文本,而是政府统一起草下发的具有雷同化的章程和规定,还有其内容也大多是国家法律的具体化"。[20] 这样的观点虽然看到了目前我国乡村社会乡规民约的不足和问题,但由此就否定乡规

---

[17] 郭正林:《乡村治理及其制度绩效评估:学理性案例分析》,载《华中师范大学学报》(人文社会科学版)2004年第4期。

[18] 贺雪峰:《乡村治理研究的三大主题》,载《社会科学战线》2005年第1期。

[19] 参见董磊明:《农村调解机制的语境化理解与区域比较研究》,载《社会科学辑刊》2006年第1辑,第58页;陈柏峰:《暴力与屈辱:陈村的纠纷解决》,载《法律和社会科学》第1卷,法律出版社2006年版,第203页;陈柏峰:《脸面、暴力与国家不在场——鄂南陈村家事纠纷的关键词》,载《乡村中国评论》第1辑,广西师范大学出版社2006年版,第78—81页。

[20] 齐飞:《乡村治理不易 多度强调乡规民约的作用》,载《农民日报》2014年4月2日,第3版。

民约的现实作用却有以偏概全之嫌，更不能以此作为讨论乡规民约这一调整方式存废与否的理由。实际上，乡规民约还具有落实或具体化诸如《农村土地承包法》等国家法的功能，是国家法在民间的实现或落实的规范性表现，一味地将乡规民约与国家法对立起来的观点正是忽视了两者之间的内在联系和相融相通之处。可见，这些误解存在的关键是没有深入挖掘乡村治理的本土资源和文化传统，没有充分梳理乡规民约与国家法之间的内在关联，没有对传统乡规民约进行创造性转化所致。因此，深入挖掘和阐明乡规民约这一内生性规范产生的过程和机制，从中发现乡规民约在乡土空间的作用机理就是一项非常重要的工作。

尽管现代乡村治理中的乡规民约与传统乡规民约有诸多不同之处，但两者也存在着无法割裂的内在联系。一种制度的存续在于它发挥着别的制度无法替代的功能和作用，介入制度的主体只有在这一制度体系中才能满足其社会需求。乡规民约之所以持续久远并得到乡民的广泛认同，就充分说明了其具有无法被国家正式制度所取代的独特功能。更重要的是，迄今为止的中国乡村社会在某种意义上仍具有费孝通先生所描绘的"乡土社会"之特性。虽然现代法治及其所衍生的新秩序已经对乡土社会的固有秩序带来强劲冲击，但以现代法治取代乡土规范，以现代司法解决乡土社会纠纷的法治理想在实际生活中落地却极其缓慢，"送法下乡"屡屡受阻。由此也表明，出于解决"城市问题"而确立的现代法律制度可能会与乡土秩序存在某种紧张关系，出现现代司法机制和规范体系可能会打破原有和谐生活、纠纷解决不彻底或低效率的弊端等新的乡村治理问题。因此，"把正式制度体系与具有非正式制度和深层次文化特征的乡规民约有机衔接起来，有利于实现政府治理、农村社会自我调节、村民自治之间的良性互动，使得多主体共治的农村治理体系真正有效地运转起来，从而实现对农村基层社会的低成本高效能治理，推进农村社会治理的现代化"。[21]

二、乡村治理的"一统性"与"多元性"

在乡村治理体系中，结合党的十九大关于自治、法治、德治相结合的最新导向，完善治理模式和治理结构的多样性就成为新时代乡村治理的新任务和新

---

[21] 黄晗：《运用乡规民约推动农村社会协同共治》，载《学术交流》2018年第11期。

使命。之所以强调多元治理结构,就在于农村广大群众因共同生活在一个相对熟悉的乡村场域中,风俗、礼教、习惯都对村民行为产生影响,遇到纠纷时会按照"情""理""法"的顺序加以考虑,法律诉讼是最后选择,法律外解纷手段发挥着重要作用。因此,以国家正式法律制度为主体,构建多元化的行为规范体系和纠纷解决机制,形成不同规范之间的良性互动,才是中国特色社会主义法治体系和社会治理体系的应有之义。

(一)国家法在乡村治理中的作用及局限

法治是现代社会治理的主要方式,但在介入乡村"熟人社会"时,其与"情"和"理"则难免产生冲突,而后者是村民惯常遵从的价值取向。在现代国家建立之后,国家为了进一步推进市场化和现代化,法律成为超越其他社会规范的主导性规范。尤其在改革开放后,国家为融入国际贸易一体化和构建国内市场经济体制,使得现代法治成为整个社会治理的不二选择。在乡村社会中,乡规民约实质上也是由国家法强制推进或者说"护航"的,同时,由于法治多少是一种具有外生性特征的规范,强力介入可能使村民产生逆反心理。针对这一现象,国家法与乡村习惯之间有了调和:一些法律、法规、规章对部分乡村习惯进行了法律确认;民族自治地方有权根据当地民族特点依法变更或补充相关规定;一些不再符合时代发展的习俗,也随着法律的否定和村民的不认同而逐渐退出了规范的范畴;新制定的《农村土地承包法》《村民委员会组织法》也都为乡村自治留出了空间,同时也成为乡规民约的法律基础和制度依据。

对于国家治理与乡土自治的关系历来就有分歧。英国社会学家安东尼·吉登斯认为:"国家与社会关系的一般历程是从国家与社会的分离格局经历重大历史变动转变为国家—社会而糅合的民族—国家格局,这一历程表明为社区与人的生活逐渐'国家化'。"[22]这一趋向国家"一统化"的格局最显著的特征是国家与社会的融合,但问题是吉登斯的这种现代性判断到底是一种理想还是一种现实?实际上,国家法的"一统性"特点使得其在乡土社会这一特殊土壤上适用的灵活性不足,而吉登斯的判断却"片面地强调现代性对传统取代的有效性,忽略乡土传统的持久性"。[23]因此,我国乡村社会治理体系的构建不能唯国家

---

[22] 王铭铭:《村落视野中的文化与权力》,生活·读书·新知三联出版社1997年版,第5页。
[23] 同上书,第9—10页。

法是举,而要正视乡规民约和自发规范的合理性,重视一切社会资源和法治资源。正如苏力所认为的,"自清末以来,中国法律制度的变迁,大多数都是'变法',一种强制性的制度变迁。这样的法律制定颁布后,由于与中国人的习惯背离较大或没有系统的习惯惯例辅助,不易甚至根本不为人们所接受,不能成为他们的行为规范。"[24]乡规民约所具有的灵活性和适应性,更易为乡土民众接受和认同,用乡规民约处理乡民纠纷,其结果也往往是"案结事了",效果显著。乡规民约应该成为中国特色乡村治理体系的重要内容和良好补充。

(二) 乡规民约在乡村治理中的"能"与"不能"

国家法作为具有刚性特质的社会规范决定了其不具有较强的社会适应性,而乡规民约作为一项"软法"在社会治理中表现出较高的可塑性,弥补了国家法在治理实践中的不足。走进乡村社里,可以感受到乡规民约更受村民的认同和遵循。但也要认识到乡规民约的功能主要在于弥补国家法之不足,并非是要完全替代国家法,更不是要与国家法相抗衡的。乡规民约如何能去芜存菁,与时俱进,与法同行,是应该认真对待和着重思考的问题。

首先,地域性和多元性是乡规民约瑕瑜互见之特性。乡规民约充分体现出其地域性和多元性,具有极强的可塑造性和灵活性,不同乡村会有不同的乡规民约,蕴含了更多的礼义教化和道德伦常,克服了国家法整齐划一、过于刚性的缺点。但从另一角度看,正是由于乡规民约的地域性特征才导致其存在差异性大、模糊性强之弊端,会带来适用和实践上的随意性。正如费孝通先生所言,"把群己的界限弄成了相对性,也可以说是模糊两可了。这和西洋把权利和义务分得清清楚楚的社会,大异其趣"[25]。

其次,时殊风异、革故鼎新是乡规民约具有新生命力的关键所在。在社会发展迅猛的当今时代,农村的社会构成、农民的人口结构、乡规民约的内涵都在发生着巨大的变化,乡规民约也在随着国家政治经济发展和社会结构的变化而变化,传统的乡规民约中"糟粕"的部分要被剔除,"精华"的部分要有传承和更新。同时,村民也不再只是"日出而作,日落而息"的固守土地的"乡

---

[24] 苏力:《送法下乡——中国基层司法制度研究》,北京大学出版社2011年版,第13页。
[25] 费孝通:《乡土中国 生育制度》,北京大学出版社1998年版,第30页。

下人",农民阶层的内部分化也愈加分明,传统的乡规民约如何去规制一个往返于城乡之间的"新农民"又成了一个新的问题。

再次,礼俗信用、忠诚誓词成为乡规民约的共同渊源。乡规民约的形成在于遵从礼俗,体现信用,阶层认同。比如婚姻契约中存在着"死生契阔,与子成悦;执子之手,与子偕老"[26]。这种具有神圣意味的誓词可能胜于律典之约束,也由于这样一种神圣感和内心的恪守,乡规民约更容易成为人们所遵从的行为规范。"乡土社会的信用并不是对契约的重视,而是发生于对一种行为的规矩熟悉到不假思索时的可靠性。"[27]只有当情、理无法解决问题或当事人对私下调处极度不满时,才可能选择国法来维护自己的权利。

总之,乡村社会治理中应当重视乡规民约的作用,但是也要充分认识到其所具有的自身局限和不足,要在国家法为主导的基础上发挥乡规民约的作用。一方面,市场经济冲击着传统的熟人社会,人们之间的相互依赖性逐渐降低,基于道德和舆论作为约束机制的乡规民约受到挑战。另一方面,传统乡规民约急需革故鼎新,创新和转化传统乡规民约中侵犯乡民权益以及与现代法治思想相冲突的内容,增强其与国家法的契合性。

(三) 国家法与乡规民约的冲突与融合

在当下中国社会治理的转型期,国家法与传统道德文化的冲突依然存在,在乡村社会的治理过程中,国家法如何与以传统道德为基础的乡规民约相互协调,相互补充,做到自治、德治、法治"三治合一",就成为新时代乡村治理现代化的主要任务。同时也要充分关注,作为解决一统性问题的法律和作为解决地方性问题的惯习,会形成不同的场域或相对独立的社会空间,不同场域之间的冲突会导致国家法难以在乡村社会扎根落地。美国法学家爱泼斯坦曾经指出:"仅有法治,对于一个理想的文明社会远远不够的,还应该注重德性的建设。"[28]国家法追求的是法律文明秩序,乡规民约追求的是道德文明秩序,而完美的社会秩序应该是法律文明秩序与道德文明秩序的结合。因此,如何使国家法与乡规民约相契合,在新农村构建多元融合的社会治理结构和治理体系,就

---

[26] 《诗经·邶风·击鼓》。
[27] 费孝通:《乡土中国 生育制度》,北京大学出版社1998年版,第10页。
[28] 转引自於兴中:《法治是一种文明秩序》,载《检察日报》2015年3月19日,第3版。

成为建设中国特色社会主义法治体系，提高国家治理体系和治理能力首先要解决的问题。

费孝通先生在其《乡土中国》中描述了乡土社会其社会秩序的特征，他认为，乡土社会是安土重迁的、生于斯、长于斯、死于斯的社会。它与法治社会最大的区别在于维持规范的力量不同，乡土社会的礼治秩序不需要有形的机构和权力来维持，而维持法治社会的力量则是国家权力。[29] 德国社会学家滕尼斯也曾把人类社会区分为礼俗社会和法理社会，由于礼俗社会的"成员由共同的价值观和传统维系在一起，他们有共同的善恶观念、有共同的朋友和敌人，他们中间存在着'我们'或'我们的'意识。而法理社会的特征是更多的理智与工于心计，人们首先关心的是自己的私利，契约和个人主义至上"[30]。社会学家的概括和分析虽然揭示了中国社会的主要特征和社会治理方式，看到了中国社会长期以来注重道德和礼俗在社会治理中的作用，社会秩序建构和维护主要依赖伦理道德的治理模式。但这并不意味着礼俗社会中没有法，也不意味着法理社会中没有礼，只是礼与法在两种社会治理模式中的轻重次序不同而已，礼俗和法理也是可以相互补充、相得益彰、融合共治的。"法律不能远离情、理之外，不能离我们的日常感觉和生活感受太远，情理不是对法理的偏移或纠正，而是对法理的补充和巩固。"[31] 国家法作为国家意志的综合表达，具有明确性、权威性和国家强制性的特点，而乡规民约是基于自治和共同认同而产生的规范，是一个场域中群体认同的共同意志的体现。相对于国家法，在乡村场域中，乡规民约具有灵活性和可适性，只有在二者的共同作用下才能更好地建构起国家法与乡规民约相融合的多元融合治理机制和具有中国特色的社会治理体系。

三、创新与转型：寻求乡村治理法治化的新路径

乡规民约是一种自下而上的内生的行为规则，它生成于乡民社会，融入村民生活，成为村民的生活方式和生活习惯。这种介于国家法和道德规范之间的民间规约对促进村民规则意识的形成，维护乡村社会的安定和谐，促进善治乡

---

[29] 费孝通：《乡土中国 生育制度》，北京大学出版社1998年版，第49页。
[30] 夏建中：《社区概念与我国的城市社区建设》，载《江南论坛》2011年第8期。
[31] 田成有：《实现情、理、法的结合》，载《人民法院报》2017年4月1日，第2版。

村建设具有重要意义。在我国农村,"国家法在很大程度上是作为'后盾'的象征的意义而存在的,它并没有在农村深深扎根。或者说国家法律在传统农村基本上是疏离与陌生的,农民更多地是生活在自生秩序的民间法中,由民间法调控和解决一切。"[32] 构建中国特色社会主义乡村治理体系,就必须既尊重传统乡规民约及其治理机制的现实性和合理性,也要寻求国家法与民间规则的相通性和互补性,促进自治、法治、德治有机结合的乡村社会治理模式。

(一) 场域型构与传统社会乡规民约的创造性转化

法国著名社会学家布迪厄认为:"在高度分化的社会里,社会世界是由具有相对自主性的社会小世界构成的,这些社会小世界就是具有自身逻辑和必然性的客观关系的空间,而这些小世界自身特有的逻辑和必然性也不可化约成支配其他场域运作的那些逻辑和必然性。"[33] 也就是说,我们身边的这些"社会小世界"就是各种不同的"场域"(field),这些场域就是一个个相对独立的社会空间,同时,它也是一种客观关系构成的系统。而在场域中活动的主体则是有知觉、有意识、有精神属性的人,而非冰冷的物质世界,每个场域都有属于自己的"性情倾向系统"——惯习(habitus)。根据布迪厄的"场域—惯习理论",我们可以对乡规民约与国家法的关系加以分析,因为"人们生活在场域中,就是生活在关系中,只有从关系的角度才能把握一个人在场域结构中的准确位置,也才能理解一个人在场域中的各种行动、策略和惯习。马克思主义的社会观认为,从内在本质上讲,社会就是各种关系的总和,作为整体社会的组成部分的场域也是各种社会关系的网络"[34]。因此,把乡村社会场域中具有历史性、开放性和能动性的"惯习"与乡规民约联系起来考察,才能不至于把乡规民约单纯地理解为一种"习惯","惯习"不同于"习惯"的标志就在于,作为一种在实践过程中生成的性情倾向系统,惯习是随着经验和场域变化不断变化和自我调整的开放性系统。这样,国家法和乡规民约就会在两个不同场域中通过实践而相互型塑,并在这一过程中不断得到进一步的强化。

---

[32] 田成有:《传统与现代:乡土社会中的民间法》,中国政法大学 2005 年博士学位论文,第 36 页。

[33] [法] 皮埃尔·布迪厄、[美] 华康德:《实践与反思——反思社会学导论》,李猛译,中央编译出版社 1998 版,第 134 页。

[34] 毕天云:《布迪厄的场域——惯习理论》,载《学术探索》2004 年第 1 期。

首先，深入发掘乡规民约独特的治理功能和法治文化价值。乡规民约体现乡村治权，国家法体现国家治权，两者既有联系又有区别。由于乡村治权与国家治权功能各异，扶助互补，乡规民约与国家法也应充分秉承分治精神，各守其位，并在各自的场域中相互型构和强化。传统的乡规民约是"乡人相约，勉为小善"，作为乡民自发订立或认同的行为规范，以地方惯行或习俗为主，其具有独自的教化意义和规范功能，而非国家法的细化或延伸。乡规民约既有倡导礼仪赏罚的规范功能，还有教育意义和团结民众的组织功能。比如北宋神宗熙宁九年（公元1072年）陕西蓝田的《吕氏乡约》就规定，遇到水火、盗贼、疾病、死丧、孤弱、诬枉、贫乏这七件事应当相互帮助，应不吝向有难者出借财物、车马、工具、人力等，对可借而不借、逾期借用他人钱物、损坏所借财物者都有所惩罚。针对婚丧嫁娶，《吕氏乡约》以"各量其力"为原则，规定了乡民相互赠礼的规格，如嫁娶与庆贺所赠鸡羊、酒水、布帛等物，总值多不过三千文，少则一二百文。正如胡庆钧先生所言："德业相劝、过失相规、礼俗相交、患难相恤。这四大条款就描写了乡约制度的主要功能。"[35]可见，中国古代社会的这些乡规民约是解决乡村社会问题重要的本土资源，我们要结合新时代的社会需求对其进行创新和转化应用，并以此引导乡民自我管理、自我教育、自我提高，实现家庭和睦、邻里和谐、干群融洽。

其次，进一步厘清乡规民约与国家法的界限，赋予乡村自我"善治"的自治权。在中国古代，"朝廷有法律，乡党有禁条""国有律法，民有乡规"，"正是对国家法律与乡规民约之关系以及乡规民约的性质及其自治功能的高度概括"[36]。按照睦邻的约定性习俗自我管理、自我约束一直是传统基层社会组织所通行的一种社会行为规范，为了维护乡村治理的自治性和有效性，乡规民约对于官方尤其是基层官吏对乡村事务的非法干预等行为也会有应对之策。如明朝王阳明《南赣乡约》第十一条规定："吏书、义民、总甲、里老、百长、弓兵、机快人等若揽差下乡，索求赍发者，约长率同呈官追究。"[37]近年来，我国中西部地区一些乡村出现的村民与当地政府的冲突，其主要原因之一就是地方

---

[35] 费孝通、吴晗：《皇权与绅权》，岳麓出版社2012年版，第124页。
[36] 胡仁智：《"乡规民约"的独特法律文化价值》，载《光明日报》2018年11月6日，第16版。
[37] [明]王守仁：《王阳明全集》，卷十七，别录九，公移二，《南赣乡约》。

政府过多干预本属于自治范围内的村民事务，打破了不同场域之间的平衡。其实一些本来微小的民事纠纷，如果有村民合意而成的乡规民约体系和权威的调处机制，由村民内部自我化解，既可息事宁人，也能节省大量的行政资源。

最后，对传统乡规民约需要革故鼎新，尤其是对那些"不合法""不合道德""不合时宜"的乡规民约要加以更新和清理。传统乡规民约立约宗旨明确，大多是强调正风厚俗、敬老爱幼、和息止讼等扬善抑恶的行为规范，但随着现代化的进程，也出现了一些不合时宜的地方。比如传统乡规民约的适用对象虽说是本地乡民，调整的是本地的社会事务，但由于族权和绅权的影响力，乡规民约往往不适用于乡村的管理者。这种情况在当今的乡村自治中，也一定程度被保留下来，有的村委领导往往利用手中的权力，避开乡规民约的制约，这些都是需要改造和更新的问题。再如，传统乡规民约中罚跪、罚粮以及鞭抽板打等惩罚措施，都需要加以剔除，使之符合现代法律的规定。乡规民约只有与时俱进，成为乡村理性的载体和乡村社会治理的重要形式，才能立足于中华优秀传统文化的思想观念、人文精神和道德规范，培育文明乡风、良好家风、淳朴民风，让融入现代价值观的乡规民约成为乡土社会新的社会主题和行为规范。

（二）乡规民约与中国特色乡村治理体系的构建

中国特色乡村治理体系的建构是新时代中国特色社会主义乡村振兴战略的重要步骤，需要积极推进乡村治理创新和转型，完善乡村治理体系，提升乡村治理能力。从传统的人治走向现代法治的过程并不是完全摒弃传统的乡规民约，而是要建构一个国家法与乡规民约相融合的多元融合治理机制。在这个机制中，既要发挥国家法的强制力与约束力，也要利用乡规民约的灵活与变通，从不同的角度与层面解决当下新农村建设过程中的问题与矛盾。

首先，要在理论上解决乡规民约在中国特色乡村治理体系构建中的地位和作用问题，充分论证其正确性和合理性，为做好顶层设计和实践推进奠定坚实的理论基础。哈贝马斯认为："一种制度要赢得人们的承认，即获得合法性，需要借助哲学、伦理学、宗教对该制度的正确性和合理性作出论证。一个政治秩序失去合法性意味着失去被统治者的忠诚。这便是合法性危机。合法性危机将带来国家和社会基本结构的变化。"[38]我国乡村治理模式的改革必须立足我国农

---

[38] 潘小娟主编：《当代西方政治哲学词典》，上海人民出版社1997年版，第55页。

村基层治理发展现状和需要，以构建符合现代治理理念，兼顾国家治理和农村自治双重需求的科学治理机制为目标，加强顶层设计，慎重稳妥推进，否则，可能就会出现乡村治理的承认危机。正所谓"现代法制的建立，不简单地只是加强立法和严格执行制定法同时进行普法启蒙教育就可以完成的"[39]。我们不能忽视中国社会中本土资源和民间规范的巨大力量，以及在此基础上建立现代法治的长期性和艰巨性。现代国家建构所带来的具有浓郁政治色彩的制度设计，并未使乡规民约在乡村场域中消失，反而由于乡村社会结构的变迁和国家治权的下移，出现了传统乡规民约复兴和乡村自治体系的回归，这也说明了乡村的内生规范和乡村社会自治的不可替代性。

其次，要深刻总结新中国成立后，尤其是改革开放以来我国乡村社会治理中的经验和教训，正确地对待西方的法治资源和中国传统法治文化的关系。习近平同志指出："我们有符合国情的一套理论、一套制度，同时我们也抱着开放的态度，无论传统还是外来的，都要取其精华、去其糟粕，但基本的东西是我们自己的，我们只能的走自己的道路。"[40]改革开放以来，我国在建设法治国家和追求法治的道路上淡化了本土资源，出现了一定的水土不服甚至是"排异"的现象，在汲取外来法治理论和典章制度经验时失去了"本我"，这在乡村社会治理的过程中尤为明显。实际上，"法治的意思并不是说法律本身能统治，能够维持社会秩序，而是说社会上人和人的关系是根据法律来维持的。法律还得靠人来执行，法治其实是'人依法而治'，并非没有人的因素"[41]。尤其在基层社会治理中，制度落实与人的执行力是无法分开的，更要从国家治理和秩序建构的角度来理解两者的关系，避免落入机械的法条主义和国家主义的窠臼。

最后，积极纠正德、法相分离的伦理虚无主义倾向，构建自治、法治、德治三治结合的乡村治理体系。我们所要建设的法治社会，应该是一个自治、法治、德治相互补充、相互融合的社会，尤其是在全面推进依法治国的大背景下，建设中国特色的乡村治理体系不仅仅是国家法的完善和健全，还要充分发掘传统文化中的合理成分，纠正"我国乡村治理一直遵循'自治'与'法治'相分

---

[39] 苏力：《法律规避和法律多元》，载《中外法学》1993年第6期。
[40] 《习近平关于社会主义政治建设论述摘编》，中央文献出版社2017年版，第99页。
[41] 费孝通：《乡土中国 生育制度》，北京大学出版社1998年版，第48页。

离的运行逻辑",积极探索"因缺失'德治'而难以构建'三治'融合的有效运行机制",[42] 积极营造乡村善治的道德文化,让德治补充自治、深化法治,积极搭建法治与乡土习俗之间的互动平台,为乡村法治注入活力。2018年9月,国家《乡村振兴战略规划(2018—2022)》发布实施。按照《规划》要求,健全现代乡村治理体系要促进自治、法治、德治有机结合,坚持自治为基、法治为本、德治为先,强化法律权威地位,以德治滋养法治、涵养自治,让德治贯穿乡村治理全过程。这一战略规划充分体现了转型期乡村社会治理的规律和特点,就是要让国家法和乡规民约同生共长,良性互动,并以此来实现乡村治理体系和治理能力的现代化。

---

[42] 郭夏娟:《"三治一体"中的道德治理——作为道德协商主体的乡贤参事会》,载《浙江社会科学》2018年第12期。

"法益恢复"出罪化:"枫桥经验"背景下犯罪治理的基本趋势

田 然[*]
庄绪龙[**]

> **摘 要** "枫桥经验"所秉承的"坚持矛盾不上交,就地解决,实现捕人少、治安好"的基本理念,在本质上契合"成本—收益"管理的法经济学思维,即以最小成本换取最大收益,这无疑是社会综合治理的最佳模式。事实上,实现"矛盾不上交、就地解决"的目标,在根本上需要"法益恢复"的强力支撑,"枫桥经验"的根本精髓在于"法益恢复"。经由司法实例观察,停止于既遂形态的犯罪行为,虽无回溯中止的机会,但却存在通过危险消除或"法益恢复"路径得以出罪化评价的理论正当性。在学理上,"法益可恢复性犯罪"的概念抽象、范畴界定、体系构建及其出罪化的刑法评价,在报应主义和功利主义惩罚根据的双重视域均得以自洽,在恢复性制裁的论证视域理由正当,且系刑法从宽事由体系的有效补充。在新时代"枫桥经验"社会治理模式下,"法益可恢复性犯罪"概念及其判断依据应当成为刑法从宽评价体系的立法期待。
>
> **关键词** "枫桥经验" 危害后果控制 犯罪既遂 "法益恢复" 犯罪治理

一、"枫桥经验"与"法益恢复"现象的高度契合

(一)"枫桥经验"的基本蕴含

20世纪60年代初,在对"四类分子"改造的历史背景下,浙江省委工作队发动枫桥群众开展了"武斗好还是文斗好"的大讨论,广大干部和群众形成

---

[*] 田然,杭州师范大学沈钧儒法学院讲师,法学博士,主要研究方向:刑法学。
[**] 庄绪龙,华东政法大学刑法学专业博士研究生,江苏省无锡市中级人民法院助理审判员,国家法官学院江苏分院兼职教师,主要研究方向:刑法学。

了一致看法:"武斗斗皮肉,外焦里不熟;文斗摆事实、讲道理,以理服人。"由此,浙江省诸暨市枫桥镇干部群众创造了"发动和依靠群众,坚持矛盾不上交,就地解决,实现捕人少,治安好"的"枫桥经验"。1963年毛泽东同志亲笔批示"要各地仿效,经过试点,推广去做"。"枫桥经验"由此成为全国政法战线一个脍炙人口的典型。之后,"枫桥经验"得到不断发展,形成了具有鲜明时代特色的"党政动手,依靠群众,预防纠纷,化解矛盾,维护稳定,促进发展"的枫桥新经验,成为新时期国家治理的典范。近年来,习近平总书记也就坚持和发展"枫桥经验"先后作出两次重要指示。他强调,浙江枫桥干部群众创造了"依靠群众就地化解矛盾"的"枫桥经验",并根据形势变化不断赋予其新的内涵,已成为全国政法综治战线的一面旗帜。各级党委和政府要充分认识"枫桥经验"的重大意义,发扬优良作风,适应时代要求,创新群众工作方法,善于运用法治思维和法治方式解决涉及群众切身利益的矛盾和问题,把"枫桥经验"坚持好、发展好,把党的群众路线坚持好、贯彻好。

在四类分子改造完成后,"枫桥经验"并未退出历史舞台,而是作为一种新的社会治理思维融入社会生活中。到1980年,官方文件正式确定将"枫桥经验"的重点转向对违法犯罪人员的帮教改造工作。到那个时候,"枫桥经验"已经明确且完全地实现了从处理敌我矛盾经验到处理人民内部矛盾经验的转化。当然,这一时期的"枫桥经验"主要还是针对治安和刑事问题以及对犯罪分子的改造。[1] 现阶段各界都承认的是,"枫桥经验"的核心和精髓是"矛盾不上交,就地解决"。换言之,在纠纷矛盾发生时,首先要紧紧依靠群众,区分矛盾纠纷的类型,积极采用人民调解、内部处理等方式解决纠纷,尽量避免将纠纷矛盾化解在原地、解决在一线。在推进人民调解工作过程中,"枫桥经验"发源地诸暨市作了新的探索。例如,诸暨市人民法院枫桥人民法庭就当事人诉讼问题制作了专门的调解劝导书:"你向人民法院提起诉讼虽然是解决纠纷的最终手段,但并不是解决纠纷的最优选择。因为诉讼会吞噬你的时间、金钱、安逸和朋友,况且打官司不一定就会赢,证据是人民法院裁判案件的依据。如果你缺乏证据会酿成'有理也会输官司'的结果;如果官司输了,你将要承担败诉的全部后果。有的官司会造成世代结怨的结局,同时如果对方没有财产或没有足

---

[1] 谌洪果:《"枫桥经验"与中国特色的法治生成模式》,载《法律科学》2009年第1期。

够的财产可供执行会出现'赢了官司输了钱'的现象。在此,枫桥人民法庭真诚地提醒你慎用诉权。"

由此可见,新时代"枫桥经验"主张当事人之间秉承积极乐观的态度对待问题,力求将纠纷矛盾在一线解决、在原地化解,秉承大事化小、小事化了的纠纷解决原则,引导纠纷矛盾在最小范围、最小破坏程度内化解。笔者归纳,当前"枫桥经验"在社会综合治理层面的基本蕴含是,秉承法经济学的基本理念和原则,通过及时恢复被侵害的社会关系,恢复被违法犯罪行为所侵害的法益,实现"雨过天晴、石沉波平"的恢复效果。使用最小社会成本,最大限度化解矛盾,收取最大化效益。

(二)"法益恢复"现象的实践发现

司法实践中,笔者遇到一起案件,引起笔者的思考:

> 李某因丈夫孙某经常对其使用暴力导致感情不和而闹离婚。在离婚过程中,孙某仍然对李某使用暴力并扬言杀害其家人。在一次被殴打后,李某为了泄愤,采用泼油漆的方式将其自家居住的房屋点燃(其房屋为砖木结构,东邻已拆迁,南邻为水泥场地,北邻为农田,西邻为其他村民房屋)。在房屋着火约五分钟后,李某打电话报警,消防人员及时赶到现场将火势扑灭。除了李某自家房屋财物损失外,并未造成其他公私财产损失。最终,李某被法院认定构成放火罪,因尚未造成严重后果,被减轻处罚,判处有期徒刑二年,缓刑二年。[2]

在本案中,由于法院对李某没有判处实刑,李某在一审宣判后并未上诉,一审判决生效。但是,在判决生效后不久,李某却向法院提起再审申请,请求法院认定其放火行为不构成犯罪。对于这一未经上诉反而直接申请再审的案件,办案人员感到疑惑。后来,经过法院调查得知,原来李某的女儿系国内某名牌大学研究生,因考公务员政审一事受到其母亲犯罪的影响,李某申请再审请求

---

[2] 参见江苏省无锡市锡山区人民法院(2011)锡法刑初字第0145号判决书。

改判无罪的根本动力在于女儿的前程。[3] 本案由于并无其他法定的改判事由，法院最终驳回了李某的诉请。[4]

事实上，在本案处理过程中，法院内部曾有不同意见。其中，主张改判李某无罪的观点认为，虽然李某的放火行为已经完成，且也符合本罪"独立燃烧说"的既遂标准，但李某事后马上拨打报警电话，消防人员及时扑灭火势的最终结果说明，其行为并没有危害公共安全的实际可能性。

这种观点的学术化归纳，可以表述为"犯罪既遂危害后果自主控制的刑法评价"。事实上，类似的学术概念在刑法理论中并不陌生，相关研究成果也并不鲜见。[5] 但值得关注的是，在以往的学术研究中，犯罪成立乃至既遂后行为人自主控制危害结果的良善举动，大都以危险犯尤其是抽象危险犯为对象而展开。比如，对于危险犯中行为的危险程度及其构成要件判断，有观点认为需要对危险犯作实质化理解，并非只要实施法条所规定的构成要件行为就形成拟制危险，进而主张在抽象危险犯的场合，法益侵害的危险仍然属于构成要件要素，通过法益侵害判断的实质化路径将抽象危险犯与行为犯作相应区分。该论点主张，应该扭转通说观点的拟制危险说而以推定危险说的概念范畴予以判断。[6] 按此逻辑，在拟制危险与推定危险的层次性缝隙中，"危险不存在"的事实命题可能存在，故而可以寻找以"具体案件中并未发生相应危险"为基本着力点的出罪理由。

在危险犯之外，是否还存在"犯罪既遂危害后果自主控制"现象的其他空

---

[3] 当前，我国公务员招录、征兵工作中政审标准严格，其中"直系血亲中或对本人有较大影响的旁系血亲中有被判处死刑或者正在服刑的"等规定就属于不予录取、不予招收的情形。

[4] 参见江苏省无锡市中级人民法院（2013）锡刑监字第0011号裁定书。

[5] 代表性研究成果主要有付立庆：《应否允许抽象危险犯反证问题研究》，载《法商研究》2013年第6期；刘明祥：《论危险犯的既遂、未遂与中止》，载《中国法学》2005年第6期；闫雨：《论危险犯的既遂后自动恢复》，载《中国社会科学院研究生院学报》2015年第5期。

[6] 参见付立庆：《应否允许抽象危险犯反证问题研究》，载《法商研究》2013年第6期，第79页。就抽象危险犯而言，当前德、日刑法理论界受风险刑法理念的影响，大都认为抽象危险犯中的危险仅仅是"危险的抽象"。如罗克辛认为，抽象的危险性犯罪，是一种典型的危险举止而被处于刑罚之下，不需要在具体案件中出现一种具体的危险。参见［德］克劳斯·罗克辛：《德国刑法学总论》（第1卷），王世洲译，法律出版社2005年版，第278页。

间？答案是肯定的。祝铭山先生在其主编的案例刑法著作中记载了这样一起司法实例，同样值得思考：

> 1997年3月25日下午，被告人刘某进入办事处同事吴某房间后，趁无人之机打开柜子盗走绿色小铁箱一只，该铁箱中装有该办事处的公款8万余元。当日下午5时左右，刘某返回办事处后发现公安人员就钱箱被盗一事正在勘验，遂害怕、后悔不已。次日下午，刘某趁无人在场时又将该铁箱放回吴某所在的房间。1997年9月3日，法院根据1979年《刑法》认定刘某构成盗窃罪，判处有期徒刑三年，缓刑三年。[7]

对于上述司法实例，原本应当以十年以上有期徒刑或者无期徒刑量刑基准量刑，最终却从宽处理，刘某犯罪既遂后的法益恢复行为至关重要。无独有偶，笔者梳理我国现行《刑法》以及相关司法解释，惊讶地发现：现阶段理论上尚存较大争议的"犯罪既遂危害后果自主控制"的刑法评价问题，在立法和司法实践中已经规模性地透露着轻刑化乃至出罪化的端倪。例如，《刑法修正案（七）》对于逃税罪作了重大修改，在原文基础上增加一款，即《刑法》第201条第4款："经税务机关依法下达追缴通知后，补缴应纳税款，缴纳滞纳金，已经受行政处罚的，不予追究刑事责任。"2010年5月7日最高人民检察院、公安部颁布的《关于公安机关管辖的刑事案件立案追诉标准的规定（二）》第57条规定了本罪立案追诉的情形，其中第（一）项规定："纳税人采取欺骗、隐瞒手段进行虚假纳税申报或者不申报，逃避缴纳税款，数额在5万元以上并且占各税种应纳税总额10%以上，经税务机关依法下达追缴通知后，不补缴应纳税款、不缴纳滞纳金或者不接受行政处罚的。"再如，2009年12月3日最高人民法院、最高人民检察院颁布的《关于办理妨害信用卡管理刑事案件具体应用法律若干问题的解释》第6条第5款："恶意透支应当追究刑事责任，但在公安机关立案

---

[7] 祝铭山主编：《典型案例与法律适用》[刑事类（16）——盗窃罪]，中国法制出版社2004年版，第84—85页。需要说明的是，在1979年《刑法》施行期间，盗窃罪作为重罪始终是刑法打击的重点。本案涉案数额高达8万余元，根据当时的社会经济发展水平和司法解释标准，已经达到数额特别巨大的量刑幅度，量刑基准为十年以上有期徒刑或者无期徒刑。刘某最终被"判三缓三"，法院显然对于其法益恢复的良善行为（即物归原主）作了充分肯定。

后人民法院判决宣告前已偿还全部透支款息的，可以从轻处罚，情节轻微的，可以免除处罚。恶意透支数额较大，在公安机关立案前已偿还全部透支款息，情节显著轻微的，可以依法不追究刑事责任。"

尽管司法实践中相关判例和有关司法解释，对于"法益恢复"现象作了出罪化处理，但这仅仅是个别性、零星的规定。司法实践中，大量"法益恢复"案件并未纳入出罪化或者罪轻化处理的考量范围，因为在司法解释之外并无相关刑法规定，刑法理论对此也并无任何论述。

(三)"枫桥经验"为"法益恢复"理论提供了实践样板

"枫桥经验"的当代蕴含是法经济学思维，将"成本与收益"纳入当事人矛盾纠纷解决的格局，引导争议双方将矛盾纠纷化解在一线，化解在原地。如此一来，对于当事人而言，最大限度地避免了诉讼成本，恢复了相关法益和社会关系；对于社会治理而言，基本可以实现就地解决、矛盾不上交的目标。笔者分析，"枫桥经验"的精髓在于采用最小成本成就最大化效益，而这种"四两拨千斤"的目标，必须经由"法益恢复"手段才能实现。事实上，"法益恢复"出罪化思路，基本就是"枫桥经验"在处理某些犯罪时的具体实践，比如财产犯罪、经济犯罪以及危险犯罪等，均可以纳入"枫桥经验"的价值蕴含。

由此，在"枫桥经验"的基础上，本文要阐述的核心问题便是：目前，我国刑法及刑事司法实践将行为人退赃退赔、赔偿损失等客观上的"法益恢复"行为，仅仅作为酌定量刑情节，甚至将减免的决定权交由运气主义范畴内的被害人谅解，进而按照一定的百分比在基准刑基础上进行减免，这种酌情酌量的量刑从轻显然带有随机性甚至投机性，需要反思。在此基础上，笔者主张按照"枫桥经验"的基本价值蕴含，对于行为人退赃退赔或者赔偿损失的"法益恢复"现象应当提炼相应的学术概念，进而纳入规范的理论体系进行整体思考，这才是问题解决的治本之道，同时也是推进人权保障与犯罪治理科学化的有效路径。

二、"法益恢复"现象的现有解释观点及评析

(一)"犯罪既遂后无出罪可能"的通说观点

通说认为，犯罪停止于既遂形态后便不可能再出现未遂、中止等犯罪停止形态。但司法实践中却往往出现这样的现象：行为人在犯罪既遂后由于某种动

机的驱使采取自主有效的风险控制和恢复行为，从而避免了犯罪实害结果的发生。对于这种"犯罪成立乃至既遂但却无害"的现象，刑法应当作何评价？司法实践中，对于上述情况一般将其视为"悔罪态度"，作为酌定量刑情节予以认定。然而，值得关注的是，近年来随着经济社会发展形势的变化，刑法及其相关司法解释对停止于既遂形态某些犯罪的评价悄然发生了变化，既遂后行为人自主控制实害发生或法益恢复"悔罪态度"标签式的评价立场正逐渐式微，轻刑化甚或出罪化的评价模式在刑法立法及其相关司法解释中已然成为个别化、零星性的存在。对于这一迥异于传统理论立场的立法现象抑或趋势，需要在理论归纳的角度展开研究。

一般而言，行为人的行为一旦被认定为犯罪，就需要承担刑事责任，需要被判处刑罚，这是毫无疑问的常识。但是，刑罚事关重大，轻则被告人被剥夺财产和丧失自由，重则会被国家剥夺生命，因此刑罚运用需要慎之又慎。在逻辑上，行为人承担刑事责任的前提是构成犯罪。那么，什么才是刑罚处罚的犯罪呢？按照刑法基本理论，行为人在犯罪罪过支配下，着手实行了危害法益的行为，造成了法益侵害的结果就是犯罪。这里的问题是，符合刑法规定的犯罪概念，但是行为人在犯罪后心生悔意，将先前犯罪行为侵害的法益恢复至完好如初的状态，刑法还有必要处罚吗？比如，行为人盗窃他人钱财10万元，且达到了既遂状态，但其事后归还。这还是犯罪吗？或者说，这还需要用刑罚手段处罚吗？在刑法的角度，即便行为人事后归还，也需要处罚，归还只能作为一种酌定的量刑情节。但是，在人权保障的角度，对于这种事后恢复法益的行为，刑法一律处罚的主张，具备完全的合理性吗？在推进人权保障的当下，这个入罪还是出罪的问题，着实值得反思。

在比较法研究的视域，对于犯罪形态停止于既遂节点但危害后果尚未出现，或者危害后果虽然出现但却经由行为人的事后补救措施而得法益恢复的情形，在国外的刑法理论中也存在相关研究，其学术称谓通常以所谓"个人排除刑罚的根据"或者"个人解除刑罚事由"进行描述和界定。如罗克辛教授认为，中止（为德语 Rücktritt 翻译而来，王世洲教授认为 Rücktritt 并非单纯的静止不动，用"后撤"一词描述可能更为准确）已经完成犯罪的情况，即为个人撤销刑罚的根据。这是因为，人们在这里的出发点是，这种应受刑罚的行为本身已经存在了，凡是对于后撤人的刑事可罚性——尽管还保留着对其他参与人的刑事可罚性——是在事后才被再次放弃的。[8] 在耶赛克与魏特根教授合著的刑法学教科书中，对于个人解除刑罚事由也作了解释，是指"在应受惩罚的行为实行后才发生，并溯及性地消除已经成立的应受处罚性事由"[9]。例如，德国《刑法典》第163条第2款规定，行为人在向法庭作了伪证之后，如果及时更正错误陈述的，不受刑事处罚；第306e条规定，行为人放火后，在重大损失出现之前，自动灭火的，得以减轻或者放弃刑事处罚。而在意大利《刑法》中，"个人解除刑罚事由"是指那些虽然具备全部犯罪构成要件，但是法律规定不宜使用刑罚的情形，如在法庭辩论开始前撤回诬告或者虚假证明、鉴定或者翻译的，在当局命令解散前主动退出聚众暴乱的，都有获得刑罚宽恕的可能。[10]

无独有偶，在我国澳门和台湾地区，"个人解除刑罚事由"制度也同样存在。如澳门《刑法典》第23条第1款规定，行为人因己意放弃继续实行犯罪，或者因己意防止犯罪既遂，或者犯罪虽既遂，但因己意防止不属于该罪状之结果发生者，犯罪未遂不予处罚；而我国台湾地区"刑事法律规定"对于"个人解除刑罚事由"的规定，则以授予法官在办理具体案件过程中自由裁量权的方式予以实现。[11]

(二) 对"法益恢复"现象既有理论的评价

通常而论，当前已经引起学界注意的所谓"个人解除刑罚事由"，是指行为人的行为已经完全齐备犯罪构成的全部要件，但因行为人在事后采取了相应的补救措施使得已经造成的刑法构成要件意义上的危害结果（实害结果和危险状态）得以消除或者受刑法所保护的法益得以恢复，刑法规定可以不予处罚的情形和理由。德国、意大利以及我国澳门和台湾地区的刑法学理论已经将"犯罪既遂危害后果自主控制"的刑法评价问题作为刑法学理论的重要拼图进行了体系性的研究，并提出了体系化的出罪概念，即与违法阻却事由、责任阻却事由相得益彰、前后呼应的"个人解除刑罚事由"。但即便如此，笔者认为德国、意

---

[8] 参见［德］克劳斯·罗克辛：《德国刑法学总论》（第1卷），王世洲译，法律出版社2005年版，第691页。

[9] ［德］汉斯·海因里希·耶赛克、托马斯·魏特根：《德国刑法教科书》，徐久生译，中国法制出版社2001年版，第665页。

[10] 参见［意］杜里奥·帕多瓦尼：《意大利刑法学原理》，陈忠林译，中国人民大学出版社2004年版，第343页。

[11] 参见林钰雄：《新刑法总论》，中国人民大学出版社2009年版，第250页。

大利以及我国澳门、台湾地区对于"犯罪既遂危害后果自主控制"的刑法评价问题仍然存在以下几个方面的不足。

其一，缺乏基础理论支撑。"个人解除刑罚事由"的主要依据是对于犯罪构成要件齐备抑或犯罪既遂前提下已害结果的撤回，除此之外并无其他更具解释内涵的理论基础。事实上，已害结果只是结果犯既遂构成要件要素，对于其他犯罪类型而言并无明确的解释力。换言之，在诸如危险犯、行为犯、举动犯等犯罪类型中，已害结果的撤回显然没有事实依据。另外，"个人解除刑罚事由"在性质上仅仅是一种与违法阻却事由、责任阻却事由并列的体系性结论描述，本身并未也不可能解释"个人为何可以凭借一己之力对抗国家刑罚权"的真正缘由。事实上，所谓"个人解除刑罚事由"不过是类似于中止犯、准中止犯得减免处罚根据的概念置换，这对于解释个人缘何获得免除刑罚的问题显然是远远不够的。

其二，研究范畴局限。即便是在刑法学研究迈向精深的德、日国家，对于"个人解除刑罚事由"的研究范畴大都集中于危险犯、行为犯。如，德国刑法就是以伪证罪、放火罪为例对此问题进行解释。危险犯、行为犯法益保护前置的立法体例，犯罪既遂与危害结果、危险状态之间的确存在距离，实害结果往往并不即时相伴相随。在法益侵害的时间落差中，行为人以实际良善行为否定、删除已然齐备构成要件要素的犯罪事实，当然可以作为"个人解除刑罚事由"的最佳着陆点，但理论抽象的实践面向必须以体系化、层次性的姿态呈现，否则难以称之为理论甚或理论体系。事实上，在危险犯、行为犯之外，结果犯中也大量存在"个人解除刑罚事由"的根据。比如，上述祝铭山先生书中所收录的盗窃案，就是一个明显例证。

其三，类型化考量不足。在刑法保护的个人法益性质上，主要分为人身法益和财产法益，在盗窃罪中当然存在法益侵害撤回的必要和可能，但侵害人身法益的情形可以撤回吗？在法益主体的区分上，侵害国家公权力的行为可以撤回吗？显然，以国家公权力为侵害目标的犯罪行为不具有"撤回"属性，在现代民主社会难以想象贪污罪、受贿罪纳入"个人解除刑罚事由"的社会反应和公共管理效果。[12] 值得注意的是，即便在以逻辑和理性著称的德国刑法中，对

---

[12] 需要注意的是，"个人解除刑罚事由"与贪污罪、受贿罪查办过程中行为人退赃、退赔作为量刑情节的现象存在本质区别。

于伪证罪纳入"个人解除刑罚事由"的肯定立场也隐约透视着对此问题的漠视。由此可见,"个人解除刑罚事由"的学术概念与理论体系在所谓犯罪"撤回"的基础与依据上,对于法益性质、法益主体的类型化区分并未作具体考量,粗放的"一概而论"式判断基准并不科学。

综上而言,在犯罪既遂危害后果自主控制的刑法评价问题上,虽然德、意等国家以及我国台湾、澳门地区在刑法文本和刑法理论中都有涉及,但并未系统化地阐释和研究。以"个人解除刑罚事由"为核心的学术归纳在本质上仍然停留于概念本身,尚未形成比较完善的刑法知识体系。反观我国目前的刑法理论,对于犯罪既遂危害后果自主控制的刑法评价,主要集中于危险犯、行为犯的范畴,且以借鉴中止犯减免处罚的根据为主要论述思路,理论性和体系性相对不足。[13]

三、"枫桥经验"基础上的"法益可恢复性犯罪"的概念抽象

(一)"法益可恢复性犯罪"概念的学术抽象

通常认为,犯罪既遂形态的认定是基于构成要件要素齐备的规范评价。这种规范评价的立法思维,虽然体现了现代刑法理论权衡、折中的最大公约数,但犯罪既遂的概念及其评价体系仍然带有形式主义机械和呆板的痕迹。其中,比较明显的特征是,犯罪既遂的刑法认定客观上往往与刑法所保护具体法益的实质侵犯之间缺乏一一对应的同步关系,往往存在特定的距离。比如,上文中提到的危险犯既遂而客观危害结果消除、盗窃犯罪犯罪既遂而危害结果恢复的情形,均属此类。笔者认为,就类型化而言,实施完毕且处于既遂停止形态的犯罪行为,可以考虑以客观上的法益是否受到不可逆的实质侵害为标准而作更为细致的区分:在危险犯、行为犯、举动犯的构成要件要素认定中,实行行为的完成以及由此所产生的法律拟制意义上的危险,尚且停留于刑法立法的"危险想象"中,与真实、客观的法益侵害结果发生之间存在特定的时空距离;在

---

[13] 如周铭川:《论法定危险状态出现之后能否成立中止犯》,载《上海交通大学学报》(哲学社会科学版)2012年第3期;汪东升:《"既遂"后中止问题研究——兼论对"犯罪结果发生"的理解》,载《中国刑事法杂志》2016年第3期;王志远、李世清:《论犯罪的"既遂后中止"——以危险犯为视角》,载《云南大学学报》(法学版)2006年第3期;黄得说:《危险犯"既遂"后中止新论》,载《清华法律评论》第7卷第1辑。

部分结果犯的认定中，犯罪行为虽然停止于既遂形态，但仍存在刑法所保护法益恢复的空间。如盗窃罪中行为人客观上占有了他人财物，但是被害人却未发现，行为人基于可能存在的恐惧、悔罪等心理支配，在被害人知晓财产损失前悄无声息地"完璧归赵"。在上述两个举例中，尽管危险犯、行为犯的"危险想象"立法思维在所谓风险社会的社会背景下存在盖然性上的合理预期，但不能否认合理预期之外行为人主导的危险避免或危险消除的法益回归行为；尽管行为人的盗窃行为已经满足盗窃罪失控说、控制说抑或失控加控制说的既遂标准，但却不能忽视失控说、控制说抑或失控加控制说无法实现的法益恢复效果。

归纳而言，在构成要件要素齐备基础上的犯罪既遂与客观上法益侵害的时空距离中，行为人是否实施了自主有效控制实害结果发生的良善行为，在犯罪后果论上必然存在巨大差异。然而遗憾的是，在我国现行的《刑法》立法（总则）中，对于这种客观存在的犯罪现象或者"犯罪既遂停止形态后的现象"并无相关涉及，对于刑事司法实践中的定罪量刑也缺乏必要指导。涉税犯罪、恶意透支型信用卡犯罪、拒不支付劳动报酬罪等司法解释虽然对于行为人主导的危害后果有效控制作了有益探索，但毕竟停留在个案适用层面。

在分析德、意国家"个人解除刑罚事由"的基础上，笔者冒昧地在我国刑法理论界首次提出"犯罪可以分为法益可恢复性犯罪和法益不可恢复性犯罪"的学术命题。笔者认为，按照犯罪分类的类型化思维工具，以犯罪既遂形态形成后是否可以消除法益侵害的实质危险性抑或恢复已然侵害的法益完整性为标准，可以将犯罪划分为两种类型，即"法益可恢复性犯罪"和"法益不可恢复性犯罪"。所谓法益可恢复性犯罪是指，按照构成要件要素的规范评价已经停止于既遂形态的犯罪行为，在危害结果尚未被实质性侵害的时空距离中，行为人通过自主有效的控制行为得以消除法益危害可能或者恢复法益的犯罪。相应的，所谓法益不可恢复性犯罪是指，按照构成要件要素的规范评价已经停止于既遂形态的犯罪行为，危害结果的实质危害与既遂形态的停止同步存在，行为人在事实上失去了消除法益危害可能或者恢复法益机会的犯罪。

（二）"法益可恢复性犯罪"的判断依据

"法益可恢复性犯罪"的概念归纳，主要目的是为犯罪既遂危害后果自主控制的刑法评价提供一个科学视角，对于理论界关于"既遂后有无中止成立可能"这一争论不休的问题提供另外一种解释的空间。

还需要指出的是,"法益可恢复性犯罪"的概念提倡主要是解决犯罪既遂后的轻刑化以及出罪化问题。在出罪问题上,立场应该是严肃的。在刑法中,并非任何法益都是能够恢复的,毕竟刑事司法不是"过家家"的儿戏。笔者认为,在科学评价"法益可恢复性犯罪"的概念范畴时,应当立足"法益"本身的性质,即坚持法益可逆性的事实评价。换言之,"法益可恢复性犯罪"的判断核心就在于法益性质的可逆性。所谓可逆法益,是指行为人通过自主有效的控制行为得以消除危害可能或者恢复已然被客观危害的利益。在性质分析上,法益性质是否可逆的判断是一种偏向于观念的事实评价。可逆法益的范畴基本存在于财产犯罪、经济犯罪等与人身性法益无关的领域,而与人身权相关的法益则往往带有不可逆转性。例如,在被害人死亡的故意杀人罪中,生命法益显然不能恢复;同样,在故意伤害罪中,肢体残缺以及功能缺失的身体完整权、健康权法益也不能恢复。值得讨论的是性自主决定权的强奸罪法益是否可以恢复。实践中,有观点认为被害人的性自主决定权是"可再生资源",故而可以恢复。笔者认为,这种观点混淆了性自主决定权与性自主决定权生物载体的概念。在强奸罪中,侵害的法益是被害人的性自主决定权而不是其载体,如果造成被害人生殖器官损伤的后果,则意味着在强奸罪法益保护之外健康权法益的额外危害,在强奸罪的量刑上会有所体现。

笔者主张,在"法益可逆性"视域内,应当考量以下三个判断依据。

首先,法益主体的非国家性。一般认为,刑法所保护的法益分为国家法益、社会法益和个人法益。国家法益关系国家政权稳定、尊严和公共管理秩序,自然属于最高位阶的法益类型。国家法益作为最高位阶的利益表达,虽然充满抽象性和模糊性,但却是个人权利让渡的集中和凝结,本质上可以还原为多数不特定的个人法益。贝卡里亚关于国家本质与个人权利和自由的关系有过经典的阐述:人们牺牲一部分自由是为了平安无忧地享受剩下的那份自由,为了切身利益牺牲的这一份份自由总合起来,就形成了一个国家的君权。君主就是这一份份自由的合法保存者和管理者。[14] 由此可以认为,国家权威不容亵渎,国家权力不容交易。在法益可恢复性犯罪的刑法评价中,通过对行为人犯罪与改过

---

[14] [意]切萨雷·贝卡里亚:《论犯罪与刑罚》,黄风译,北京大学出版社2008年版,第7页。

这一正反效果的抵消所达到的出罪化、轻刑化效果,在本质上是与国家刑法权力的交换。在这种权力交换过程中,交易主体的地位显然应当是平等的,或者至少应当满足交易不会对国家权威造成损害,不会对其他公民的合法权益造成潜在的不利影响。

德国关于伪证罪的规定以及我国关于挪用公款罪的规定在国家法益的定位与考量上可能有所忽视。以德国《刑法典》第163条第2款规定的伪证罪为例,其被纳入"个人解除刑罚事由"的肯定立场显然没有考量国家法益与个人法益、社会法益的重要区分,对于司法权威而言并无益处。再以我国《刑法》第384条第1款规定的挪用公款罪为例分析。该款后段关于挪用公款罪数额巨大情形的量刑标准,即"挪用公款数额巨大不退还的,处十年以上有期徒刑或者无期徒刑"的规定,按照刑法反对解释的思维,如果挪用公款数额巨大但归还的,就可以得出不能处十年以上有期徒刑或者无期徒刑的结论。[15] 那么,这种情况与该款前段三种情形(挪用公款数额巨大、超过三个月未还;挪用公款数额较大进行营利活动;挪用公款进行非法活动)以及该款中段"情节严重的"量刑幅度规定之间的关系就衍生得复杂多变,数额、情节、归还与否相互交织,最终的分析结论可能令人困惑。比如,行为人挪用公款1亿元进行合法活动,但一个月内就退还,如何认定该案?显然,第一,该案属于数额巨大,不能适用数额较大的量刑情形;第二,并非进行非法活动,也不能适用无数额要求的量刑情形;第三,在该款前段三种情形均不能适用的前提下,按照举轻以明重的推理逻辑,该款中段的"情节严重"似乎也不能适用,毕竟"情节严重"的规定是建立在前面三种情形基础上的从重处罚。那么,只有寄托于后段"挪用公款数额巨大"的规定,但是偏偏《刑法》规定了处罚的前提是"不退还",从而使得上述举例行为难以受到刑事责任追究,这显然是不合理的。笔者分析,造成这种局面的原因在于后段"挪用公款数额巨大不退还的"的表述制造了体系上的混乱,在根本上是立法者忽视了国家法益不可交易的底线。因此,笔者主张在"法益可恢复性犯罪"的主体选择层面,国家法益并不适格。

---

[15] 不仅不能在"十年以上有期徒刑或者无期徒刑"量刑幅度内选择,按照罪刑法定的原则也不能在本罪三种常规情形"五年以下有期徒刑"和加重情形"情节严重的,处五年以上有期徒刑"的量刑幅度内选择,从而只能得出无罪的不合理结论。

其次，法益范畴的非人格性。上文表明，"法益可恢复性犯罪"的法益主体限于非国家性的社会法益和个人法益。而在个人法益角度，可以分为人格法益和财产法益。人格法益由于附加了特定的人格属性，也难以作为交易的对象。比如，故意伤害行为所造成的肢体损伤虽然可以通过医疗护理实现功能恢复，但却并非行为人能够自主控制；侮辱诽谤罪虽然可以通过赔礼道歉的方式达到法律拟制意义上名誉恢复，但这种赔礼道歉对于已然扩散于社会的名誉侵害显然是一种善后性的处理，与法益恢复本身并无多少关联。

最后，法益侵害方式的非暴力性。"法益可恢复性犯罪"所指的"恢复"，是指法益必须具有可逆性的特点，否则难以称之为"恢复"。在一般的认识上，可以概括地推定为：以暴力方式进行的犯罪本身及其所制造的法益危害基本不具有可逆性的可能。否定"暴力"犯罪法益可逆性的思维，类似于"为威慑小偷向自家菜地南瓜投毒"行为，意味着对潜在被害人的"加害"，也意味着行为人对他人死亡结果主观上持"间接故意"的主观意志，进而可以否定过于自信的过失，具有类型化判断的指导意义。

（三）"法益可恢复性犯罪"出罪化评价与其他近似概念的区别

第一，与但书出罪功能的区别。关于我国《刑法》第13条但书的功能，学界存在不同观点。"出罪标准说"主张先形式地判断行为符合犯罪构成要件，再实质地判断符合构成要件的行为不具有应受刑罚处罚的社会危害性，进而直接根据但书宣告行为无罪。该观点以《刑法》第253条第1款规定的私自开拆、隐匿、毁弃邮件、电报罪为例指出，如果行为人出于集邮爱好将邮票剪下然后隐匿该邮件，该邮件并无特别重要性，亦没有造成其他危害。显然，上述行为已经完全符合该罪的犯罪构成要件，按照我国的犯罪构成理论已经成立犯罪。然而实践中这种行为绝不可能被定罪，甚至连治安处罚的标准都不够，至多给予纪律处分。这就是但书所规定的"情节显著轻微危害不大"所带来的出罪功能。[16] 与"出罪标准说"相对应的是"入罪限制条件说"，该说将但书的机能定位于对入罪的限制，主张在判断行为是否符合构成要件时，应同时以但书的限制性规定为指导。因而，符合但书规定的行为原本就不符合犯罪的构成条件，

---

[16] 储槐植、张永红：《善待社会危害性观念——从我国刑法第13条但书说起》，载《法学研究》2002年第3期。

只能以行为不符合构成要件或者不具备犯罪成立条件为理由宣告犯罪，而不能直接根据但书宣告无罪。[17] 不管是"出罪标准说"还是"入罪限制条件说"的但书功能，均与笔者所倡导的"法益可恢复性犯罪"出罪化评价存在差别。首先，对于"出罪标准说"而言，但书出罪的前提是行为已经构成犯罪，出罪的缘由是犯罪行为本身"情节显著轻微"，而"法益可恢复性犯罪"的出罪缘由并非行为本身，而是行为人在犯罪既遂后对于危害后果的自主有效控制；其次，对于"入罪限制条件说"而言，但书规定将行为隔离在犯罪圈之外，行为根本不构成犯罪，更谈不上犯罪既遂；而"法益可恢复性犯罪"的出罪评价则是行为停止于犯罪既遂形态的基础之上。

第二，与客观处罚条件的区别。客观处罚条件最早是德国刑法学家宾丁（Binding）在阐述"有条件的犯罪"概念时提出，他认为违法的行为，处罚性依赖于未来不确定的、犯罪行为之外存在的结果。[18] 换言之，并非符合构成要件、违法且有责的行为一定会被处罚，三阶层的犯罪构成要素仅仅是犯罪成立的宣示而已。比如日本《刑法》第197条第2款规定，即将成为公务员的人，就其将要担任的职务收受、要求或者约定贿赂的职务接受请托，收受、索要或者约定贿赂，在就任公务员的场合，处5年以下惩役。[19] 根据日本刑法通说，行为人在其将要担任相关职务之前收受、要求或者事先约定贿赂的行为即成立犯罪，但是仅具备此条件还不能对其进行惩罚，刑罚权启动的契机是在行为人后来确实成为公务员。后来成为公务员的事实就是一种客观的处罚条件。[20] 关于客观处罚条件的性质，德、日刑法学的通常见解认为，其属于刑事政策的范畴，独立于作为犯罪成立要件的构成要件符合性、违法性和有责性，不是故意

---

[17] 张明楷：《刑法学》，法律出版社2016年版，第91页。另外，值得关注的是，在我国社会危害性理论和但书规定的源头国家——苏联，近年来对于但书功能的理念也开始发生变化。如俄罗斯学者在近年主编的刑法著作中认为，情节显著轻微的行为本身没有达到构成犯罪本质的社会危害性程度，但这种行为可以引起除刑事责任以外的法律责任（行政责任）或道德责任。参见［俄］Л. В. 依诺加莫娃-海格主编：《俄罗斯联邦刑法（总论）》（第2版），黄芳等译，中国人民大学出版社2010年版，第30页。转引自陈兴良：《但书规定的法理考察》，载《法学家》2014年第4期。

[18] 转引自王钰：《对客观处罚条件性质的历史性考察》，载《清华法学》2012年第1期。

[19] ［日］大冢仁：《刑法概说总论》，冯军译，中国人民大学出版社2003年版，第439页。

[20] 参见张明楷：《外国刑法纲要》，清华大学出版社2007年版，第367页。

和过失的认识对象。对照"法益可恢复性犯罪"出罪化评价与客观处罚条件，可以发现其主要区别是：首先，对待刑罚权的立场不同。前者是阻止刑罚权发动的事由，只要法益危险消除或者法益侵害得以恢复，那么就可以解释为出罪化、轻刑化的有效事由，而后者则是发动刑罚权的事由，只要处罚条件在客观上具备，三阶层基础上的犯罪成立宣示就可以演变为现实的刑罚。其次，决定权主体不同。前者的实现完全取决于行为人在犯罪既遂后对危害结果的自主有效控制，而后者完全取决于外界客观因素。

第三，与刑罚消除事由的区别。"刑罚消除事由"是意大利刑法惯常使用的概念，主要是指那些在有罪判决生效后发生的能够消除有罪判决所确定的某些法律后果的原因。[21] 在我国刑罚理论中，一般使用"刑罚消灭"或者"法律后果消灭"概念，主要是指由于法定的或者事实上的事由，使基于具体犯罪而产生的刑罚请求权或者法律后果适用权消灭。[22] 例如，在刑罚宣告后又被赦免的，即属于"刑罚消除事由"。"法益可恢复性犯罪"出罪化评价与"刑罚消除事由"之间的主要区别是，"法益可恢复性犯罪"阻却的是刑罚的启动可能，即行为人在犯罪既遂后可以通过危险消除或者法益恢复的方式阻止刑法对其进行惩罚，或者对其从轻处罚；而"刑罚消除事由"阻却的是刑事责任确定后的实际执行。

第四，与恢复性司法的区别。在"非犯罪化"和"非刑罚化"刑法思潮的影响下，自20世纪70年代以来，西方国家普遍掀起了以"犯罪人—被害人和解模式""群体会议模式""量刑圈模式"和"邻里司法中心模式"为典型代表的"恢复性司法"运动热潮。[23] 就范畴而言，恢复性司法主要是指采用恢复性程序并寻求实现恢复性结果的所有方法。"恢复性司法"作为一种刑事案件处理的宏大视角，代表了刑事法治的某种全新图景。[24] 从恢复性司法的基本内涵和范畴界定可以发现，"法益可恢复性犯罪"出罪化评价与恢复性司法在事实上应

---

[21] 参见魏汉涛：《"个人解除刑罚事由"制度探究》，载《法商研究》2014年第4期。
[22] 张明楷：《外国刑法纲要》，清华大学出版社2007年版，第647页。
[23] 杜宇：《司法观的"交战"：传统刑事司法VS恢复性司法》，载《中外法学》2009年第2期。
[24] 参见杜宇：《犯罪人—被害人和解的制度设计与司法践行》，载《法律科学》2006年第5期。

该归纳为种属关系，前者应当是后者叙事体系中的重要组成部分。两者之间的区别是，其一，恢复性司法的主导者并非犯罪的行为人，更多的是由独立于犯罪人与被害人之外的独立第三方启动该程序，比如社区或者司法机关，而"法益可恢复性犯罪"出罪化评价的决定权完全在于犯罪人本人；其二，由于法益在主体、范畴和性质等界域存在类型化区分可能，故"法益可恢复性犯罪"出罪化、轻刑化刑法评价的范围必须在法益主体非国家性、法益范畴非人身性、法益性质可逆性等层面作严格限制，而恢复性司法的刑事评价体系则相对宽泛。

四、"法益恢复"及其出罪化的理论基础

（一）惩罚根据的阙如

在惩罚根据及其正当性的视域，主要存在报应主义与功利主义的争论。在报应主义那里，法律惩罚被认为是社会有机体对违反规范之伤害行为的本能反应，正如注射的肌体收缩本能一样；在功利主义那里，以法律惩罚为主要载体的惩罚手段则更多地体现为人类理性建构，惩罚不再是纯粹的社会防卫本能。笔者认为，不管是报应主义惩罚根据还是功利主义惩罚根据，"法益可恢复性犯罪"得以出罪化、轻刑化评价的基础，都可以进行合理解释。

其一，报应主义惩罚动力的彻底丧失。报应主义惩罚根据发轫于康德。康德对于报应主义的惩罚思想有过经典的表达："假设有一个公民社会，经过它所有成员的同意，决定解散这个社会，并假定这些人住在一个海岛上，决定彼此分开散居到世界各地，可是，如果监狱里还有最后一个谋杀犯，也应该处死他以后，才执行他们解散的决定，应该这样做的原因是让他们每一个人都可以认识到自己的言行有应得的报应，也认识到不应该把有血债的人留给人民。如果不这样做，他们将被认为是参与了这次谋杀，是对正义的公开违犯。"[25] 由此，康德坚定地认为，犯罪必须得到惩罚，社会负有惩罚罪犯的完全义务。在康德看来，惩罚的实质在于，它是社会将恶施加于罪犯或者其他违法者的权利，也是一种绝对命令。[26] 维多利亚时代著名法官和刑法史学家J. F. 斯蒂芬爵士对于

---

[25] [德]康德：《法的形而上学原理》，沈叔平译，商务印书馆1991年版，第167页。
[26] 王立峰：《惩罚的哲理》，清华大学出版社2006年版，第80页。

报应主义的阐释更令人印象深刻，他认为（报应主义思想主导下的——引者注）复仇欲之于刑罚正如性欲之于婚姻。[27] 然而，在报应主义的思想中为何主张犯罪与惩罚之间的绝对性关系？这是合理解释报应主义思想的合理窗口。我国学者认为，报应主义惩罚诉求产生的社会心理基础是基于对犯罪行为及其危害结果的愤恨，"基于愤恨的报应通过施加惩罚而恢复道德平衡的一种欲望"合理解释了报应绝对的思想。[28]

如果上述"犯罪及其后果制造了愤恨"的命题合理解释了报应主义思想之社会心理渊源的话，那么在"法益可恢复性犯罪"的出罪化评价中，报应主义的惩罚绝对性诉求和动力则基本丧失。这是因为，作为激发惩罚绝对性的愤恨心理，在"法益可恢复性犯罪"的概念体系中已然没有存在空间。贝卡里亚对此问题曾有相关表述，"当某种犯罪在人们看来不可能对自己造成损害时，它的影响就不足以激发起对作案者的公共义愤"。[29] 试想一下，在盗窃犯罪中，财物失而复得的庆幸感和幸福感可能才是真正的被害人心理，支撑报应主义惩罚思想的愤恨情感在事实上已经不可能持续。这种法益恢复前后"愤恨→庆幸或感激"的心理变化，在某种意义上可以用心理学上的"斯德哥尔摩症候群"（Stockholm syndrome）进行现象描述和渊源解释。[30] 心理学上所谓斯德哥尔摩症候群是指，人质对绑匪产生情感与依赖，甚至反过来帮助犯罪者的一种情结。具体而言，在这种社会心理中，人质会对劫持者产生一种心理上的依赖感。这是因为，自己的生命被别人操纵，在极度恐惧且几乎丧失自主意识的情形下，求生的本能在劫持者让他们活下来的特定时空中，他们便不胜感激。在普通人看来，"斯德哥尔摩症候群"的产生基础仍然是非法的，但是处于人质地位的

---

[27] Galvan v. Press, 347 U. S. 522, 531（1954），p. 11.
[28] 王立峰：《惩罚的哲理》，清华大学出版社2006年版，第172页。
[29] ［意］切萨雷·贝卡里亚：《论犯罪与刑罚》，黄风译，北京大学出版社2008年版，第86—87页。
[30] 1973年8月23日，罪犯Jan Erik Olsson与Clark Olofsson在抢劫瑞典斯德哥尔摩内一家银行失败后，挟持了四位银行职员（三女一男），并与警方僵持了130个小时。在此期间，歹徒将他们扣压在保管库内。经过六天的包围，警方设法钻通了保管库，用催泪瓦斯将人质和劫匪驱赶出来。然而，让人意外的是，在被警察解救后接受采访时，这四个银行职员不但不感谢警察，反而抱怨警方把他们置于危险的境地。后来，四名职员不遗余力地为劫犯辩护，四处奔走为他们的案子筹集资金。甚至，其中两名女性还与两名劫匪结了婚。

被害人，其感激心理和情感倾向却是真实存在的。当然，在"法益可恢复性犯罪"出罪化评价的解释视野中，与斯德哥尔摩症候群所具体描述的场景存在天壤之别，但却也可以清晰说明被害人愤恨社会心理的消失，并且诉诸刑罚而实现报应的心理也基本消失。

其二，功利主义惩罚目的的同步实现。在惩罚根据上，与报应主义相对应的则是功利主义的思想。边沁是功利主义惩罚观的极力推崇者，他认为：所有的惩罚都是损害，其本身就是一种恶。如果允许惩罚，只能是因为惩罚可以排除某种更大的恶。[31] 此言谓之，一个惩罚行为是正当的，是因为这个行为可以使预期的净利益最大化。功利主义原则主张要着眼于社会总体利益的保护，使惩罚给社会所带来善的总和将大于惩罚给社会带来的恶。[32] 对于功利主义的惩罚思想，我们可以稍加整理和体会：犯罪本身是一种恶，而刑罚的国家暴力性质决定了其也是一种恶，以恶惩恶的手段如果不超过必要限度，那么可以结出"善果"，即行为人得到惩罚改过从新，社会公众通过罪刑关系认定得到教育，从而实现一般预防与特殊预防的双重刑罚目的。用公式可以表达为：行为恶（负）×惩罚恶（负）＝结果善（正）。由此逻辑展开，在"法益可恢复性犯罪"出罪化评价的理路中，功利主义惩罚的必要性可能就不复存在，功利主义惩罚目的在行为人犯罪既遂后的法益危险消除或者法益恢复的瞬间便同步实现了。这是因为，行为人既遂后的良善行为已然消除了先前犯罪行为所制造的危险以及危害后果，在后果论上显然不能再将这一连续的整体行为评价为"恶"，即便不能激进地认为法益恢复的行为属于"善"的范畴，但至少可以认为属于"非恶"。同样，用公式可以表达为：行为非恶（零或正）×惩罚恶（负）＝结果负或零。不管结果是零还是负，这都不是功利主义惩罚观所认同的惩罚目的。由此可以认为，在功利主义惩罚思想那里，"法益可恢复性犯罪"的惩罚目的显然并不倚靠惩罚措施的实际施加。

（二）比例原则的司法遵循

1882年普鲁士高等行政法院在其审理的"Kreuzberg"一案中，对警察权力的范围进行了限制，其目的是预防警察权力的扩张对社会公众产生具

---

[31] [英]边沁：《道德与立法原理导论》，时殷宏译，商务印书馆2000年版，第216页。
[32] 王立峰：《惩罚的哲理》，清华大学出版社2006年版，第36页。

体危险。[33] 后来，德国行政法学家奥托·麦耶尔（Otto Mayer）在《德国行政法》一书中对比例原则进行了详细阐述，由此奠定了比例原则在行政法上的地位。在历史考察的视角，比例原则历经一百多年的理论完善与司法实践，已经成为法治社会规范治理的基本原则之一。事实上，由于比例原则恰到好处地界定了国家权力运行与公民权利保障的界限，制度化地引导权力与权利之间的紧张关系走向和谐，故而比例原则自麦耶尔归纳阐释以来就受到了学界的普遍认同，甚至跨越行政法的范畴，向宪法、民法、刑法等领域不断延伸。[34] 有学者指出，原本作用于警察法领域的比例原则，"在国家契约理论，特别是宪政国家、法治以及宪法基本权保障等理念的支持之下，逐渐提炼出具有客观规范性质的行政法上的比例原则，并进而扩展到宪法层面，成为具有宪法阶位的规范性要求"[35]。

关于比例原则的基本内涵，理论上一般认为包含三个子原则，即适当性原则、必要性原则和均衡性原则。具体而言，适当性原则主张国家干预公民的基本权利应当采取与目的达成相匹配的手段，禁止"缘木求鱼"；必要性原则，则是要求国家在存在多个可以实现目的之达成的手段、方式选择上，应当采取对公民基本权利损害最小的路径，禁止"小题大做"；均衡性原则，则要求国家对公民基本权利的干预与损害，与其所追求的目的之间在程度上应当匹配和相称，目的积极性与损害消极性之间在效果上要成比例，均衡性原则因此也被称为"狭义的比例原则"。有观点认为，"比例原则要求合比例、适度，着眼于相关主体利益的均衡，其精神在于反对极端、实现均衡，既不能'过'，也不能'不及'。"[36] 还有观点指出，比例原则实质上体现的是一种适度、均衡的理念和思想，其以特有的"目的—手段"之关联性作为分析框架，旨在达成"禁止过

---

[33] See Sofia Ranchordás, Boudewijn de Waard, *The Judge and the Proportionate Use of Discretion: A Comparative Study*, Routledge 2015, p.27. 转引自郑晓剑：《比例原则在民法上的适用及展开》，载《中国法学》2016年第2期。

[34] 将比例原则引入部门做规范分析的研究成果比较丰富。比较具有代表性的有陈璇：《正当防卫与比例原则——刑法条文合宪性解释的尝试》，载《环球法律评论》2016年第6期；黄忠：《比例原则下的无效合同判定之展开》，载《法制与社会发展》2014年第4期；张翔：《机动车限行、财产权限制与比例原则》，载《法学》2015年第2期。

[35] 郑晓剑：《比例原则在民法上的适用及展开》，载《中国法学》2016年第2期。

[36] 王利明：《民法上的利益位阶及其考量》，载《法学家》2014年第1期。

度"之效果，以维护法律的实质正义。无论是适当性原则，还是必要性原则和均衡性原则，均共同表达了"禁止过度"这一比例原则的精髓。[37] 美国学者胡萨克也认为，刑事立法应当包括三项基本原则。第一，不论制定的法律是为了达成何种目标，其都必须是为了实现国家重大利益；第二，制定的法律必须能直接促进该利益的实现；第三，为了实现国家的目的，制定的法律不能超过必要的限度。[38] 从这个角度而言，将在后果论上得以"法益恢复"的行为作出罪化处理，不仅对国家目的而言无害，更对行为人、被害人的实际利益乃至社会秩序的恢复具有极大的促进意义。

（三）从宽从轻的时代趋势

与刑罚严厉性本原面相对应的是，刑法在犯罪准入、量刑宣告等层面也有从宽的一面。有学者对于刑法从宽事由的本质展开了研究，认为"正当和宽恕是刑法从宽事由的共同本质"[39]。而对于何为"正当"的解释，该论者援引法学家皮特的观点指出，"在特殊情况下该行为为社会所接受，并且不应承担刑事责任甚至不应受到谴责"[40]，从而排除行为人的罪责。在类型化的基础上，该论点认为正当化行为可以分为三类：一是防御性地使用武力，如自卫；二是行为经合法授权，如公职人员执行法律；三是紧急行为，如紧急避险。显然，这种论点所称的正当是以"行为"时本身的社会接受性和道德性质作为评价基准。对于这种论点，笔者有不同意见。其一，行为正当与否的判断恐怕不能从行为本身入手，在逻辑上更应该考虑结果的利益性和豁免性。不管是自卫、授权行为还是紧急行为，在剥离罪责层面的不法论上，皆为侵犯他人权益的冒犯行为，其最终被认为是"正当"的，显然是受到结果正当的控制。因此，正当与否的判断在逻辑上应该采用倒置反推的思维路径，"行为正当"显然是一种先入为主的道德评价。其二，"行为"正当说对于自卫、授权行为和紧急行为尚且具有基本解释力，但是对于同为刑法从宽事由的自首、坦白等行为完成后的结果控制

---

[37] 郑晓剑：《比例原则在民法上的适用及展开》，载《中国法学》2016年第2期。
[38] [美] 道格拉斯·胡萨克：《过罪化及刑法的限制》，姜敏译，中国法制出版社2015年版，第207页。
[39] 参见魏汉涛：《刑法从宽事由共同本质的展开》，法律出版社2012年版，第6页。
[40] Peter D. W. Hebrling, "Justification: the Impart of the Model Penal Code on Statutory Reform", COLUM. L. Rev. 75, 1975, pp. 914-916. 转引自上书，第17页。

或曰惩罚必要性减弱的问题则缺乏一致的解释基础,而以"结果正当"作为正当事由的共同本质,则可将其包容其中。因此笔者提倡,结果正当是刑法从宽事由的共同本质。自首犯、坦白犯作为刑法规定从宽处理的类型,无不透示着结果正当的痕迹。同样道理,在"法益可恢复性犯罪"的出罪化刑法评价中,由于行为人在犯罪既遂后自主控制了危害结果的实质发生,故而可以在"结果正当"的辩护中与自首、坦白等法定从宽情节共同作为体系化从宽事由的有益考量。

五、结语:"枫桥经验"基础上"法益恢复"现象出罪化的立法展望

"枫桥经验"作为新时期政法工作的一项重要举措,已经成为我国基层法治建设的生成方式之一。由上所述,"枫桥经验"主要是以"矛盾不上交、就地解决,捕人少、治安好"为目标,与笔者经由实践归纳发现的"法益恢复"现象在内涵上高度契合。笔者由此认为,在"枫桥经验"的基础上,对于"法益恢复"现象的分析与处理,应当成为我国未来刑法立法的重要内容。

应当认为,犯罪既遂后行为人对于危险后果的自主控制和法益实质侵害的排除,对于犯罪的控制以及由此所衍生的行为人金桥回归利益、社会整体利益而言意义重大,可以在"法益可恢复性犯罪"概念抽象的逻辑基础上,依据立法规律将其上升为刑法从宽事由的一般性评价,即通过刑法立法的文本明确将其作为法定从宽的量刑情节理由充分正当。美国学者范伯格认为,刑法的存在不仅是为了减少犯罪行为的数量,而且刑法的存在还具有表达功能。[41] 学者胡萨克也指出,向犯罪行为人和社会传递行为是不法的信息,是刑法的重要目的之一,即使没有一个人的行为因刑法的表达而改变,该目标仍然存在。[42] 按照胡萨克的逻辑,可以延伸为:向犯罪行为人和社会传递行为及其结果控制、法益恢复得从宽处理甚或出罪的事由信息,也是刑法的重要目的之一,即使没有一个人的行为因为刑法的表达而改变,该目标也依然存在。如果忽视这一成文

---

[41] [美] 乔尔·范伯格:《刑罚的表达功能》,《行为与责任》,普林斯顿大学出版社 1970 年版,第 95 页。转引自 [美] 道格拉斯·胡萨克:《过罪化及刑法的限制》,姜敏译,中国法制出版社 2015 年版,第 217 页。

[42] [美] 道格拉斯·胡萨克:《过罪化及刑法的限制》,姜敏译,中国法制出版社 2015 年版,第 217 页。

制定法的宣扬目标，则可能会陷入过罪化的漩涡。过度犯罪化最致命的后果是导致对法律尊重的缺失。愚蠢的法律制度会被守法公民忽视或者回避，且该种影响很可能延伸到其他法律中。若某一法律被大部分公民认为不公正，当个人因违反该法律而受到惩罚时，人们将认为我们整个刑事司法系统会导致公众信心的衰退。[43] 因此，在犯罪圈划定或者入罪与出罪的界限范畴上，在惩罚必要性的权衡上，法律必须作出契合民众内心认同的选择，否则法律将会彻底成为庸俗化机械主义的背书。

具体而言，在"法益可恢复性犯罪"的出罪化刑法评价模式上，可以借鉴国外刑法关于"个人解除刑罚事由"的立法模式。例如，在德国刑法中，其采用总分结合的方式规定对"个人解除刑罚事由"的处理制度。在"总则"论上，德国《刑法》第46a条规定，行为人有下列行为之一的，法院可以根据第49条第1款轻处刑罚，如果没有科以比一年以下的自由刑或者三百六十日额以下的金钱刑更重的刑罚，免除刑罚：（1）在努力实现与被害人的和解（行为人与被害人的和解）中补偿了其行为的全部或者绝大部分或者认真地力求了补偿；（2）在损害补偿需要极大的人的付出或者人的放弃的情形中，赔偿了被害人全部或者绝大部分；第56条以及第56b条规定，当行为人被宣告缓刑时，法院可以同时附加相关负担，其中第1项即为"根据对其犯罪行为造成的损害进行恢复"；第57条第3项以及57a条第3项规定，法院对于有期徒刑、无期徒刑犯罪人给予假释时，则要求行为人对犯罪所造成的损害进行恢复。[44] 在具体的分则犯罪罪名体系中，德国《刑法》也规定了"事后的处罚阻却事由"罪名体系。捷克、斯洛伐克等国家在其《刑法典》（总则）中则是具体列出了可以消除刑事责任的条件和具体罪名。[45] 借鉴成熟国家的相关经验，在非犯罪化、非刑罚

---

[43] ［美］道格拉斯·胡萨克：《过罪化及刑法的限制》，姜敏译，中国法制出版社2015年版，第15页。

[44] 冯军译：《德国刑法典》，中国政法大学出版社2000年版，第20页，24—25页，第28—29页。

[45] 例如，《斯洛伐克刑法典》第85条规定："如果实施传播危险的人类传染病罪（第163条），以变质食品或者其他物品危害健康罪（第168条），劫持人质罪（第185条），合法化犯罪所得罪（第233条和234条）等29种罪的行为人自动实施下列行为的，消灭其刑事责任：a) 避免或者弥补犯罪的危害后果；b) 在犯罪的危害后果尚且能够被避免时报告其犯罪的。"

化的宽严相济刑事政策的指导下，我国未来刑法立法应对"法益可恢复性犯罪"及其刑法评价作体系化的制度安排：一方面，在《刑法》总则中明确标准、准入条件和从宽处理的具体措施；另一方面，在《刑法》分则中明确规定"法益可恢复性犯罪"的具体罪名体系，以贯彻罪刑法定的基本原则。[46]

---

[46] 比如，财产类犯罪、经济类犯罪、持有类犯罪以及危害公共安全罪等符合"法益可恢复性犯罪"条件的都可以考虑，限于篇幅原因，本文不再对我国《刑法》中可以纳入"法益可恢复性犯罪"的具体罪名体系详细展开。

证据虚假与中国古代司法的对策[1]

蒋铁初[*]

> **摘　要**　中国古代诉讼中的证据虚假会导致事实认定错误或无法认定。古代司法采取了两个方面的对策。一是防范与识别虚假证据的对策：包括惩罚伪证，主动及"亲速详别"取证，以五听与情理判断证据；二是事实认定方面的对策：包括优先采信实物证据、取得在先的证据及以证供一致认定事实。上述对策既有积极意义，亦有其局限性，特别是刑讯取证经常导致冤案发生。
>
> **关键词**　证据虚假　刑讯　"亲速详别"　情理判断　证供一致

现代诉讼的证据裁判原则要求认定事实以证据为依据。但因种种原因，证据可能虚假，而虚假证据又可能导致事实认定错误或无法认定。面对证据虚假，中国古代司法是如何应对的？对这一问题进行探究，可以为现行司法提供借鉴。

一、证据虚假及其风险

（一）证据虚假的表现

中国古代诉讼中证据虚假现象很早就已出现。其有两种表现，一是伪证。《左传》载：

---

[*] 蒋铁初，杭州师范大学沈钧儒法学院教授，主要研究方向：法律史。
[1] 本文是笔者承担的 2018 年国家社科基金项目"中国仁政司法的传统及其权益转化研究"（18BFX025）的阶段性成果，也是浙江省哲学与社会科学规划课题"中国古代的仁政司法研究"（16NDJC143YB）的阶段性成果。

> 寺人伊戾，为大子内师，无宠。楚客聘于晋，过宋，大子知之，请野享之。公使往，伊戾请从之至，则欲，用牲，加书，征之，而骋告公曰："大子将为乱，既与楚客盟矣。"公使视之，则信有焉。问诸夫人与左师，则皆曰："固闻之。"公囚大子。[2]

本案中，大子内师伊戾欲诬告大子谋反，伪造了大子将为乱的物证与书证，而夫人与左师则作了虚假证言。这表明先秦时期实物证据与言词证据作伪都已出现。后代的伪证现象更加普遍，时人对此亦多有记载。宋人称"甚者画册刻金木为章印，摹文书以给吏，立县庭下，变伪一日千出"[3]。清人袁守定感叹："如证佐可凭也，而多贿托；契约可凭也，而多伪赝；官册可凭也，而多偷丈；族谱可凭也，而多裁粘。"[4]

二是错证。即当事人、证人乃至司法者在证据提供与收集过程中因过错而致证据失实。以证言为例，纵然证人无意作伪，证言也未必真实。袁守定认为："大抵乡井愚民，见理不真，是非之辨本不足据，加以推鞫之间，游词无定，往往口之所言，非心之所命。"[5]说明司法官员已认识到证人与当事人会因认识能力及表达能力不足或以讹传讹而致供述不实。此种现象非常普遍，《战国策·秦策二》载：

> 曾子处费，鲁人有与曾参同名族者杀人，人告其母曰："曾参杀人！"曾子之母曰："吾子不杀人。"织自若。有顷焉，人又曰："曾参杀人！"其母尚织自若也。一人又告之曰："曾参杀人！"其母惧，投杼逾墙而走。

本案中先后有三人对曾母言曾子杀人，无一人是目击证人，他们都是将传闻当作事实来陈述。曾母本不相信曾子会杀人，但因为三人所言，亦相信了未曾目睹的事实。可见证人即使无伪证故意，但因种种原因，一样会作出不实陈述。不仅人证可能不实，物证亦可能因取证过错而失实。如尸伤检验时司法者

---

[2]《左传·襄公二十六年》，华夏出版社 2011 年版，第 412 页。
[3] 曾巩：《分宁县云峰院记》，载《曾巩集·上》卷十七，中华书局 1984 年版，第 272 页。
[4][清] 徐栋辑：《牧令书》，引自《官箴书集成·第七册》，黄山书社 1997 年影印本，第 382 页。
[5] 同上书，第 381 页。

"避臭秽,不亲临,往往误事"。晚清杨乃武冤狱形成的首要原因是在葛品连死因检验中,知县刘锡彤未亲自监督检验,听任仵作沈详一人实施;而沈详又未按规定用皂角水洗擦验尸银针,从而将痧症致死断为中毒致死,并最终酿成冤狱。

(二)证据虚假的风险

证据虚假的首要风险是导致事实认定错误。前述《左传》所载伊戾伪证案件的结果是"公囚大子",说明伪证可致事实认定错误,这种情形历代都有。清代一则案例也说明了伪证的负面作用。有人以绝产告赎,业主呈契请验,蠹吏挖"绝"字,仍以"绝"字补之,问官照见"绝"字补痕,以为业主挖改,竟作"活"字断赎,致业主负冤莫白。[6] 伪证之所以会导致事实认定错误,是因为案件审理者未能识破伪证,相信其所证明的事实为真。当然,并非所有伪证都能导致事实认定错误。面对伪证,如果司法者冷静审查证据,亦可能发现其伪,从而避免错误。《折狱龟鉴补》记载了这样一则案例:

> 有人以被他人砍伤控官,司法官下堂亲验之,曰:"是自划伤也,人见有刃来,必避让,则顶上伤痕必错落,焉有平列如川字哉?且自刃伤,下手处重,而其末轻。而尔伤轻重乃适相肖也,杖之。"[7]

司法官员正是凭借认真的态度与丰富的司法经验发现当事人所呈证据乃是伪证,避免了事实错误。总体而言,虚假证据能否造成事实认定错误,取决于伪证技术及司法者的能力与态度。由于中国古代司法者专业性不强,因此,伪证导致事实认定错误很难避免。

证据虚假的另一个风险是事实无法认定。证据真伪若无法判断,虽不至于导致事实认定错误,却可能导致事实无法认定。宋代郑克认为:"尝云推事有两,一察情,一据证,固当兼用之也,然证有难凭者,则不若察情,可以中其

---

[6] [清]汪辉祖:《佐治药言》,载[清]张廷骧编:《入幕须知五种》,沈云龙主编:《近代中国史料丛刊》第269辑,台北文海出版社1966年版,第382页。

[7] [清]胡文炳编,陈重业点校:《折狱龟鉴补·杂犯》,北京大学出版社2006年版,第884页。

肺腑之隐。"所谓"证有难凭者"即指证据不可信，不可信则会导致事实无法认定。实践中，因证据不实而致事实难以认定的情形相当常见。《梁史·顾宪之传》载：

> 顾宪之为建康令。村有盗牛者，被主所认，盗者亦称己牛，二家辞证等，前后令莫能决。宪之至，覆其状，谓二家曰："无为多言，吾得之矣。"乃令解牛，任其所去，牛迳还本主宅，盗者始伏其辜。

本案在顾宪之审理之前，已历数审，结果是"二家辞证等，前后令莫能决"。而前后令之所以不能决，就是因为无法判断两家辞证的真伪。不仅证人证言可能真伪难辨，物证亦会如此。《志异续编》载：嘉庆年间，广东嘉应李姓为当地大族。李姓某人迁到江西，几十年后其孙子李甲回故乡祭祖，李乙不允，称李甲非李姓。两家讼官。双方皆以族谱为证，两家证据相对照，某一世祖母都是邱氏，只是族谱上记载的邱氏所生子不同。李乙提供的族谱上说邱氏只生了一个儿子李松，李乙称自己为李松子孙；李甲的族谱则称邱氏生两子，长为松，次为柏，李甲称己为李柏子孙。两家互责对方家谱为伪造。调集其他族谱相验，则支持李甲的人族谱与甲谱相同，支持乙的人族谱与乙谱相同。[8] 族谱都是从明万历二年修订，从纸色墨迹来看也不像是伪造的。上述两份族谱就同一事实记载的内容不一样，属有矛盾的证据，且这两份证据难以判断真伪。依此证据，争议事实无法认定。

二、证据虚假的对策

（一）虚假证据的预防与识别

1. 具结与惩罚伪证者

对于当事人及证人可能作伪证，司法者有着清醒认识。但倘因为怀疑他们可能作伪就将其提供的证据完全排除，显然是因噎废食之举，实际上也会使审理举步维艰。正因为认识到这一点，古代立法设置一定的程序来降低当事人及证人作伪证的可能性，具结即是这样的程序。所谓具结即作出保证，其内容为

---

[8] [清]青城子：《志异续编》卷2《家谱》，引自陆林主编：《清代笔记小说类编·案狱卷》，黄山书社1994年版，第166页。

保证陈述属实，如虚愿受法律制裁。要求当事人及证人具结的作用有二，一是如果当事人及证人后来作了伪证，司法者可以以具结为据对其处罚；二是可以提醒当事人及证人作伪证的后果，致其畏惧法律制裁而放弃作伪证的念头，达到预防伪证的目的。对人证作伪进行处罚的规定在历史上很早就出现了。汉代《九章律·具律》规定如证人不据实作证，造成被告被判死罪，对证人要处以"黥为城旦春"的刑罚。《唐律·诈伪》中规定证人作伪证导致定罪有出入的，依所出入的刑罚减二等处罚。宋朝伪证罪的规定沿用唐制。《明律》规定"证佐之人不言实情故行诬证，致罪有出入，证佐人减罪人罪二等"。清律规定与明律同。明清律与唐宋律的差别在于强调证人只有故意作伪证才受处罚，对于普通的不实陈述不予处罚。

实物证据作伪同样应予处罚，不同的是言词证据作伪受罚仅限于证人，而实物证据作伪则还包括当事人。《唐律·诈伪》规定了对伪造官印、符节、制书、官私文书、诈疾病及故伤残等多种诈伪行为都应予以处罚。这一做法为后来宋元明清各代法律所继承。尽管这些规定本身并不是为了惩罚诉讼中的伪证行为，但法律对于诈伪行为的处罚可以有效减少诉讼中伪证的出现。处罚伪证的司法实践也是存在的。清代人汪宗洪听从汪伯吁主使，以汪宗祚作为硬证，妄捏衙役诈赃控官。官府对汪宗洪、汪宗祚各予杖责。[9] 本案中汪宗洪属诬告，汪宗祚属于硬证。清代条例规定："如非实系证佐之人挺身硬证者，与诬告人一体治罪。"[10] 这一判决体现了对伪证者的处罚。

2. 取证方面的对策

当事人或证人出于利害关系可能提供伪证，司法者对此非常清楚。因此，变被动接受证据为主动收集证据就是防止伪证的一个重要手段。古代司法者的主动取证主要有以术取证、秘密取证、刑讯取证三种模式。

以术取证是古代司法的一个重要特色。此处的术通常就是诈术。郑克指出："鞫情之术，有正有谲。正以核之，谲以摘之。术苟精焉，情必得矣。"[11] 以术取

---

[9] [清]徐士林撰，陈全伦、毕可娟、吕晓东主编：《徐公谳词》，齐鲁书社2001年版，第638页。

[10] 田涛、郑秦点校：《大清律例》，法律出版社2003年版，第485页。

[11] 《折狱龟鉴》卷三《鞫情·陈枢治僮》，中华书局1985年版，第42页。

证的优点是取得的证据较正面，取证获得的证据更加可信。就常理而言，当事人一般会掌握案件的证据，但为了胜诉，通常只会呈交对本方有利的证据，而隐藏对本方不利的证据。由于司法者使用之术为当事人所不识，当事人疏于防范，常于无意之中提供反映真实状况的证据。《折狱龟鉴》记载唐代一则案件，情节如下：

> 李靖为岐州刺史，有人告靖谋反者，高祖命一御史往案之。御史知其诬罔，请与告事者偕行。行数驿，御史佯失告状，惊惧异常，鞭挞行典，乃祈告事者曰："李靖反状分明，亲奉圣旨，今失告状，幸救其命。"告事者乃别疏状与御史。验其状，与元状不同。即日还京以闻，告事者伏诛。[12]

本案中御史知道告状是虚，因此伪称失去状纸。告状者信以为真，遂再写一份。由于告状者所写并非真实之事，因此两份状词内容不一。但正是这内容不一之处，暴露了告状为假的事实。两份内容不同的状纸即为告状为假的有力证据。

秘密取证模式也是应对伪证的措施。在当事人不知情的情况下取证，可以防止当事人伪造证据。如在民间争坟山之类的案件中，勘丈是重要的取证方式，但司法者担心当事人可能会事先买通四邻作伪证或在田土界线上做手脚，因此常会秘密实施。清代判牍《徐公谳词》中，常见"本府密勘山坟、本府密勘山脊"等记载。除秘密勘丈外，对证人也常秘密讯问，私访即是秘密讯问证人的主要手段。鉴于证人可能被当事人收买或者担心在公堂上作证会得罪一方当事人从而给自己惹来麻烦，证人常不能如实作证。有些司法者认为，若受讯者不知道讯问者是司法官员，也不知道自己的陈述可能被用来证明案件事实，在无意识情况下作出的陈述应当更可信。另外，由于受讯问者未经过当事人选择，因此其陈述的客观性及公正性较强。基于上述两点考虑，司法者会选择私访。

---

[12]《折狱龟鉴》卷三《鞠情·御史质状》，第30页。

以私访发现真实的刑事案件与民事案件都有,[13] 可见私访对发现真实是有一定意义的。为了保证私访获得的证据更客观,以免司法者偏听偏信,司法者还强调私访者应具备一定的数量。宋慈说:"若有大段疑难,须更广布耳目以合之……虽广布耳目,不可任一人,仍在善使之,不然适足自误。"[14]

刑讯取证既包括刑讯当事人,亦包括刑讯证人。古代司法者认为受讯人通常很难如实陈述,他们只有在刑讯的威胁下才可能陈述真情。如当事人及证人不能被刑讯,则其陈述一般不得采用。古代法律有"老幼疾者不得令其为证"的规定,就是出于这一考虑。刑讯证人的理论依据是证人作伪可能获得利益,而刑讯证人则可以迫使证人在作伪证受刑讯但可获得一方当事人好处与如实作证免受刑讯但失去当事人许诺利益之间作出选择。司法实践中也有证人起初不如实作证,后在刑讯之下如实陈述的案例。清代判牍《徐公谳词》记载的刘隐贤自缢身死案中,证人查尔顺初次供证时称曾见刘家扛尸图赖。司法官怀疑其作伪证,对其刑讯,"该犯始则恃其筋力强壮,茹刑狡展。及加严讯,则以昏夜错看为词,游移混供"[15]。此案中证人在受刑前后陈述不同,在司法者看来,其先前的证词乃是受到被告一方贿赂所作伪证,而受刑讯后的证词则更为可信。可见,司法者认为刑讯能够迫使证人如实陈述。

刑讯取证的另一种做法是对受讯人进行刑讯威胁,此时亦可能获得其如实陈述的效果。清人袁守定指出:"证佐不言者,非不言也,不敢言也,言则情见者必出而与之为难,是则代人受祸也,故不敢言,然则如之何而可?再三鞫之,

---

[13] 清代吴炽昌的《续客窗闲话》中记载了一则案例:粤东某生聘某氏女,入赘女家。完姻当日,众见新郎散发复面,狂奔里许投水而死。女家讼之官,责宾客未拦其婿。官受案,未寻得婿尸之所在。遂为疑狱。后易一令,见有陈案,恍然曰:"婿投河而诬客,非为诬客也,欲证新郎之死以实之也,必有故。"遂变为星卜之流,访诸其邻,邻人曰:"有某富室,素与妇、女无亲故,忽往来甚密,我侪亦疑有故。"令遂入女室,见床下有男子履,新妇失色。移床发现地道,穿地道而见一少年,执之。推门见土有新挖状,启之,生尸在。案遂破。[清]胡秋潮《问心一隅》载:有章氏女许配李二为妻。未过门,李二得疯病。章家要求退婚。李家以图赖婚姻控官。胡秋潮已访问得实,开庭时李二经数十人拥来,疯疯癫癫连生父都不识。胡秋潮又再一一讯问证人,所述与访闻吻合,遂认定李二为真疯。据此提出息讼建议,即章家给李家三年时间,如李二可治好,可以成婚,如治不好,听章氏女别嫁。后不到一年李二病死。
[14] [宋]宋慈:《洗冤集录·检复总说下》,上海古籍出版社2008年版,第20页。
[15] [清]徐士林撰,陈全伦、毕可娟、吕晓东主编:《徐公谳词》,齐鲁书社2001年版。第95页。

摔而下之,将杖而不的决焉,或者犹敢言乎,何者?彼有词于情见者,曰:'吾固不言,而杖及之,固不得不言',如是情见者其谅之乎。"[16] 袁守定认为可以通过刑讯威胁消除当事人(情见者)对证人的怨恨心理,给证人如实作证创造条件,无疑对发现真实是有利的。

除了实施司法者主导的取证模式,司法者还要求取证应遵循"亲速详别"原则。所谓"亲"即司法亲自取证,尽量不假手他人,以免证据在传递过程中有变。"速"要求司法者应当在案件发生后尽快取证,减少当事人或证人伪造证据的机会,在收集不稳定证据时即早取证还可防止证据的自然变化;"详"要求司法者在取证时应当尽可能仔细全面,以防止片面证据误导事实认定;"别"要求讯问当事人或证人时应当隔别实施,特别是对于同一方证人或当事人更应如此,其意义在于避免当事人与证人及证人之间串通。北宋时,宋若谷提出"狱贵初情",主要内容就是取证应当符合"亲速详别"要求。

> 宋若谷以治狱有声,尝曰狱贵初情。每有系狱者,一行若干人,即时分牢异处,亲往遍问。私置一簿子,随所通语,毕记之。列各人姓名其后,行间相去可三寸许。以初问讯所得语,列疏姓名左方。其后结正,无能出初语者。[17]

"即时分牢异处,亲往遍问"分别体现了"亲速详别"四个要求,后人对上述四个要求皆有论述。元人张养浩指出:"狱问初情,人之常言也,盖狱之初发,犯者不暇藻饰,问者不暇锻炼,其情必真而易见。威以临之,虚心以诘之,十得七八矣。"[18] 张养浩强调讯问即时可避免犯证掩饰。不仅讯问应当迅速,检验尸伤更应如此。明代王肯堂强调:"初检之时,其死未久,其伤甚明,久则发

---

[16] [清] 徐栋辑:《牧令书》卷十七《刑名上》,引自《官箴书集成·第七册》,黄山书社1997年影印本,第382页。
[17] [宋] 马永卿编,[明] 王崇庆解:《元城语录解·行录附》,上海古籍出版社2003年四库全书版,第863册第398页。
[18] [元] 张养浩:《牧民忠告》卷下《狱诘其初》,上海古籍出版社2003年四库全书版,第602册第740、741页。

变溃烂,难于定执。"[19] 亦是对取证即时的强调。清人汪辉祖要求"须将尸身反复亲看,遇有发变,更须一一手按,以辨真伪",主张取证应当亲为、详细。[20] 栗毓美主张"邻证均须隔别讯明,再与犯人对质明确"。[21] 实践中能够体现上述取证原则的做法亦不罕见。《折狱龟鉴》载:

> 唐李德裕镇浙西。有甘露寺主僧诉交割常住物,被前主事僧隐没金若干两,引证前数辈,皆还相交割,文籍在焉。新受代者已服盗取之罪,然末穷破用之所。裕疑其非实,僧乃诉冤曰:"居寺者乐于知事,前后主之者,积年以来空交分两文书,其实无金。众人以某孤立,不狎辈流,欲乘此挤排之。"德裕曰:"此不难知也。"乃以兜子数乘,命关连僧入对事。坐兜子中间,门皆向壁,不得相见。各与黄泥,令模前后交付下次金形状,以凭证据。而形状皆不同。于是劾其诬枉,一一伏罪。[22]

本案中的众证是甘露寺前数任主事僧,因为对前任主事僧不满,便串通作伪证,共证其盗取交代金。在众口一词的情况下,被告无法自辩,只得自诬。但司法者对此怀疑,遂亲自详细讯问被告,发现事实有疑,再对原告及证人进行隔别取证,众证无法串通,伪证得以暴露,真相水落石出。

3. 证据判断方面的对策

五听是中国古代案件审理手段中极富特色的方式之一。《周礼》载:"以五声听狱讼,求民情。一曰辞听;二曰色听;三曰气听;四曰耳听;五曰目听。"[23] 元代法律规定:"拯治刑名鞫囚之官,先须穷究证验,后参以五听,察辞观色,喻之以礼,俾自吐实情。"[24] 可见在古人心目中,五听可以用来判断当事人及证人陈述的真伪。《三国志》载:

---

[19] [明]王肯堂:《王肯堂笺释·断狱·检验尸伤不以实》,北京出版社2000年四库未收书版,第1辑第25册第691页。

[20] [清]汪辉祖:《学治臆说》卷下《验尸宜亲相亲按》,张廷襄编:《入幕须知五种》,文海出版社1966年版,第313页。

[21] [清]徐栋:《牧令书辑要》刑名上《审断》,上海古籍出版社2002年续修四库全书版,第755册第555页。

[22] 《折狱龟鉴》卷三《鞫情·李德裕劾僧》,第32页。

[23] 《周礼·秋官·小司寇》,岳麓书社1989年版,第98页。

[24] 黄时鉴编:《元代法律资料辑存》,浙江古籍出版社1988年版,第186页。

> 营士窦礼近出不还。营以为亡，表言逐捕，没其妻盈及男女为官奴婢。盈连至州府，称冤自讼，莫有省者。乃辞诣廷尉。柔问曰："汝何以知夫不亡？"盈垂泣对曰："夫少单特，养一老姬为母，事甚恭谨，又哀儿女，抚视不离，非是轻狡不顾室家者也。"柔曰："汝夫不与人交钱财乎？"对曰："尝出钱与同营士焦子文，求不得。"时子文适坐小事系狱，柔乃见子文。问所坐。言次，曰："汝颇曾举人钱不？"子文曰："自以单贫，初不敢举人钱物也。"柔察子文色动。遂曰："汝昔举窦礼钱，何言不邪？"子文怪知事露，应对不次。柔曰："汝已杀礼，便宜早服。"子文于是叩头，具首杀礼本末，埋葬处所。柔遣吏卒承子文辞往掘礼，即得其尸。[25]

本案的审理过程中司法者讯问被告时"察其色动"，怀疑其可能撒谎。直接诘问，被告"应对不次"，司法者据此发现真实。

情理折狱是中国古代司法的另一个重要特征。所谓情，指对争议事实发生与否有影响的相关事实。对当事人提供的证据，司法者参照相关事实再结合该事实所体现的逻辑关系来加以分析判断，即为情理审查方法。古人对情理审查方法评价很高。郑克认为："盖赃或非真，证或非实，唯以情理察之，然后不致枉滥。"[26]以情理察证，符合情理固然不能简单认定其为真；但不合情理，举证方又不能提供充分理由的，却基本可以认定其为假。《名公书判清明集》载：

> 杨迪功与人争坟，云"已经年载，土内有石碑可照"。渠令其仆人自掘入一尺土余，见石一片，约长尺四五许，凿数字其上。又无支书具载，土内有石，何缘而知之，此人情之不能无疑也。[27]

本案中杨迪功提供石碑作为证据，但司法者认为原告在无支书记载的情况下知道有石碑之事不合情理，遂否定这一证据的证明力。

---

[25]《三国志·魏书·高柔传》，中州古籍出版社1996年版，第304页。
[26]《折狱龟鉴》卷二《释冤下·高防校布按语》。
[27]《名公书判清明集》，中华书局1987年版，第318页。

（二）事实认定方面的对策

1. 重视采信初情

对于虚假证据，司法者若能发现其假，直接予以排除，自无问题。但发现证据虚假并非易事。在证据虚实无法确认的情况下，司法者如何认定事实才能减少错误，这一点古代司法者也作了极具理性的总结。表现在对于无法确认真伪的众多证据，强调取得在先的证据优先适用。前文已述，中国古代审判强调"狱贵初情"，"狱贵初情"在事实认定方面主张取得在先的证据优先适用。《名公书判清明集》记载：

> 朱超踢死程七五，县审定朱公辅喝令朱超动手。复审时朱公辅呼冤，查县呈录本，朱公辅已服罪。起初提刑司亦信县狱已成，后索到州县狱款，兰亭真本，然后知狱未尝成。[28]

本案中州县录本与狱款存在差异，录本是后取得的证据，狱款是先取得的证据。复审司法者以县审狱款否定录本，符合重视初情的精神。司法实践中符合"狱贵初情"的做法还很多见。

> 吴兴民夜归，巡逻者执之，系亭下。其人遁去，有追及之者，刺其胁。明旦，家人得之以归，比死，其兄问杀汝者何如人，曰："长身者也。"其兄诉于官，有司问直初更者，曰张福儿。执之，使服焉。械系三年，文原录之曰："福儿身不满六尺，未见其长也；刃伤右胁，而福儿素用左手，伤宜在左，何右伤也！"鞫之，果得杀人者，而释福儿。[29]

本案中，被害人临终前的证词是最初之情，亦是与案件事实关系最密切的初情。诚然，张福儿值初更亦是初情之一，但与案件关联性不强。初审者虽重视初情，但对关键初情判断不准，致事实认定错误。而邓文原重视最初之情，因而发现真实。很显然，邓文原的做法更符合"狱贵初情"精神。

司法者之所以强调优先适用取得在先的证据，原因从前述取证方面的要求即可看出。取证强调尽早，目的在于减少当事人、证人及吏役伪造证据的机会。

---

[28]《名公书判清明集》，中华书局 1987 年版，第 624 页。
[29]《元史·邓文原传》，中华书局 1976 年版，第 4024 页。

因此先取得的证据在真实性方面从总体上看应比后取得的证据更加可信。司法者优先采信先取得的证据，可以减少伪证被采信的概率。

2. 优先采信实物证据

言词证据相对于实物证据而言，其优势在于能够较为完整地还原争议事实。正因如此，中国古代非常重视言词证据。但言词证据亦有其不足，主要表现为言词的真实性没有实物证据更可信。对言词证据的这一不足，古人很早就已经认识到。南宋郑克认为："证以人，或容伪焉；证以物，必得实焉。"[30]古人之所以认为人证没有实物证据更可信，是因为他们认为证人会出于某种原因而作出虚假陈述。苏轼就认为"小人贪功希赏，众证以成其罪，其间不免冤滥"[31]。可见贪功希赏会使证人作伪。清人袁守定指出："如证佐可凭也，而多贿托。"[32]证人被贿托同样会作伪证；而物证一般不易作伪，即使作伪，亦较易查明。清人徐士林在审理廖绍卖妻案时，面对弃妻用手印的做法，认为"诚乡俗相沿陋习，然其物不可伪为"[33]，正是认为实物证据更可信，中国古代的司法者才更青睐实物证据。以唐律规定的两种无当事人口供认定有罪为例。如被告人之罪是通过三人以上的人证证明有罪的，被告仅限于依法不能拷讯者。而依"赃状露验"来证明有罪的，则对任何被告人都适用。两者相比，显然实物证据的证明力较人证要高出许多。清代例文也规定："凡人命重案，必检验尸伤，注明致命伤痕。"[34]强盗罪的认定要求为："凡问刑衙门鞫审强盗，必须赃证明确者，照例即决"[35]，赃证明确是强盗罪认定的必要条件。对于强奸罪，立法要求"凡问强奸，须有强暴之状，妇人不能挣脱之情，亦须有人知闻，及损伤肤

---

[30] [宋]郑克撰，刘俊文点校：《折狱龟鉴译注·证慝·顾先之放牛》按语。上海古籍出版社1988年版，第266页。郑克不止一次表达这一观点，他在"程颢辨钱"案的按语也称："旁求证佐，或有伪也；直取证验，斯为实焉。"见同书378页。

[31] [宋]苏轼：《东坡全集》卷22，明成化本，第1627页。

[32] [清]徐栋辑：《牧令书·卷17·刑名上·听讼》，引自《官箴书集成·第七册》，黄山书社1997年影印本，第382页。

[33] [清]徐士林撰，陈全伦、毕可娟、吕晓东主编：《徐公谳词》，齐鲁书社2001年版，第462页。

[34] 田涛、郑秦点校：《大清律例·检验尸伤不以实》例文，法律出版社1999年版，第592页。

[35] 田涛、郑秦点校：《大清律例·强盗》例文，法律出版社1999年版，第382页。

体，毁裂衣服之属，方坐绞罪"[36]。上述认定事实的证据如尸伤、赃物、肤体、衣服等皆属于实物证据。在无法确定证据真伪的前提下优先采信实物证据是司法者的理性选择。

3. 以证供一致认定事实

证供一致有两层要求，一是认定同一事实的多个证据应当一致；二是要求证据认定的事实应与败诉方的认罪口供一致。古代司法者倾向于收集不同的证据来证明同一事实。而若要事实获得认定，则上述不同证据应当做到相互印证。立法上对印证原则早有规定，北魏以后的法律都有"先备五听，验诸证信"的表述，证是证人证言，信是实物证据。即要求当事人的陈述应当与证人证言及证物一致。如证据能够获得印证，哪怕败诉方不认罪，都可以认定其有罪。唐律中的"赃状露验，理不可疑，虽不承引，据状断之"就体现了这一精神，其中"赃状露验"即是证据得到相互印证。在没有实物证据的情况下，若众多人证能够相互印证，同样可以认定事实。唐律"众证定罪"条规定："诸议、请、减老幼疾者，不合拷讯，皆据众证定罪"。众证定罪的要求为"众证明白"，即众证能够相互印证。郑克称："凡据证折狱者，不唯责问知见辞款，又当检勘其事，推验其物，以为证也。则验伤者宜尽心焉。"[37]即言词证据必须有实物证据相印证，才可以认定事实。清人要求"命案务求伤供一致，伤仗一致"。盗案则强调"赃凭主认"，即人证与物证的一致。如缺少证据印证，不得认定事实。不仅刑事案件证据强调印证，民事案件也同样强调各类证据相互印证。清代例文关于坟山之争规定："须将山地、字号、亩数及库贮鳞册并完粮印串，逐一丈勘查对，果相符合，则断令归己。如勘查不符，又无完粮印串，则所执远年旧契、不得为凭。"[38]当事人所执的远年印契，须与其他证据相互印证，才可以认定事实。如不符，则事实不能认定。

要求证供一致亦是古代司法者经常强调的观点。之所以强调证供一致，乃是因为考虑证据可能不实，单纯以证据认定事实会致事实认定错误。南宋时有官员主张："大辟三鞫之不承，宜令以众证就刑"，但韩彦直反对说："若是，则

---

[36] 田涛、郑秦点校：《大清律例·犯奸》，法律出版社1999年版，第521页。
[37] 《折狱龟鉴》卷六《证慝·李处厚沃尸按语》，第99页。
[38] [清]吴芸撰，马建石、杨育裳校注：《大清律例通考校注·盗卖田宅》，中国政法大学出版社1992年版，第433页。

善类被诬，必多冤狱，且笞杖之刑，犹引伏方决，况人命之至重乎。"[39]韩彦直反对适用众证定罪与其对单纯据证定罪的不信任有密切关系。我们知道，在所有据以认定事实的证据中，唯有败诉方口供原则上是不可以伪造的，否认犯罪指控是被告人自保的重要手段。因此，强调有口供才能定案可以制约司法者的擅断。如无须口供，仅凭证据就可以断案，在对方当事人甚至是某些司法者伪造证据的情况下，冤案很容易炼成。证供一致在明清时期成为立法者与司法者的共识。《大明律·处决叛军》条规定："凡边境城池，若有军人谋叛，守御官捕获到官，显迹证佐明白，鞫问招承，行移都指挥使司，委官审问无冤，随即依律处治。"[40]清律《诬告》条例文规定："承审官于听断时，如供证已确，印据见在……人犯成招，不得借端稽延。"[41]从而在明律规定处决叛军且证供一致的基础上，将证供一致扩大到普通案件。实践中，司法者亦非常强调证供一致。清人栗毓美指出："凡一案之中，犯证各供，必须与案情相符。"[42]李士桢则主张"口供务与伤痕凶器相符"[43]。强调证供一致的意义在于，如果证据是虚假的，那么其认定的有罪事实很难得到被告人的认可，而被告人若不认可，则事实不得认定。从理论上说，这样可以防止冤狱形成。

三、应对措施的局限性

（一）虚假证据防范与识别对策的局限性

1. 惩罚伪证的局限性

惩罚伪证的问题在于在实践中很难实施。从立法上看，惩罚伪证仅限于伪证导致事实认定错误这一结果，这导致伪证难以被惩罚。因为证人在公堂作伪证，若被司法者发现，则伪证没有导致事实错误，依律伪证者不受惩罚；若未被司法者发现，司法者在客观上亦无法对其处罚。除非是一审认定错误，二审发现真实，此时伪证者才可能受到处罚。在实践中，司法者为了体现仁政，还

---

[39] 《宋史·韩世忠传》，武英殿本，第5465页。
[40] 怀效锋点校：《大明律》，法律出版社1999年版，第19页。
[41] [清]吴芸撰，马建石、杨育裳校注：《大清律例通考校注》，中国政法大学出版社1992年版，第888页。
[42] [清]徐栋：《牧令书辑要·刑名上·审断》，同治七年江苏书局刊，第11页。
[43] [清]徐栋：《牧令书辑要·刑名下·人命条议五款》，同治七年江苏书局刊，第7页。

会减轻对伪证者的处罚。清代怀宁县人黎宰衡与汪琦争坟，生员李维思、魏朝为黎宰衡扛邦祖证。司法官员查清事实后，将二人押发县学，儆以夏楚，即交于县学进行鞭责。这与清律中伪证罪的处罚规定不符。因为伪证的处罚如果是笞杖刑，也应在县衙实施，而无到县学实施的道理。很显然，这一做法是考虑了伪证者的特殊身份，出于维护生员的尊严，才没有当堂予以责罚。这与《会典事例》记载的做法不符，因为《会典事例》的做法是由地方官详请"褫革衣顶，照教唆词讼本罪者，以枉法从重论"，比律文规定的处罚还要重。不过县学里的鞭责恐怕更多的是精神惩罚，其严厉的程度应当低于官府的杖责。而黎宰衡的首证邵傅虽也作出伪证，但因迫于舅命，且后来能够直言，结果是宽以教之。[44] 清律中并没有伪证罪可以免予处罚的其他条件，除非当事人是在不知情的情况下作证或者有正当理由。但本案中，邵傅为黎宰衡作伪证，显然系知情，而且其动机也是为了偏袒一方当事人，与律后注中的"有所偏徇"相符，但居然因为迫于舅命及能够直言而被免除。可见，司法实践中对于当事人伪证的处罚较立法规定要温和得多。

司法官员对于伪证行为的宽大处理并非个别现象，有时甚至没有任何理由也可以不予处罚。清代桐城人范宗高与唐松茂争抢茭草，胡学山、胡克允、周非隘等人为范宗高作伪证，司法官员对他们的处理是"姑从宽逐释，倘再扛邦生事，定行按名提究"[45]。由此可见司法官员对于伪证者处理的从宽倾向。从宽的理由有三：一是因为当事人作伪的案件大多属于民间细故。对于民间细故案件，连被判败诉的当事人都很少受到严格的制裁，如欲对伪证者进行严厉制裁自然显得轻重失当。二是与司法官员为民父母的心态有较大关系。古代司法官员往往以为民父母的悲悯心态看待当事人的伪证行为，将其视为当事人值得怜悯的无知之举，而非是应受惩罚的不法行为。[46] 三是同司法者对刑罚目的的

---

[44] [清]徐士林撰，陈全伦、毕可娟、吕晓东主编：《徐公谳词》，齐鲁书社2001年版，第185页。
[45] 同上书，第614页。
[46] 清代司法官员吴宏的一番话很能体现司法者的这一态度，吴宏在告诫司法实践中潜在的伪证者时说："本县稍一执法，则反坐之律，尔其何以自脱，在尔民或亦自恃其奸，所以至此。以本县视之，直与无知入井之孺子，均堪悯恻者也。"见郭成伟、田涛点校：《明清公牍秘本五种》，中国政法大学出版社1999年版，第221页。

认识有关。对伪证行为的处罚也含有防止伪证行为再次发生的意图，即惩前毖后。但司法官员并没有太强调惩罚性规定的预防价值，而比较多地将注意力集中于此类条款的报应性功能，即由于行为人的伪证行为在事实上没有造成严重的危害后果，因而也就不宜给予其较为严厉的处罚。

实践中司法官员对伪证者的处罚的轻刑化使当事人及证人有恃无恐，敢于放胆作伪，导致立法上关于伪证处罚规定的目的较难实现。结果是司法实践中的伪证现象无明显减少。

2. 取证对策的局限性

证据取得的对策表现为两个方面，一是主动取证，二是亲速详别取证。主动取证的三种模式都有其局限性。术审的局限性有三：一是术精者少。适用术审对司法者的智慧与经验要求很高，但司法者的能力因人而异，不可能都具备术审的能力。诚如郑克评价的那样，"恃拷掠者，乃无术也"。对于无术者，术审自然难以发挥作用。二是术审的正当性不足。术审是一种诈术。中国古代对官员的道德要求很高，诚信是基本要求。司法者实施术审，违背诚信原则。因此古人对术审评价不高，称："鞫亦刻薄，何足道哉！"[47]既如此，司法者难以心安理得地适用术审，这也限制了术审作用的发挥。三是术审须具备一定的条件。术审的适用除了要求司法者精于术外，还要求案件具有一定的特点，主要表现为当事人的作伪存在漏洞，且未能识破司法者用意，两者缺一不可。否则，术审难以奏效。郑克说："偶然使中，遂以为奇，已泄之机，安可再用。民若狡猾，将反见欺。夫欲核奸，谲不若正，履而度之者是也。"[48]可见对术审的局限性，古人亦是有所认识的。

私访也有两方面局限。一是受访者未必能言实情。清人赵恒夫说："审案恃访即弊生，访及原告之人，必袒原告；访及被告亦然，访及原被证见俱然。大足乱吾是非之真。"[49]赵恒夫认为访案中遇到的人态度未必中立，可能会偏袒一方当事人，因此其提供的证词自然也不可靠。甚至会出现当事人知道司法官员私访而提前安排的情形。《阅微草堂笔记》记载：

---

[47]《折狱龟鉴》卷六《证恶·慕容彦超赐酒按语》，第96页。
[48]《折狱龟鉴》卷六《核奸·仁术收地按语》，第88页。
[49] ［清］杨景仁：《式敬编》，上海古籍出版社2003年版，第584页。

> 明公恕斋官太平府时，有疑狱，易服自访察之。偶憩小庵，僧年八十余矣，见公，合掌肃立，呼其徒具茶，徒遥应曰："太守且至，可引客权坐别室。"僧应曰："太守已至，可速来献"。公大骇曰："尔何以知我来？"曰："公一郡之主也，一举一动，通国皆知之。"又问："何以识我？"曰："一郡之人，孰不识太守。"问曰："尔知我何事出？"曰："某案之事，两造皆遣其党，布散道路间久矣，佯不识公。"又曰："公好访，此不特神奸巨蠹，即乡里小民，孰无亲党。访甲之党，则甲直而乙曲，访乙之党，则甲曲而乙直。至于妇人孺子，见闻不真，又何可据为信谳乎。公亲访犹如此，再寄耳目于他人，庸有幸乎。"〔50〕

本案表明，当事人会通过有意安排来影响司法官员的私访结果，经过当事人安排的受访者更不可能陈述实情。当然这一不足并非私访所特有，正常的讯问亦会面临此种情形。从这一角度看，私访的不足虽存在，但还不足以否定私访的价值。

二是访案之人未必可靠。访案是辛苦之事，且司法者事务繁忙，不可能经常实施，因此访案大都委托手下人进行。汪辉祖指出："有些恃信之官，喜以私人为耳目访察公事。所倚任之人或摇于利，或蔽于识，未必俱可深信。信之鲜不偾事，故访案慎勿轻办。"〔51〕袁守定也认为："凡词讼，只当堂细审，其情自得，切不可差人探访。盖所差之人未必可信。即可信，未必有刺事之才也。大抵道路，悠悠之口，言人人殊，最不可据，有先入之言以为主，而所主又不真，转兹误矣，此风一播，奸胥市棍皆得采事为名以愚弄乡曲，实足开作弊之门，谁适其咎。"〔52〕

三种主动取证措施中，刑讯的问题最严重。首先，刑讯可能无法迫使真正有罪者作出有罪供述。刑讯实施的前提通常是司法者不相信受讯人陈述内容为真，为此希望通过刑讯迫使其作真实陈述。问题是如果受讯者非常强悍，可能

---

〔50〕［清］纪昀：《阅微草堂笔记·槐西杂志》，中国华侨出版社1994年版，第784页。
〔51〕［清］张廷骧编：《入幕须知五种》，见沈云龙主编：《近代中国史料丛刊》第269辑，台北文海出版社1966年版，第591页。
〔52〕［清］徐栋辑：《牧令书》，引自《官箴书集成·第七册》，黄山书社1997年影印本，第382页。

会熬刑而不吐实,刑讯未必能达到目的。《三国志》载一案例:

> 时有盗官物者,疑无难士施明。明素壮悍,收考极毒,惟死无辞,廷尉以闻。权以表能得健儿之心,诏以明付表,使自以意求其情实。表便破械沐浴,易其衣服,厚设酒食,欢以诱之。明乃首服,具列支党。表以状闻。权奇之,欲全其名,特为赦明,诛戮其党。[53]

本案中施明确实犯罪,但拒不招认,司法者虽实施刑讯,也未能迫使其认罪,可见刑讯的作用亦有限度。

其次,不符合实施条件且过于严厉的刑讯还会导致无罪者实认定有罪。这表现为两种情形。第一种是司法者在实施刑讯时违反法律规定,在没有证据证明被告有罪的情况下实施刑讯,在迫使被告认罪后,使其提供不实的有罪证据,从而形成冤狱。《清代案狱笔记》记载:

> 麻城涂如松妻失踪,妻弟控涂杀妻。官拷涂甚急,遂自诬服。无证据,不能结案。续拷之,涂不堪忍受,唯求一死。其姐割破手指染成血衣,交于官。县案遂定。[54]

本案中,涂如松被控杀妻,官府未获得必要证据,便通过刑讯迫使其认罪,又迫使其家人提供了所谓的物证,从而酿成冤狱。第二种是司法者在实施刑讯之前已有证据证明被告有罪,但证据是虚假的,司法者未能识别。司法者以此为基础对被告刑讯,再获得诬服的口供,同样可能致事实认定错误。

至于亲速详别取证,倘能践行,对防止虚假证据自然有利。问题在于上述做法要求司法者投入很大的精力,尽责司法,很多司法者做不到这一点。事实上,许多冤狱都是司法者在取证时未尽到上述要求而引发的。

3. 五听与情理判断证据的局限性

适用五听与情理来判断言词证据的真伪亦有其局限,主要表现为两个方面。一是五听与情理通常只能用来怀疑证据,而不能确认证据。如发现受讯人陈述时表情异常,或陈述的事实不合情理可判断其陈述不实;但倘若受讯人陈述时

---

[53] 《三国志·吴书·陈武传》,第 575 页。
[54] 参见徐珂编:《清稗类钞·狱讼》,中华书局 1984 年版,第 1045 页。

表情自然，或者其陈述的事实合乎情理，司法者却并不能认定其陈述为真。即五听与情理通常只能作否定性判断，而不能作出肯定性判断。史料记载的五听听讼案件都是因为行为人表情异常而被司法者发现案件疑点的，与此相应的是，以情折狱的案件也大都是因当事人所言事实不合情理才为司法者否定。问题在于在审判实践中，即使当事人作了不实陈述，其表情亦未必异常，其内容亦未必不合情理。即便当事人的表情有异常，事实不合情理，司法者亦未必能够发现。如果司法者不能发现当事人表情方面有异或陈述内容不合情理，五听与情理就无法判断证据真伪。

就五听的局限性而言，受讯人陈述时的表情会因人而异。诚然，有人会因为作谎供而神色紧张，如前文所引高柔审理的焦子文杀窦礼案中，焦子文因作谎而色动。但更常见的是受讯人虽作虚假陈述但却能面不改色，甚而慷慨陈词。清代一则案例中的当事人即是如此。

> 杜宗城之妾郭氏投水身死，验郭氏有被殴之伤，讯之杜宗城之幼女阿端，言因偷糖被宗城之妻林氏用棍殴，吏据阿端词在林氏房门后将小木棍携出，与郭氏所受伤相验符合。讯问林氏，坚不吐实。命刑之，林神色不变；拶其指：拷之二十亦不承。宗城乃谓妻曰："事已难欺，实言可也。"于是林氏乃据实直言："因郭氏偷糖四五斤，我怒以掌连批其左右颊，郭氏犹强辩，乃以木棍击其左手、右臀、两脚腕。"再问宗城及乡邻："果非无别故，无别人殴乎？"皆曰："并无别人殴打，林氏所言是实。"[55]

本案中林氏作谎供时态度坚决，甚至面对刑讯亦神色不变。可见作虚假陈述与表情异常并非总能对应。司法者若以表情判断其真伪，会导致误判。对五听的局限性，古人亦有认识，指出不可以迷信五听。宋儒蔡沈说："简核情实，可信者众，亦惟考察其容貌，《周礼》所谓'色听'是也。然狱讼以简核为本，苟无情实，在所不听。"[56]这表明论者认为色听本身不能作为事实认定依据，即使察其色认为有罪，倘无证据，亦不能凭此定罪。清人王文成主张司法者"如

---

[55]　[清] 蓝鼎元：《鹿州公案·尺五棍》，群众出版社1985年版，第229页。
[56]　[明] 邱濬：《大学衍义补》卷106《详听断之法》，明成化刻本，第1980页。

问词讼，不可因其应对不来，而生个怒心；不可因其言词圆转，而生个喜心"。[57] 上述可能影响司法官员作出正确判断的当事人表现如"应对不来、言词圆转"等就是五听要关注的内容。而王文成要求这些表现都不应影响司法官员的判断，很显然是对五听作用的疑虑。

就情理的判断作用而言，同样有其局限性。当事人双方相反的主张并非一定有一方不合情理，更多的情形是双方针对同一事实的相反主张，在情理上都可信，即"公说公有理，婆说婆有理"。此时以情理便难以作出判断。清人纪昀指出："必不能断之狱，不必在情理外也。愈在情理中，乃愈不能明。"实践中亦有此类案例。

> 吴冠贤为安定令时，闻有幼男幼女，皆十六七岁，并呼冤于舆前。幼男曰：此我童养之妇，父母亡，欲弃我别嫁。幼女曰：我故其胞妹，父母亡，欲占我为妻。问其姓犹能记，问其乡里，则父母皆流丐，朝朝转徙，已不记为何处人也。问同丐者，则曰：是到此甫数日，即父母并亡，未知其始末，但闻其以兄妹称，然小家童养媳与夫亦例称兄妹，无以别也。有老吏请曰："是事如捉风捕影，杳无实证，又不可刑求，断离断合，皆难保不误，然断离而误，不过误破婚姻，其失小；断合而误，则误乱人伦，其失大矣。盍断离乎？"推研再四，无可处分，竟从老吏之言。[58]

上述案例中，幼男主张双方系童养夫妇，幼女主张是兄妹，两者皆合情理。因此依情理无法判断两人陈述的真伪，事实亦无法认定。

（二）事实认定对策的局限性

1. 优先采信取得在先证据的局限性

对于重视采信调查在先的证据而言，问题在于究竟应重视到何种程度，在实践中很难把握。古人之所以主张事实认定应重视初情，是因为他们相信初情较为可信。但我们知道，初情与后情相比较为可信，只是就整体而言的。具体到某一特定案件中，初情并不一定比后情更可信，而且初情的可信度也因诉讼参与人身份不同而异。对原告而言，若初控被告之罪轻，而续控被告之罪重，

---

[57] [清] 杨景仁撰：《式敬编》，上海古籍出版社2003年版，第584页。
[58] [清] 纪昀：《阅微草堂笔记》，中国华侨出版社1994年版，第510页。

则续控多不可信。因为按常理,原告初控时不可能替被告隐匿罪行。明清司法中的复审者常以原呈无某种罪行而否定后审中认定被告的罪行就是出于这一考虑。于被告而言,若确实犯罪,那么,其初供多不可信,因为有罪之人很难在到官之初即认罪。在后来的审判中因谎言被揭穿,或在证据面前无可抵赖,承认犯罪,则后情较初情可信。但也有被告原未犯罪,故而初审不承,在后审中因畏刑而诬服,则后审自不可信。可见,初情后情谁更可信,不可一概而论。但无论是初情还是后情,通常都是初审者比复审者更了解。因此复审者以初情为据要求改变后情,初审者未必会认可。但由于复审者对初审者本身亦不够信任,担心初审者会锻炼成狱甚而徇私枉法,因此,对初审者改变初情的做法并不会轻易认可。在这种不信任心理的支配下,复审司法者对于初情作用的强调就可能矫枉过正。这样一来,对初情优先采信的异化就很难完全避免。可见,初情与后情相比可信度的不确定及复审者对初审者的信任不足是导致重视初情采信异化的两个原因。

"狱贵初情"实践的异化在宋时即已出现。司法实践中,有些当事人知道复审者更相信初情,因此在案件进入复审程序后,"寻便反复,且称县狱所供尽是抑勒,惟有到县初款,方是本情。"[59]其实县狱所供未必"尽是抑勒",但当事人利用了上司更相信初情的心理,无冤亦翻异,从而致案件重审。尽管这种行为不一定能改变事实认定,但至少会增加讼累。这种偏信初情心态对实践的影响到明代依然存在,有些"上司拘定初问,又遇后问官不返前招,小民有荡尽家私,毙于狱者"。[60]增加讼累是宋明时期司法实践中"狱贵初情"异化的主要表现。

到了清代,"狱贵初情"在实践中的异化程度更甚。我们知道,在清代之前,复审者接触到的案件材料大都是原审司法者整理好的,因此发现初情与后审差异的概率并不大。清代设立初报制度,要求州县官在案件刚受理时即将初审情况通报上级。初报制度使得复审者特别容易发现州县结案时的事实认定与初情的差异,因此,以初报与后审不符合而驳诘是上司常

---

[59] 《名公书判清明集》卷五《户婚门》争业下《从兄盗卖已死弟田业》,中华书局1987年版,第145页。

[60] [明]佚名:《居官必要为政便览·刑类》,引自《中华大典·法律典·诉讼法分典》,巴蜀书社2011年版,第757页。

用的理由，通常亦有利于下级在重审中发现真实。如下级在重审中对这种不一致能作出合理的解释，且有足够的证据表明正式审理的事实认定是可信的，上司也会接受下级审理结果。但亦有上司固执己见，他们过于强调初情为真，在驳审后下级若未按上司要求对事实作出符合初情的认定，上司往往不愿接受，甚而会报复下级。[61] 这种不理智的驳诘心态导致下级司法者非常担忧驳审，因而迟迟不敢对案件事实作出认定并向上司审转。特别是下级发现初报与后审相异时，如没有把握对相异之处作出令上司信服的解释，就可能拖延案件审结。清代一则案例的审判过程就体现下级拖延审理以避驳诘的做法。

> 南昌地方金铺，以棍徒假冒方伯家丁骗金二锭，开明年貌服色赴藩台衙门呈报，旋为失主亲获拐犯送县究解。按初次报词查对，年貌虽然相仿，服色则迥乎各别，有司迟疑兼旬，无以报命。[62]

本案初报中人犯与后来捕获者的年貌相同，但服色不同。初情与后情不符，按清代的司法惯例，这属于上司应驳的典型形态。但一个人在不同时期服色不同本是正常情形，反而间隔许久服色不变才是不正常的。但下级司法者因"服色各别，迟疑兼旬，无以报命"。则是对清代驳案制度的一个反讽。这是以"狱贵初情"为驳案理由的异化，说明当时有些驳案已经演化成为驳诘而驳诘的情形，不仅对发现真实没有实际意义，还会导致下级拖延案件审理，增加讼累，这与"狱贵初情"的初衷显然是相悖的。

2. 优先采信实物证据的局限性

因为担心言词证据易伪，司法者主张优先采信实物证据。但这一做法亦有其局限。主要表现为三个方面，一是争议事实未必皆有实物证据。如盗案虽以赃物为首要证据，若赃物被花费，亦会导致无物可证。二是实物证据亦可能虚假。实物证据与言词相比，较为可信，只是大概情形，并非绝对。实物证据亦

---

[61] 《鹿州公案》载一案，初报与后审不符，臬司驳县令复审，县令详慎研讯，再无可疑，仍照原拟解上。臬司见令不依檄驳翻案，不胜愤怒，欲加以易结不结罪名，劾令落职。[清] 蓝鼎元：《鹿州公案》，群众出版社1985年版，第152页。

[62] 杨一凡、徐立志主编：《历代判例判牍》第九册，中国社会科学出版社2005年版，第512页。

可能作假。前述宋人称"画册刻金木为章印,摹文书以给吏";清人所言"契约多伪赝;官册多偷丈;族谱多裁粘"都属于实物证据造假。三是实物证据作为间接证据,单个证据可能无法还原纠纷事实,如司法者不能正确理解待证事实与证据的逻辑关系,就可能造成事实认定错误。下面案件可见以实物证据认定事实的局限性。

> 县民康思泰……检得一瓦盆回,将来养猪。其猪日益长盛,又无瘟瘴……邻人管志高,家中猪常被瘴。因此来问康思泰借此瓦盆。思泰……不肯。志高遂强去取之。思泰来争,不觉打破为两片,遂打在孙杰知县堂上去……孙知县曰:"你两人争此盆,有何记号,有何证据?"思泰曰:"此盆我去砍柴,在山中检回的,无记号,无人可证。"谁想此盆下锲有"留记"两字,当打破时,被志高看见。出言曰:"小的瓦盆下锲有'留记'两字,是命南山窑户陶大所烧,其人可证。"又将瓦盆两片递上,看果有"留记"两字。孙知县曰:"此是志高的物,故有证据,有记号。思泰系盗去是的矣。"即发打三十,判定赔银三钱。[63]

瓦盆下锲有"留记"两字并不能表明瓦盆与原被告的权属关系。但司法者误以为知晓两个字的当事人就应是物主,这一判断显然是不严谨的。本案的事实认定虽是因司法者认识能力不足而致,但与实物证据证明力的缺陷亦不无关系。

3. 证供一致的局限性

证供一致的局限性表现在两个方面:一是就证据印证而言,认定同一事实的众多虚假证据可能经事先串通而得到印证。如前文所述李德裕审理的寺僧被诬私吞交代金一案中,就是众多证人共同作伪,且与虚假的书面证据保持一致。如果司法者仅以证据认定事实,就可能造成冤案。二是就证据与败诉方口供一致而言,串通的风险虽然不存在,却可能存在虚假证据与被告刑讯后诬服之间的一致性。明代有一则案例即是如此:

---

[63] [明]余象斗辑:《廉明公案》卷下《孙县尹断土地盆》,群众出版社1999年版,第78页。

京师有盗劫一家，遗一册，旦视之，尽富室子弟名。书曰：某日某甲会饮某地议事，或聚博挟娼云云，凡二十条，以白于官。按册捕至，皆跅弛少年也，良以为是。各父母谓诸儿素不逞，亦颇自疑，及群少饮博诸事悉实。盖盗每侦而籍之也。少年不胜榜毒，诬服。讯赃所在，浪言埋郊外某地，发之悉获。诸少相顾骇愕，云："天亡我也！"遂结案待伺决。[64]

本案供证一致的出现有偶然性，因而仅凭此案还不足以质疑供证一致对发现真实的价值。但下面一案则表明古代虚假供证一致的出现有很大必然性。嘉庆十二年（公元1807年），有入赘岳家的霍邱县人范寿子失踪，其父报官。官府调查中风闻系因奸害命，遂严讯其妻范顾氏及传为奸夫之杨三，后认定范寿子于正月十三被范顾氏与杨三凶殴致死并肢解煮成肉汁，血衣残骨凶器等证据俱全。府审无异，招解到司。复审者提出疑问："范寿子正月十三夜同妻母弟诸人出观灯，灯散回家。乡间虽无更鼓，应有二更时分矣。又他往斗牌返，已三更矣。返后范顾氏与杨三及母弟诸人商定，各持械将范寿子凶殴致死，已四更矣。又将尸支解，煮成肉汁，捞骨烧灰，然后弃埋漫地。人肉未经煮过，猪肉则所常食，每烹煮必须一二时方熟，若要熬成肉汁，非昼夜不能。四更至五更，为时几何？此不确之大端也。况范顾氏母家住居集中，前后左右，各有紧贴邻舍，死者被殴，岂无声息；焚骨臭味，岂无见闻，此理之易明而事之所必无者也。"提审过程中，地保供称范寿子姨父陈大凤曾言范寿子十五来拜年，提讯陈大凤讯问得实。提审杨三讯问，则供未杀范寿子，因捕衙官要尸，熬刑不过，就供说尸体是煮了烧了。范顾氏与众人也都熬刑不过，因此诬服。问血衣残骨凶器从何而来，吏役称因官员逼得紧，令杨三等人家属用猪血染衣，取家中刀锤及荒冢内枯骨送官作据。次年底，范寿子自河南回来，杨三等人奇冤始雪。[65] 在案件必破的压力下，发现真实的目的已异化为迫使被告认罪的目的。

---

[64] 案件后来的结果是：一指挥疑之，而不得其故。沉思良久，曰："我左右中一髯，职豢马耳，何得每讯斯狱辄侍侧？"因复引囚鞫数次，察髯必至，他则否。猝呼而讯之，髯辞无他。即呼取炮烙具，髯叩头，请屏左右，乃曰："初，不知事本末，惟盗赂奴，令每治斯狱，必记公与囚言驰报，许酬我百金。"乃知所发赃皆得报宵瘗之也。髯请擒盗自赎。指挥令数兵易杂衣与往，至僻境，悉擒之，诸少年乃得释。

[65] 陈重业主编：《折狱龟鉴补》卷三，北京大学出版社2006年版，第411页。

于是司法者先刑讯当事人获得诬服口供,再逼其伪造相关物证,就可以做到供证一致。可见在司法者的有意安排下,证供一致有时非但不能防止冤狱,反而会成为制造冤狱的手段。

四、结　语

　　虚假证据会导致依证据认定事实错误,因此,中国古代的司法者提出一些应对虚假证据的对策并运用于实践。就证据虚假的对策而言,每种手段都有其积极意义,但每种手段也都不是包治百病的良药,都有其局限性。差别在于有些手段的局限性只在于其较难实施,本身并无负面作用,如亲、速、详、别取证即是如此。有些手段本身就有很大局限性,其负面作用甚至大过其积极意义,如刑讯即是如此。还有些手段的实施对司法者的自身素质有很高的要求,如以五听与情理判断证据等。我国现行司法实践中,虚假证据依然存在,因此,合理借鉴中国古代应对虚假证据的措施,可以减少虚假证据对审判的消极影响。在上述对策中,刑讯在现代诉讼中已被明文禁止,惩罚伪证亦有明文规定。刑讯不得适用,伪证应依法惩治,自不待言。私访与欺诈取证因与现代诉讼文明相悖,亦不得适用。至于以五听与情理判断证据、优先采信实物证据及取得在先证据等措施,司法者可审慎适用。而以证供一致作为事实认定的依据与我国现行司法的印证特色异曲同工。最后,古代取证过程强调审判者亲自取证,因当下司法实行侦审分离,刑事案件的最终审判者亲自取证难以实施。尽管如此,中国古代应对虚假证据的对策对现今司法依然有可资借鉴之处,如要求证人亲自到法庭陈述可以体现审判者亲自取证的精神。至于及时、详细、隔别取证对于当下的诉讼而言,当可直接借鉴。

"三礼"中的礼法关系考辨

丁 玮[*]

摘 要	"三礼"中"礼治"是一个概念系统，礼乐同治是礼治路径，礼制与礼俗是礼治的基本规范，教化民众、化民成俗，是礼治教化手段，礼治的核心是德治，目标是实现至善。在礼治背景下，法是被包含在礼治系统下的一类规范体系。法的制定以及实施均需依照礼的精神和原则，受到礼规范的调整和约束。礼治所追求的理想型社会，是通过礼的规范作用，形塑和提升人的德性，通过人的内在道德修养的约束，建立和谐友爱的社会秩序。慎刑、少刑、不刑，就成为礼治社会追求的另一个目标。
关键词	礼法　礼治　传统法哲学

"三礼"是指《周礼》《仪礼》《礼记》。自从汉代郑玄分别为《周礼》《仪礼》《礼记》注疏后，有了三礼学的研究。研究"礼""礼法""礼"与"法"等问题，"三礼"是最基本的文献典籍。在儒家思想中，先秦的"礼"是融道德、习俗、政治理论、经济制度、婚姻家庭制度和思想行为准则，以"礼法"的形式存在的社会生活的总规范。礼的内涵主要包括三方面：礼之义、礼之仪、礼之制。所谓礼之义，指礼的义理；所谓礼之仪，指礼的仪式；所谓礼之制，指礼的制度。礼之制主要见于《周礼》，礼之仪主要见于《仪礼》，礼之义则主要见于《礼记》。[1]

---

[*] 丁玮，哈尔滨工程大学人文社会科学学院法学系副教授，硕士生导师，法学博士，研究方向：法律史、宪法学、比较法律文化。

[1] 参见高明士：《中国中古礼律综论——法文化的定型》，商务印书馆2017年版，第13—190页。

一、礼的概念与内涵

"礼"字的本意从"豊"字，取意于祭祀所使用的玉器和鼓乐。"祀神致福"之器是"礼"的本义所在，用祭祀之器（即玉器和鼓乐）以从事祭祀仪式，便称为"礼"。《周礼》中的礼虽然仍然将祭祀作为最重要的礼，但是也包含了"等差""次序""制度"等内涵，超出了宗教礼仪的范围，着重强调制度的建构，具有明确的社会功能和社会意义，"礼"演化为规范长幼、尊卑等人伦关系的行为准则和社会规范。《仪礼》中的礼主要是行为规范的仪式，具有规范的意义。《礼记》中的礼，具有了仁、义、忠、孝等内涵，并在政治统治层面被赋予了礼治的意义。《礼记·仲尼燕居》载："礼也者，理也。乐也者，节也。君子无理不动，无节不作。"《礼记·乐记》载："礼也者，理之不可易也。""礼也者，合于天时，设于地财，顺于鬼神，合于人心，理万物者也。"礼，就是符合自然顺应人情的不可改变的道理。

（一）礼的相关概念

礼的相关概念包括"礼仪""礼俗""礼法""礼节""礼教"等，有时并不以"礼"字表述，而是以"法"字出现实际上却是礼的内容。它们分别表现了礼的不同方面的内容以及延展，是礼概念下的子概念，对其进行探究也是对礼概念本身的辨析。

1. 礼器

在《周礼》六官执掌的礼仪用器中，无论是朝觐聘问丧葬，还是日常冠服玩好，玉器可谓贯穿每一职官职掌中，是礼仪生活的核心用物，具有神祇凭依和身份威仪的象征意义。牲禽也有辨等的作用。礼器与名分是"礼"最为直接的表现形式。名分不同，所行之礼也就不同。"以禽作六挚，以等诸臣""以玉作六器，以礼天地四方"。

2. 礼仪

《说文》云："仪，度也"，即根据不同的内容展现不同的仪式。中国古代社会，儒家的礼学已经成为国家统治思想的重要组成部分，渗透到人们日常生活的各个方面，成为指导人们思想和言行的行为准则和伦理道德规范。这些准则和规范不是抽象空洞的，而是通过一系列礼仪的具体要求来实现的。从某种意义上来说，仪礼本身就具有规范的意义，这也是法律起源的要素。

礼仪是规定人们行为规范的仪式和态度的，这些仪式和范式都有其所指和意义，即为什么要举行这样的仪式，其中包含有怎样的含义。《仪礼·士冠礼第一》载，"始加，祝曰：'令月吉日，始加元服。弃尔幼志，顺尔成德。寿考惟祺，介尔景福。'再加，曰：'吉月令辰，乃申尔服。敬尔威仪，淑慎尔德。眉寿万年，永受胡福。'三加，曰：'以岁之正，以月之令，咸加尔服。兄弟具在，以成厥德。黄耇无疆，受天之庆'。"

第一次加冠的祝词说："丢掉你的幼稚之心，顺养你的成人之德。长寿吉祥，广增洪福。"第二次加冠的祝词说："敬慎你的仪表，淑养你的德行。长寿无疆，洪福永远。"第三次加冠的祝词说："兄弟亲戚都在场，就是为了成就你的美德；长寿无疆，接受上天的保佑。"以上内容是士冠礼时宾对冠者三次加冠时的教导和训诫，希望其以后以成人的道德标准严格要求自己。

礼仪包含了道德要求，如《仪礼·士冠礼第一》曰："天子之元子，犹士也，天下无生而贵者也。继世以立诸侯，像贤也。以官爵人，德之杀也。死而谥，今也。古者生无爵，死无谥。"天子的世子行冠礼也用士礼，说明天下没有生来就尊贵的人。之所以让诸侯的子孙继位，是为了让他们效法祖先的贤德，而不是说他们生来就尊贵。授予官爵，也是按照受封者的功德而不是出身是否尊贵来决定所授官爵的大小。而且，古时候，生前没有公德的，死后就不给加谥号。

《仪礼》中的礼仪规定反映了以父、夫为中心的亲亲尊尊封建伦理关系。《仪礼·丧服第十一》载，"传曰：父至尊也……天子至尊也……君至尊也……夫至尊也"。父、夫、天子、君子被称为"至尊"或"尊者"，子、妻、臣、民则是处于"卑"的地位。

《周礼》中的"礼"表现为一定的仪式，"仪""礼仪"的规定贯穿于《周礼》的四部官职之中，内容涉及行为举止、礼文仪节、服饰辨等的礼仪规范。如《周礼·地官司徒·师氏/媒氏》所说礼教的重要内容就包括仪表仪容："乃教之六仪，一曰祭祀之容，二曰宾客之容，三曰朝廷之容，四曰丧纪之容，五曰军旅之容，六曰车马之容。"《周礼·秋官司寇·衔枚氏/司仪》规定了职官待诸侯的礼仪："大行人掌大宾之礼，及大客之仪，以亲诸侯。""以九仪辨诸侯之命，等诸臣爵，以同邦国之礼，而待其宾客。"

此外，"节""礼节"出现于秋官官职中，与仪、礼仪相较而言，节、礼节也是指行为规范的外在形式,是比礼仪更为具体的程式规范。《周礼·秋官司寇·衔枚氏/司仪》曰:"小行人掌邦国宾客之礼籍……达天下之六节:山国用虎节,土国用人节,泽国用龙节,皆以金为之;道路用旌节,门关用符节,都鄙用管节,皆以竹为之。""司仪掌九仪之宾客、摈相之礼,以诏仪容、辞令、揖让之节。"

礼仪的仪式、动作,象征着礼所规范的社会秩序,其中内含了人们的道德伦理。从礼仪的种种规范中发现和发展出秩序观念,并赋予其社会意义。

3. 礼俗

《周礼》中在天官、地官、秋官中均出现"礼俗""俗",且"礼俗"并称始自《周礼》,"俗"的范围是《周礼·地官司徒·大司徒》中规定的六俗。礼起源于宗教祭祀,也形成于风俗习惯。言礼而不言俗,未为知礼。不论是作为八种治理采邑的原则之一,还是在礼教中作为教育手段的一种,礼俗都与用风俗约束、训练和影响民众有关。以"礼俗"出现的,如《周礼·天官冢宰·大宰》中规定:"以八则治都鄙……六曰礼俗,以驭其民。"《周礼·地官司徒·遂人/土均》:"土均掌平土地之政。……与其施舍、礼俗、丧纪、祭祀。皆以地媺恶为轻重之法而行之,掌其禁令。"以"俗"出现的,如《周礼·地官司徒·大司徒》载:"以本俗六安万民",《周礼·秋官司寇·衔枚氏/司仪》载:"其礼俗政事教治刑禁之逆顺为一书。"

4. 礼教

《周礼》以教化为礼的传播、施行的主要途径。其中,贵族阶层的"国子之教"的内容有德行、道艺至大司乐的乐教。《周礼》之中与国子教育有关的职官有:地官师氏、保氏,春官大司乐、乐师、大胥、小胥、籥师,夏官的诸子等。按施教的顺序、内容及性质可分为小学、大学,另设有督导国子的官职。平民阶层的教化主要在乡、遂两级行政系统。其教化内容主要是大司徒确立的十二教。《周礼》教化思想以"孝"为教化的基础,并重视贵族阶层楷模的示范作用。

《周礼·地官司徒·大司徒》规定有十二教、六德、六行、六艺等礼教内容:"而施十有二教焉:一曰以祀礼教敬,则民不苟。二曰以阳礼教让,则民不争。三曰以阴礼教亲,则民不怨。四曰,以乐礼教和,则民不乖。五曰以仪辨等,则民不越。六曰以俗教安,则民不愉。七曰以刑教中,则民不虣。八曰以誓教恤，则民不怠。九曰以度教节，则民知足。十曰以世事教能，则民不失职。十有一曰以贤制爵，则民慎德。十有二曰，以庸制禄，则民兴功。""以乡三物教万民而宾兴之：一曰六德：知、仁、圣、义、忠、和。二曰六行：教、友、睦、姻、任、恤。三曰六艺：礼、乐、射、御、书、数。"

《周礼·地官司徒·师氏/媒氏》所载国子教的内容更重视从小尊师重道、孝敬父母的品德："师氏掌以媺诏王。以三德教国子：一曰至德，以为道本；二曰敏德，以为行本；三曰孝德，以知逆恶。教三行：一曰孝行，以亲父母；二曰友行，以尊贤良；三曰顺行，以事师长。"

（二）礼的本质

关于礼的本质，《礼记》的表述有"礼之质""礼之本""礼之体"等。"礼之质"，出现在《礼记·曲礼上》："夫礼者，所以定亲疏，决嫌疑，别同异，明是非也。礼，不妄说人，不辞费。礼，不逾节，不侵犯，不好狎，谓之善行。行修言道，礼之质也。"礼，是规定亲疏关系，裁决嫌疑纷争，辨别共同差异，判明是非对错的道德规范。君子之人，言达意即止，逾越节制则招辱，侵犯欺人则忘让，戏谑轻薄则忘敬。没有这三种不良习惯则持以庄敬纯实之诚而远离耻辱。修持你的行为以实践你说的话，就叫善行。行为有修持，说话符合道理，这就是礼的本质。这句话表明了礼在古代人们日常生活中的重要地位和作用，礼的本质是规范人们的行为、修养、言辞。

"礼之本"在《礼记·礼运》中描述为："是故夫礼，必本于天，殽于地，列于鬼神，达于丧祭、射御、冠昏、朝聘。故圣人以礼示之，故天下国家可得而正也。"这里是指，礼的根本在上天，天之所赐，必须遵守。是上天为我们制定的规范，如果违反礼的约束，就是反对上天。这是为了说明礼的正统性、正当性和合法性。"是故夫礼，必本于大一，分而为天地，转而为阴阳，变而为四时，列而为鬼神。"又说，礼本于"大一"，"大一"可以分为天地，转而为阴阳，变化为四季，供奉为鬼神。这段说的是礼的合法性来源。另有《礼记·礼器》写道："先王之立礼也，有本有文。忠信，礼之本也；义理，礼之文也。""君子欲观仁义之道，礼其本也。"此处的"礼之本"，意在强调礼的内容与形式的关系。忠信、仁义是礼的内容，没有内容就不成为礼，义理条文是礼的形式，是为了实现礼的内容。

"礼之体"在《礼记·丧服四制》概括了礼的产生和根源："凡礼之大体，

体天地，法四时，则阴阳，顺人情，故谓之礼。"在《礼记·昏义》中描述了礼规范所体现的社会关系："敬慎重正而后亲之，礼之大体，而所以成男女之别，而立夫妇之义也。故曰：昏礼者，礼之本也。""夫礼始于冠，本于昏，重于丧祭，尊于朝聘，和于乡射，此礼之大体也。"

因此，"礼之本""礼之体"与"礼之质"虽然表述较为接近，但是礼的本质还是取"礼之质"更为妥当。

（三）礼的起源

礼的起源，有"祭祀说""饮食说""等级说""礼始于冠"等。《周礼·春官宗伯·小宗伯》载："小宗伯之职，掌建国之神位，右社稷，左宗庙。兆五帝于四郊，四望、四类，亦如之。兆山川丘陵坟衍，各因其方。"小宗伯掌管建立王国祭祀的神位：右边建社稷坛，左边建宗庙。在四郊确定五帝祭坛的范围。确定祭祀四方名山大川、日、月、星、辰的范围和方位。掌管有关五礼的禁令，以及所用牲和礼器的等差。由此看来，礼中最重要的制度都是有关宗教祭祀的，礼起源于宗教祭祀。

其他关于礼的起源的说法，"饮食说"见于《礼记·礼运》："夫礼之初，始诸饮食，其燔黍捭豚，污尊而抔饮，蒉桴而土鼓，犹若可以致其敬于鬼神。"等级说见于《礼记·内则》载："礼，始于谨夫妇，为宫室，辨外内。"礼始于"冠"，见于《礼记·冠义》载："故冠而后服备，服备而后容体正、颜色齐、辞令顺。故曰：冠者，礼之始也。是故古者圣王重冠。""故孝弟忠顺之行立，而后可以为人；可以为人，而后可以治人也。故圣王重礼。故曰：冠者，礼之始也，嘉事之重者也。"

（四）礼的渊源

"天"在《礼记》中出现100多次，是《礼记》中反映人与自然关系的核心概念，包含了关于宇宙与自然的基本观念。《礼记·效特牲》曰："万物本乎天"，顺天守时，师法自然，从"天理"到"人礼"，达到"天人合一"，阐释了"礼"神圣性、正当性和合理性的渊源。"天"第一层含义为宇宙和自然现象，《礼记·礼运》载："故人者，天地之德，阴阳之交，鬼神之会，五行之秀气。""故人者，天地之心也，五行之端也。""天"的第二层含义为其具有的超越意义，《礼记·孔子闲居》："天无私载，地无私藏，日月无私照。奉斯三者以劳天下，此之谓三无私。""天"的第三层含义为天人相通，《礼记·礼运》：

"夫礼，先王以承天之道，以治人之情，故失之者死，得之者生。"

（五）礼的功能

礼对个人道德修养、社会伦理秩序、国家政治统治等各个方面发挥统摄作用。所谓道德仁义、教训正俗、纷争变讼、君臣上下、父子兄弟、宦学事师、班朝治军，无礼不成。礼使人成其为人，而别于禽兽。《礼记·曲礼上》曰："道德仁义，非礼不成，教训正俗，非礼不备。分争辨讼，非礼不决。君臣上下父子兄弟，非礼不定。宦学事师，非礼不亲。班朝治军，莅官行法，非礼威严不行。……是故圣人作，为礼以教人。使人以有礼，知自别于禽兽。"

并且，礼的功能是在关系中展开的，礼规范的对应性、相互性体现在"礼尚往来""来而不往，非礼也"。有来有往，有礼有还。"礼尚往来，往而不来，非礼也；来而不往，亦非礼也。"

《礼记·经解》用了好几个类比，形象生动地说明了礼的作用，礼对于治理国家来说，就好像度量衡之于轻重，绳子尺墨之于弯曲笔直，规矩之于方圆。孔子说，治国安邦规范人民，最好的方式莫过于礼："礼之于正国也；犹衡之于轻重也，绳墨之于曲直也，规矩之于方圜也。……孔子曰：'安上治民，莫善于礼。'此之谓也。"

具体来说，"故朝觐之礼，所以明君臣之义也；聘问之礼，所以使诸侯相尊敬也；丧祭之礼，所以明臣子之恩也；乡饮酒之礼，所以明长幼之序也；婚姻之礼，所以明男女之别也。夫礼，禁乱之所由生，犹坊止水之所自来也。"

（六）礼的含义

礼有"礼仪""礼制""礼义"的三重含义，有形式与内容的区分。成为"成人"，不仅要能够行"礼仪"，还要自觉以"礼义"约束自身。我国古代社会的基本伦理关系是父子、兄弟、君臣、夫妇、朋友，一个长大成年的人，应当懂得"人义"，即做人的基本要求。人年满二十，行过"冠礼"之后，便应认同这些人伦、实践这些"人义"。

1. 仁

"仁"是会意字，左边是"人"，右边是"二"，表示人与人之间的关系，应以他人为上，是为"仁者爱人"。成仁很难，只有君子可以做到，而对民众则用礼法规制。尽管仁的境界很难达到，但是对礼的精神追求，亦成为君子与普通人追求的目标和衡量标准。《礼记·表记》载："子言之：'仁有数，义有长短小大。中心憯怛,爱人之仁也;率法而强之,资仁者也。'""子曰:仁之难成久矣。人人失其所好,故仁者之过易辞也。""子曰:仁之难成久矣!惟君子能之。"

《礼记·儒行》论述了仁的具体内容。温良者,仁之本也。温和善良的性情,是仁的根本;恭敬谨慎,是"仁"生发的土地。对他人宽容以待,是"仁"的具体表现。在这里,"宽"和"裕"二字的意义是相同的。宽,宽宏。裕,贾谊《新书·道术》中说:"包众容物谓之裕。"谦逊地与人交往,是仁的能量;有礼貌,有节制,是仁的外在表现。与人如何对话交流,是仁的文饰。唱歌和奏乐,是"仁"团结他人的方法。把财物分散给大家,这是仁的布施。佛经的六度之中也有布施。把自己的东西乃至生命给予他人,这对于每个人来说都是很困难的。《礼记》的这段话把"施"放在最后,也是告诉我们这个最难做到。《礼记·儒行》曰:"温良者,仁之本也;敬慎者,仁之地也;宽裕者,仁之作也;孙接者,仁之能也;礼节者,仁之貌也;言谈者,仁之文也;歌乐者,仁之和也;分散者,仁之施也。儒者兼而有之,犹且不敢言仁也。"

2. 让

让字,从言从襄,以语言相互扣合。意为不争,尽着旁人,有忍让、让步、让位、谦让等意思。《左传·襄公十三年》曰:"让者,礼之主也。"《礼记》多处倡导君子、百姓、诸侯之间相互敬让,则社会秩序稳定,互不侵扰。

《礼记·坊记》载:"子云:'夫礼者,所以章疑别微,以为民坊者也。'故贵贱有等,衣服有别,朝廷有位,则民有所让。"《角弓》云:"民之无良,相怨一方。受爵不让,至于已斯亡。"子云:"君子贵人而贱己,先人而后己,则民作让。""故君子信让以莅百姓,则民之报礼重。"所以君子将忠信敬让以莅百姓,那么人民就会以更大的礼让尊敬来回报君子。《礼记·聘义》:"三让而后传命,三让而后入庙门,三揖而后至阶,三让而后升,所以致尊让也。""敬让也者,君子之所以相接也。故诸侯相接以敬让,则不相侵陵。"《礼记·乡饮酒礼》曰:"先礼而后财,则民作敬让而不争矣。"在诸侯相互关系中,在财产关系中,敬让都可以得到很好的应用。

3. 孝、敬

百德孝为先,孝是礼的核心思想,孝常与敬连用为"孝敬",有孝才能敬,有敬才有孝,二者互为表里。《礼记·内则》曰:"子妇孝者敬者,父母舅姑之命，勿逆勿怠。……子妇未孝未敬，勿庸疾怨，姑教之；若不可教，而后怒之；不可怒，子放妇出，而不表礼焉。""父母有过，下气怡色柔声以谏，谏若不入，起敬起孝，说则复谏，不说，与其得罪于乡党州闾，宁孰谏。父母怒不说，而挞之流血，不敢疾怨，起敬起孝。"《礼记祭义》曰："众之本教曰孝，其行曰养。养可能也，敬为难。"

4. 义

何谓"义"，父慈、子孝、兄良、弟悌、夫义、妇听、长惠、幼顺、君仁、臣忠十者，谓之人义。治人情，修十义，不能没有礼。"礼之所尊，尊其义也。"义与礼连用，为礼义；义与仁连用，为仁义；义与情连用，为情义。

《礼记·礼运》载："何谓人情？喜怒哀惧爱恶欲七者，弗学而能。何谓人义？父慈、子孝、兄良、弟弟、夫义、妇听、长惠、幼顺、君仁、臣忠十者，谓之人义。讲信修睦，谓之人利。争夺相杀，谓之人患。故圣人所以治人七情，修十义，讲信修睦，尚辞让，去争夺，舍礼何以治之？""故礼义也者，人之大端也，所以讲信修睦而固人之肌肤之会、筋骸之束也。所以养生送死事鬼神之大端也。所以达天道顺人情之大窦也。"《礼记·冠义》也说："凡人之所以为人者，礼义也。礼义之始，在于正容体、齐颜色、顺辞令。容体正，颜色齐，辞令顺，而后礼义备。以正君臣、亲父子、和长幼。君臣正，父子亲，长幼和，而后礼义立。"

《礼记》多处论及义与利的关系，以利释义，对理解"义"的含义提供了另一个维度。《礼记·乐记》曰："见利而让，义也。"《礼记·坊记》曰："先财而后礼，则民利；无辞而行情，则民争。"《礼记·大学》曰："孟献子曰：'畜马乘不察于鸡豚，伐冰之家不畜牛羊，百乘之家不畜聚敛之臣。与其有聚敛之臣，宁有盗臣。'此谓国不以利为利，以义为利也。长国家而务财用者，必自小人矣。彼为善之，小人之使为国家，菑害并至，虽有善者，亦无如之何矣。此谓国不以利为利，以义为利也。"

二、法的概念与内涵

（一）法

"法"字在《周礼》中大量出现，其含义及所指依具体内容又有所不同。《周礼》规定了大量的政治职事之法，与现代行政法极为类似。如，《天官冢宰·大宰》载:"以八法治官府";《天官冢宰·宰夫》载:"宰夫之职,掌治朝之法";《地官司徒·大司徒》曰:"以土会之法,辨五地之物生。……以土宜之法,辨十有二土之名物,……以土均之法辨五物九等,……以土圭之法测土深,……以为地法而待政令,以荒政十有二聚万民";《春官宗伯·大司乐/小师》曰:"大司乐掌成均之法,以治建国之学政,而合国之子弟焉";等等。而《秋官司寇·司民/掌戮》规定的"司刑掌五刑之法,以丽万民之罪"乃刑法无疑。"司刺,掌三刺、三宥、三赦之法,以赞司寇听狱讼",可谓诉讼之法。

观象之法是《周礼》中比较特殊的有关法的规定,包括治象之法、教象之法、政象之法、刑象之法,分别由天官、地官、夏官和秋官执掌。《天官冢宰·大宰》曰:"正月之吉,始和,布治于邦国都鄙,乃县治象之法于象魏,使万民观治象,挟日而敛之。"在地官大司徒、夏官大司马、秋官大司寇中也有相似规定。《地官司徒·大司徒》中大司徒使万民观教象之法,《夏官司马·大司马》中大司马使万民观政象之法,《秋官司寇·大司寇》中大司寇使万民观刑象之法。《天官冢宰·小宰》曰:"帅治官之属而观治象之法,徇以木铎,曰:不用法者,国有常刑。乃退,以宫刑宪禁于王宫,令于百官府曰:各修乃职,考乃法,待乃事,以听王命。其有不共,则国有大刑。"对不遵法职事的官员,将按照刑罚处置。所谓"不用法者,国有常刑"。

此外,《周礼》中还存在无"法"的法。如,《天官冢宰·大宰》曰:"以八柄诏王驭群臣……,以八统诏王驭万民……,以九职任万民以九赋敛财……,以九贡致邦国之用……,以九两系邦国之民。"此处的"八柄""八统""九职""九贡""九两",虽然没有出现"法"字,按照上下文意思,是指辅助王统御群臣和民众,任用民众,赋税征收财物,调节财物用度,收取诸侯国的财物,联系天下各国民众的方法。《周礼》中还有多处包含方法、制度的含义,但没有以"法"字明示。如,《庖人》可以名为四时禽献之法,《大司法》还有封建之法,《载师》有任地之法,《闾师》有任民之法,《遗人》有委积之法,《均人》有均力政之法,《遂人》有治野之法,《大宗伯》有正国位之法,《小胥》有正乐县之位法,《大司马》有令赋之法,《司险》有设国沟图之法,《考工记》通篇是各种制器之法。而《司士》和《大行人》则是正朝仪辨命等之法,也可以说是礼仪部分的内容。同样,《九嫔》"妇学之法",《典妇功》"妇式之法",虽然冠以法的名头,实质内容却是关于礼仪制度的。

《礼记》中的"法"有多种含义：一是"秩序""道法"。《礼记·效特牲》曰："地载万物，天垂象。取财于地，取法于天，是以尊天而亲地也，故教民美报焉。"《礼记·中庸》曰："是故君子动而世为天下道，行而世为天下法，言而世为天下则。"《礼记·三年问》曰："上取象于天，下取法于地，中取则于人，人之所以群居和壹之理尽矣。"二是以法之名的礼。《礼记·月令》载："是月也，命妇官染采，黼黻文章，必以法故，无或差贷。"《礼记·少仪》载："士依于德，游于艺。工依于法，游于说。"三是具有现代规范意义的"法律"，有"税法""刑法""军法"等。《礼记·月令》曰："合诸侯制，百县为来岁受朔日，与诸侯所税于民，轻重之法，贡职之数，以远近土地所宜为度，以给郊庙之事，无有所私。"《礼记·祭法》曰："帝喾能序星辰以着众；尧能赏均刑法以义终；舜勤众事而野死。"《礼记·燕义》载："若有甲兵之事，则授之以车甲，合其卒伍，置其有司，以军法治之，司马弗正。"此外，"法"字也有效法、效仿的意思，《礼记·大学》曰："其为父子兄弟足法，而后民法之也。此谓治国在齐其家。"

（二）令、式

《周礼》中出现的令主要有政令、禁令、征令、戒令，其中前两种比较多见。《小宰》曰："掌建邦之宫刑，以治王宫之政令。"还有多处出现"禁"，如《雍氏》曰："雍氏掌沟渎、浍、池之禁。""刑禁"往往与政令一同出现，先政令再刑禁，如《乡师》曰："治其政令刑禁。"《胥师》曰："各掌其次之政令，而评其货贿，宪刑禁焉。"

《周礼》中出现式、式法，多与规范财币的制度有关。以九式平均节省财产费用，如《天官冢宰·大宰》曰："以九式均节财用：一曰祭祀之式，二曰宾客之式，三曰丧荒之式，四曰羞服之式，五曰工事之式，六曰币帛之式，七曰刍秣之式，八曰匪颁之式，九曰好用之式。"大府、职岁、职币用式法掌管收取和支出财物，如《天官冢宰·大府/职币》载："职币掌式法，以敛官府、都鄙与凡用邦财者之币……同邦之会事，以式法赞之。"

（三）宪

《周礼》中多次出现的"宪"字有两种语义，一种是作名词使用，意思是五戒的一种为宪。如《秋官司寇·士师/朝士》曰："以五戒先后刑罚，毋使罪丽于民：一曰誓，用之于军旅；二曰诰，用之于会同；三曰禁，用诸田役；四曰纠，用诸国中；五曰宪，用诸都鄙。"第二种是作为动词使用，指悬挂，公布法、政令、禁令等。如《地官司徒·小司徒》曰："令群吏宪禁令，修法纠职，以待邦治。"《地官司徒·司市/掌节》曰："胥师各掌其次之政令；而平其货贿，宪刑禁焉。""凡以财狱讼者，正之以傅别约剂。""正岁，帅其属而宪禁令于国及郊野。"

《礼记》中的"宪"一为效法、效仿的意思，"五帝宪"，即效仿五帝。二通"显"，明显。宪宪令德，指明显有德行的人。《礼记·内则》曰："凡养老，五帝宪，三王有乞言。五帝宪，养气体而不乞言，有善则记之为惇史。三王亦宪，既养老而后乞言，亦微其礼，皆有惇史。"《礼记·中庸》曰："《诗》曰：'嘉乐君子，宪宪令德。宜民宜人，受禄于天，保佑命之，自天申之。'故大德者必受命。""仲尼祖述尧舜，宪章文武：上律天时，下袭水土。"

（四）刑

《周礼》中的刑主要出现在地官和秋官中，地官执掌刑罚，以刑辅教，刑罚对象主要是违礼的行为。秋官是对违反法与礼的行为施以刑罚的主要官员，由大小司寇执掌刑罚。《地官司徒·大司徒》载："以乡八刑纠万民。"《地官司徒·司市》载："市刑、小刑宪罚，中刑徇罚，大刑扑罚，其附于刑者，归于士。"《秋官司寇·大司寇》曰："大司寇之职，掌建邦之三典，以佐王刑邦国，诘四方。一曰，刑新国用轻典；二曰，刑平国用中典；三曰，刑乱国用重典。"所以，在当时，"刑"字主要指的是刑罚。《秋官司寇·小司寇》载："以五刑听万民之狱讼，附于刑，用情讯之。""以八辟丽邦法，附刑罚。"

《礼记》中的刑总是与罪一起出现，是犯罪与刑罚的专有名称。《礼记·王制》曰："凡作刑罚，轻无赦。刑者侀也，侀刑者成也，一成而不可变，故君子尽心焉。"《礼记·月令》曰："断薄刑，决小罪，出轻系。"《礼记·缁衣》载："子曰：政之不行也，教之不成也，爵禄不足劝也，刑罚不足耻也。故上不可以亵刑而轻爵。《康诰》曰：'敬明乃罚。'《甫刑》曰：'播刑之不迪。'"《礼记·服问》载："传曰：'罪多而刑五，丧多而服五，上附下附列也。'"

（五）律

此外，《礼记》中出现"律"字。律出自音律，由之引申出规律、规则、律法等义。如《礼记·乐记》载："律小大之称，比终始之序，以象事行。使亲疏、贵贱、长幼、男女之理皆形见于乐。故曰：'乐观其深矣！'"《礼记·中庸》载:"仲尼祖述尧舜,宪章文武:上律天时,下袭水土。"《礼记·王制》曰:"析言破律,乱名改作,执左道以乱政,杀。"律,也有等级的含义,如《礼记·王制》曰:"有功德于民者,加地进律。"

三、《礼记》中的"礼治"概念

《礼记》中出现"礼治"的概念,是一个概念系统,归纳起来包括以下几个层次:一是关于"大同"与"小康"的理想社会的描述。二是"为政先礼"的执政理念。三是"治国以礼"的思想,如孔子曰:"治国而无礼,譬犹瞽之相与?"《礼记·礼运》也说:"治国不以礼,犹无耜而耕也。……夫礼,国之干也。"四是礼乐同治,相辅相成的治理模式。五是礼治中的两个基本概念,礼制与礼俗构成了礼治的基本规范性内容。六是礼教作为礼文化的传播与教化的手段。七是礼治的终极目标是德治,达至至善。《礼记·大学》曰:"大学之道,在明明德,在亲民,在止于至善。""古之欲明明德于天下者,先治其国。"

(一)大同、小康

《礼记·礼运》开篇借助"大同""小康"之说导出礼之运行这一主题,即礼制的发生、演变及政教人文生活与礼法的关系,旨在表明礼法制度的合理性。

依照《礼记·礼运》的描述,大同社会应具备以下特点:其基本政治制度是"天下为公",而不属于一家一姓,通过"选贤与能",选举出贤能之人管理社会。大同社会中人人地位平等,"讲信修睦",没有自私邪恶,具有社会公德,自觉为社会各尽其力。

《礼记·礼运》载:"大道之行也,天下为公。选贤与能,讲信修睦,故人不独亲其亲,不独子其子,使老有所终,壮有所用,幼有所长,矜寡孤独废疾者,皆有所养。男有分,女有归。货恶其弃于地也,不必藏于己;力恶其不出于身也,不必为己。是故谋闭而不兴,盗窃乱贼而不作,故外户而不闭,是谓大同。"

"小康"一词,出自《诗经·大雅·民劳篇》,"民亦劳止,汔可小康,惠此中国,以绥四方"。小康社会以"天下为家",人各为己,自私自利,社会充满矛盾和冲突。因此,六先祖莫不遵礼以治国,设立礼制,用礼义正君臣、笃父子、睦兄弟、和夫妇,"如有不由此者,在势者去,众以为殃"。

《礼记·礼运》载:"今大道既隐,天下为家,各亲其亲,各子其子,货力为己，大人世及以为礼。城郭沟池以为固，礼义以为纪；以正君臣，以笃父子，以睦兄弟，以和夫妇，以设制度，以立田里，以贤勇知，以功为己。故谋用是作，而兵由此起。禹、汤、文、武、成王、周公，由此其选也。此六君子者，未有不谨于礼者也。以著其义，以考其信，著有过，刑仁讲让，示民有常。如有不由此者，在势者去，众以为殃，是谓小康。"

（二）政

《礼记》多处出现"政"，尤以问政于孔子为要，"为政先礼。礼，其政之本与！"为政在于人，人以修身成仁为道，主张施政以礼，治国以德，施行仁政。

《礼记·檀弓下》曰："苛政猛于虎也。"严苛地施行统治措施，比老虎还要凶猛。施行仁政比苛政更有利于统治。《礼记·祭统》曰："惠均则政行，政行则事成，事成则功立。功之所以立者，不可不知也。俎者，所以明惠之必均也。善为政者如此，故曰：见政事之均焉。"善于治理国家的人，一定知晓公平原则适用的重要性。

《礼记·哀公问》中孔子曰："人道，政为大。"孔子认为，做人的原则中，如何为政是最重要的。"政者正也。君为正，则百姓从政矣。君之所为，百姓之所从也。君所不为，百姓何从？"执政者最重要的是行为品德端正，百姓就会服从管理。君主都不能行为端正，百姓又如何服从统治呢？"古之为政，爱人为大；所以治爱人，礼为大；所以治礼，敬为大；敬之至矣，大昏为大……爱与敬，其政之本与！""为政先礼。礼，其政之本与！"在为政品行端正中，爱人与尊敬是最重要的，因此需要由礼来规范，礼就是为政之本。

孔子进一步申明为政在人的治国理念，强调通过为政者自身的道德修养的提高，以仁为目标修养身心，来实现仁政。《礼记·中庸》曰："哀公问政。子曰：'文武之政，布在方策。其人存，则其政举；其人亡，则其政息。人道敏政，地道敏树。夫政也者，蒲卢也。故为政在人，取人以身，修身以道，修道以仁。仁者人也。亲亲为大；义者宜也。尊贤为大。亲亲之杀，尊贤之等，礼所生也。'"

（三）礼治

以礼治国的论述，在《礼记》中多处以"治"字体现，且与礼相联系，是关于礼治的典型描述，如"治天下""治民""治国""治人情"等。

"治天下",如《礼记·大传》载:"圣人南面而治天下,必自人道始矣。"《礼记·祭义》曰:"天下之礼,致反始也,致鬼神也,致和用也,致义也,致让也……合此五者以治天下之礼也,虽有奇邪而不治者,则微矣!"

"治民",如《礼记·经解》载:"有治民之意而无其器,则不成。"

"治国",如《礼记·仲尼燕居》载:"治国而无礼,譬犹瞽之无相与?"《礼记·礼运》曰:"故治国不以礼,犹无耜而耕也;为礼不本于义,犹耕而弗种也。"

"治人情",如"夫礼先王以承天之道,以治人之情,故失之者死,得之者生"。

在礼治这一概念系统中,"乐"的概念非常重要。乐与礼关系密切,乐不仅是礼教的手段——乐教,而且乐与礼并列,作为礼治文化中相辅相成的治理方式而存在。《礼记》不仅阐述了礼乐同治的联系,而且总结了礼与乐的本质区别,以及乐在礼治过程中的不同作用。《礼记·礼器》载:"礼交动乎上,乐交应乎下,和之至也。礼也者,反其所自生;乐也者,乐其所自成。是故先王之制礼也以节事,修乐以道志。故观其礼乐,而治乱可知也。"《礼记·祭义》载:"故曰:'致礼乐之道而天下塞焉,举而错之无难矣。'"《礼记·仲尼燕居》载:"言而履之,礼也。行而乐之,乐也。君子力此二者以南面而立,夫是以天下太平也。"礼与乐分别以各自的性能发挥作用,制定礼的制度是用来约束行为,而乐的修养是为了培养志趣性情,二者和而治,则"治乱可知也";行"礼乐"之道,即使"天下塞焉",也没有困难,君子凭此二者,才能天下太平。

(四) 礼制

《礼记·仲尼燕居》中孔子曰:"制度在礼。"孔子认为,制度的功用在于立规矩、用度量、为权衡,"礼制"是包含于"礼治"的基本概念。《礼记·礼运》曰:"故天子有田以处其子孙,诸侯有国以处其子孙,大夫有采以处其子孙,是谓制度。"《礼记·乐记》曰:"天高地下,万物散殊,而礼制行矣。"天地之一切人事物,都用礼制来规范。《礼记·深衣》载:"古者深衣,盖有制度,以应规、矩、绳、权、衡。""袂圜以应规;曲袷如矩以应方;负绳及踝以应直;下齐如权衡以应平。故规者,行举手以为容;负绳抱方者,以直其政,方其义也。"

（五）礼俗

礼俗是礼概念中的重要内容，礼乐刑法政俗，是为有道之国。君子行礼，不易其俗，所谓移风易俗，风俗习惯，其本身就构成了礼治文化。

礼俗来自于民间，国家制礼，君子行礼，不应改变礼俗。《礼记·曲礼下》载："君子行礼，不求变俗。祭祀之礼，居丧之服，哭泣之位，皆如其国之故，谨修其法而审行之。"《礼记·王制》也说："民生其间者异俗，刚柔轻重迟速异齐，五味异和，器械异制，衣服异宜。修其教，不易其俗；齐其政，不易其宜。"因此，礼俗与礼制在礼的形式方面互相渗透，相互补充。一方面，礼的制定来自于民间的礼俗；另一方面，制度的礼也影响着民间礼俗的形成与发展。

（六）礼教

《礼记》还记述了六礼、七教、八政等礼教内容。《礼记·王制》曰："六礼：冠、昏、丧、祭、乡、相见。七教：父子、兄弟、夫妇、君臣、长幼、朋友、宾客。八政：饮食、衣服、事为、异别、度、量、数、制。"关于礼教这些内容的作用，《礼记·王制》曰："司徒修六礼以节民性，明七教以兴民德，齐八政以防淫，一道德以同俗，养耆老以致孝，恤孤独以逮不足，上贤以崇德，简不肖以绌恶。"

"念终始典于学"，学习和践行礼教是君子必修的课程，君子要干大事必须坚持始终，而坚持始终是从学习礼开始的。《礼记·文王世子》载："古之君子，举大事，必慎其终始，而众安得不喻焉？《兑命》曰：'念终始典于学。'"《礼记·学记》曰："玉不琢，不成器；人不学，不知道。是故古之王者建国君民，教学为先。《兑命》曰：'念终始典于学。'其此之谓乎！"

教学为先，教学相长，化民成俗，礼教是礼治文化系统中重要的教化手段。《礼记》对"教学相长"的诠释十分精辟。《礼记·学记》载："虽有佳肴，弗食，不知其旨也；虽有至道，弗学，不知其善也。是故学然后知不足，教然后知困。知不足，然后能自反也，知困，然后能自强也。故曰：教学相长也。《兑命》曰：'敩学半。'其此之谓乎？"

此外，化民成俗也是从学习礼教开始的。《礼记·学记》曰："君子如欲化民成俗，其必由学乎！"《礼记·乐记》曰："乐也者，圣人之所乐也，而可以善民心。其感人深，其移风易俗，故先王著其教焉。"

礼教的核心是孝，祭祀祖先正是为了遵从孝道，以及由此而生的等级秩序。

《礼记·祭统》论述了"教之本":"夫祭之为物大矣,其兴物备矣。顺以备者也,其教之本与?是故,君子之教也,外则教之以尊其君长,内则教之以孝于其亲。是故,明君在上,则诸臣服从;崇事宗庙社稷,则子孙顺孝。尽其道,端其义,而教生焉。是故君子之事君也,必身行之,所不安于上,则不以使下;所恶于下,则不以事上;非诸人,行诸己,非教之道也。是故君子之教也,必由其本,顺之至也,祭其是与?故曰:祭者,教之本也已。"

《诗》《书》《礼》《乐》《易》《春秋》是礼教的主要内容。《礼记·经解》引孔子的话对六经礼教的内容和作用作了说明,通过礼教达到防微杜渐,止犯罪于无形,让人们从善如流,自觉地约束言行,达到远离犯罪的目的,这就是为什么先王能够让国家兴隆的原因。

孔子曰:"入其国,其教可知也。其为人也温柔敦厚,《诗》教也;疏通知远,《书》教也;广博易良,《乐》教也;洁静精微,《易》教也;恭俭庄敬,《礼》教也;属辞比事,《春秋》教也。故《诗》之失,愚;《书》之失,诬;《乐》之失,奢;《易》之失,贼;《礼》之失,烦;《春秋》之失,乱。其为人也:温柔敦厚而不愚,则深于《诗》者也;疏通知远而不诬,则深于《书》者也;广博易良而不奢,则深于《乐》者也;洁静精微而不贼,则深于《易》者也;恭俭庄敬而不烦,则深于《礼》者也;属辞比事而不乱,则深于《春秋》者也。"

"故礼之教化也微,其止邪也于未形,使人日徙善远罪而不自知也。是以先王隆之也。"

(七)至善

《大学》提出了三条纲领——明明德、亲民、止于至善和八个条目——格物、致知、诚意、正心、修身、齐家、治国、平天下,寄托了古人内圣外王的理想,论述了内圣外王的实现途径。治国是为了明明德、亲民,达至至善。

《礼记·大学》载:"大学之道,在明明德,在亲民,在止于至善。""古之欲明明德于天下者,先治其国;欲治其国者,先齐其家;欲齐其家者,先修其身;欲修其身者,先正其心;欲正其心者,先诚其意;欲诚其意者,先致其知;致知在格物。物格而后知至,知至而后意诚,意诚而后心正,心正而后身修,身修而后家齐,家齐而后国治,国治而后天下平。"

《礼记》进一步分析了何为修身齐家治国平天下,及其相互之间的关系。只有齐家，而后才能教国人，"所谓治国必先齐其家者：其家不可教，而能教人者，无之"。齐家是以孝为核心的父子兄弟关系。"《诗》云：'桃之夭夭，其叶蓁蓁；之子于归，宜其家人。'宜其家人，而后可以教国人。《诗》云：'宜兄宜弟。'宜兄宜弟，而后可以教国人。《诗》云：'其仪不忒，正是四国。'其为父子兄弟足法，而后民法之也。此谓治国在齐其家。"

"所谓平天下在治其国者：上老老而民兴孝，上长长而民兴弟，上恤孤而民不倍，是以君子有絜矩之道也。"也可以说，中国古代政治统治艺术是以孝治天下。

修身以齐家，主要是修养内在的德性。《礼记·文王世子》曰："君子曰德，德成而教尊，教尊而官正，官正而国治，君之谓也。"《礼记·中庸》曰："礼仪三百，威仪三千"，"故曰：苟不至德，至道不凝焉。故君子尊德性而道问学。致广大而尽精微。极高明而道中庸。温故而知新，敦厚以崇礼"。

《礼记》多处论述君子、圣人与德、位的关系。在礼与德的关系上，礼蕴含着德性道理，虽然占据统治地位，没有德性就不敢作礼乐；虽然有德性，如果不在其位，亦不敢作礼乐。"虽有其位，苟无其德，不敢作礼乐焉；虽有其德，苟无其位，亦不敢作礼乐焉。"孔子曰："舜其大孝也与！德为圣人，尊为天子，富有四海之内。宗庙飨之，子孙保之。故大德必得其位，必得其禄，必得其名，必得其寿，故天之生物，必因其材而笃焉。故栽者培之，倾者覆之。《诗》曰：'嘉乐君子，宪宪令德。宜民宜人，受禄于天，保佑命之，自天申之。'故大德者必受命。"舜是大孝子，德性达到圣人标准，被世人尊称为天子，在四海之内富甲一方，他的宗庙祠堂得以由子孙保护照看，所以有大德必然能够得到统治地位，有大德必然能够受到上天的护佑。因此，圣人最大的德性，是尊崇礼教，内外和顺，达到治理国家的目的。《礼记礼器》曰："天道至教，圣人至德。"《礼记·昏义》曰："教顺成俗，外内和顺，国家理治，此之谓盛德。"

四、礼治语境下礼与法的关系

（一）礼与法的界分

"三礼"中礼与法的界分并不容易，由前文所述可知，多数情况下两者混在一起，不分彼此，礼即是法，法也是礼。"三礼"中礼法并提只有一处，出现在《周礼·春官宗伯·司巫/神仕》中的小史职责，"礼法"指的是具有规范意义的礼,并且成书,在大祭祀时宣读。《春官宗伯·司巫/神仕》载:"大祭祀,读礼法,……凡国事之用礼法者,掌其小事。卿大夫之丧。赐谥,读诔。"因此,该"礼法"并非是指礼与法的关系,或者礼与法结合而产生的新礼法,其中包含有礼与法的因素。此处的"礼法"只是一种"礼"。《周礼》中的法涵盖的层面包罗万象,且法与礼的界分并不明显,甚至可见"礼法"并提,字义互摄。"法"除了有司法上的意义,还有行政命令、规定、仪则等含义。《周礼天官·大宰》曰:"以八法治官府",法在此作准则之义,《周礼秋官·小司寇》云:"读书则用法",法是罪犯审判结束后,用以命定其罪行的依据。[2] 但在《周礼春官·小史》却有"读礼法"一职,此"礼法"即行礼时的仪节。[3] 可见《周礼》的"法"不仅有行政规范、司法律例,还包含行礼之仪。这些法的不同含义体现出规范性的基本特征。

"三礼"中是否有现代意义上的法的独立存在?回答是肯定的。从《周礼》《礼记》的记述中,能够提炼出现代法律规范分类的刑法、税法、行政法、军法、诉讼法等内容,只不过它们在礼治大背景下并不存在独立的体系,并且受到礼的指导和约束。因而,从这个意义上来说,中国传统法也可以说是一种"礼法"体系。

(二) 礼与法的关系

1. 礼是礼治体系的核心和基础,统摄法的制定和执行

《周礼·考工记·玉人》曰:"琬圭九寸而缫以象德。"《元史·礼乐志二》载:"盖闻轩昊以来,俱有《咸》《云》之号,《茎》《英》《章》《韶》以象德,《夏》《濩》《武》《勺》以表功。"《礼记·乐记》载:"然则先王之为乐也,以法治也,善则行象德矣。"郑玄注:"象德,民之行顺君之德也。"这里的"以法治也",并非现代意义的"法治",而是"礼治"。

在礼治背景下,礼与法的基本关系中,礼是法的精神和适用标准,法是礼得以施行的强制手段。《周礼》中礼与法的关系,比较清楚地反映在地官和秋官在教育和惩罚的职责中。《地官司徒·大司徒》载:"凡万民之不服教而有狱讼

---

[2] [清]孙诒让:《周礼正义》第11册,中华书局2008年版,第2766—2767页。
[3] 《周礼·春官·小史》贾公彦疏:"大史读礼法之时,小史则叙昭穆及俎簋,依礼法之节校比之,使不差错。"[汉]郑玄注,[唐]贾公彦疏:《周礼注疏》,第404页。

者，与有地治者听而断之，其附于刑者，归于士。"用礼对人行为进行规范约束，防止过失发生。即使有过错发生，也要经过三让、三罚之后，才加明刑嘉石归于圜土。

《礼记·乐记》也说："然则先王之为乐也，以法治也，善则行象德矣。……是故先王有大事，必有礼以哀之；有大福，必有礼以乐之。哀乐之分，皆以礼终。"

《礼记·礼运》从正反两个方面，说明了礼对法的作用。

"故天子适诸侯，必舍其祖朝，而不以礼籍入，是谓天子坏法乱纪。"

"是故，礼者君之大柄也，所以别嫌明微，傧鬼神，考制度，别仁义，所以治政安君也。"

"故政不正，则君位危；君位危，则大臣倍，小臣窃。刑肃而俗敝，则法无常；法无常，而礼无列；礼无列，则士不事也。刑肃而俗敝，则民弗归也，是谓疵国。"

2. 礼不下庶人，刑不上大夫

《礼记·曲礼上》曰："故君子戒慎，不失色于人。国君抚式，大夫下之。大夫抚式，士下之。礼不下庶人，刑不上大夫。刑人不在君侧。"如何理解此处的"礼不下庶人，刑不上大夫"？

首先，礼不下庶人。《礼记集解》载孔颖达在给"礼不下庶人"作疏时引张逸云："庶人非是都不行礼，但以其遽务不能备之，故不著于经文三百，威仪三千耳。其有事，则假士礼行之。"孙希旦亦认为："庶人非无礼也，以昏则缁帛五两，以丧则四寸之棺，五寸之椁，以葬则悬棺而窆，不为雨止，以祭则无庙而荐于寝。此亦庶人之礼也。而曰：'礼不下庶人'者，不为庶人制礼也。制礼自士以上，士冠、士昏、士相见是也。庶人有事，假士礼以行之，而有所降杀也。盖以其质野剛于节文或有不能习，卑贱则于仪物或有所不能备也。"我国当代学者也认为"礼不下庶人"不是对庶人没有礼的约束。其具体含义是：国君与大夫乘车至国宗庙门前时，国君在车上行式礼，大夫下车行礼；大夫与士乘车至国宗庙门前时，大夫在车上行式礼，士下车行礼。庶人无车可乘，不存在要下车才行礼的问题。其次，"刑不上大夫"，郑玄注曰："为其遽于事，且不能备物。不与贤者犯法。其犯法则在八议轻重，不在刑书。"这些人犯罪之后要先议，后再酌情定罪受刑，并非不受刑。贾谊认为，"刑不上大夫"是顾及人的

"廉耻",且"古者礼不及庶人,刑不至大夫,所以厉宠臣之节也"。大夫违礼入刑,先八议享有一定的减免特权,但死罪一般都须处死,只是执行方法、处死场所有所不同。[4] 如顾栋高《春秋大事年表》载,春秋242年,"书诸侯杀大夫者四十七"。

3. 刑罚适用的情形和条件要考虑礼的内容

《地官司徒·师氏/媒氏》:"司救掌万民之衺恶过失而诛让之,以礼防禁而救之。凡民之有衺恶者,三让而罚,三罚而士加明刑,耻诸嘉石。役诸司空,其有过失者,三让而罚,三罚而归于圜土。凡岁时有天患民病,则以节巡国中及郊野,而以王命施惠。"归于圜土,其目的是为了使其知耻而改,改正者就会被放回中国,不改者才杀。这一系列规定都反映了礼对刑法适用的指导和约束《秋官司寇·大司寇》载:"以圜土聚教罢民,凡害人者,寘之圜土而施职事焉,以明刑耻之,其能改者,反于中国,不齿三年。其不能改而出圜土者杀。"《周礼》重视道德教化,"刑"是保证教化能够推行的辅助手段,地官和秋官皆有与"刑"相关的职官存在。从性质来看,"刑"大致可分文两类:一类是辅佐教化施行的刑,即地官职属所规范的内容;另一类是司法审判后给予制裁的刑罚,即秋官职属所执掌的内容。在教化标准上,以礼为纠的判准。教官是以行为"合礼与否"作为纠正民众行为的标准。违礼行为便属于大司徒所确立的"乡八刑"的范围。以礼乐为教化的核心价值,以"五礼防万民之伪而教之中,以六乐防万民之情而教之和"。在教化方式上,先礼而后刑。以劝诫为先,不轻易施以刑罚。即使施以刑罚,亦少有肉体残害的情况。"明刑""坐嘉石"等名誉刑也体现了明德慎罚的思想。

《礼记·王制》也有同样的记述:"司寇正刑明辟以听狱讼,必三刺。有旨无简不听。附从轻,赦从重。凡制五刑,必即天论,邮罚丽于事。"五刑的制定以及断狱听讼,必须要依从天论,即礼的要求。"凡听五刑之讼,必原父子之亲,立君臣之义以权之。意论轻重之序,慎测浅深之量以别之。悉其聪明,致其忠爱以尽之。疑狱,氾与众共之;众疑,赦之。必察小大之比以成之。成狱辞,史以狱成告于正,正听之,正以狱成告于大司寇,大司寇听之棘木之下。大司寇以狱之成告于王,王命三公参听之。三公以狱之成告于王,王三又,然后制刑。"

---

[4] 参见余荣根:《礼法传统与现代法治》,孔学堂书局2014年版,第25—26页。

4. 德礼政刑

礼治是综合系统，包含德礼乐刑法政俗，是有道之国的治理方式。因实行礼治和仁政，刑罚适用中刑，人民就会生活安定富足，任何志业都可成功，礼俗刑综合运用而后乐。《礼记·大传》曰："亲亲故尊祖，尊祖故敬宗，敬宗故收族，收族故宗庙严，宗庙严故重社稷，重社稷故爱百姓，爱百姓故刑罚中，刑罚中故庶民安，庶民安故财用足，财用足故百志成，百志成故礼俗刑，礼俗刑然后乐。"

礼乐政刑虽然各有功用，但地位作用不同，通过礼乐之治，达到"五刑不用"，是最好的治理效果。《礼记·乐记》载："故礼以道其志，乐以和其声，政以一其行，刑以防其奸。礼乐刑政，其极一也，所以同民心而出治道也。""乐由中出，礼自外作。乐由中出故静，礼自外作故文。大乐必易，大礼必简。乐至则无怨，礼至则不争，揖让而治天下者，礼乐之谓也。暴民不作，诸侯宾服，兵革不试，五刑不用，百姓无患，天子不怒，如此则乐达矣。合父子之亲，明长幼之序，以敬四海之内，天子如此，则礼行矣。"

君子行礼是为了提高内在的德性修养，礼治的目标是实现从圣人、君子到臣民百姓全社会道德水平的重建，德礼政刑，综合之治。《礼记·王制》曰："天子无事与诸侯相见曰朝，考礼正刑一德，以尊于天子。"《礼记·坊记》曰："故君子礼以坊德，刑以坊淫，命以坊欲。"

在德礼与政刑的关系上，德礼居于首要和终极的地位，是手段更是目的。"声色之于以化民，末也"，用严刑峻法治理民众是最差的手段。

《礼记·中庸》载："《诗》曰：'不显惟德！百辟其刑之。'是故君子笃恭而天下平。《诗》云：'予怀明德，不大声以色。'子曰：'声色之于以化民。末也。'《诗》曰：'德輶如毛。'"《礼记·缁衣》表达了同样的观点，用礼规范君臣关系，民间兴起诚实风气，就不用刑罚了。《礼记·缁衣》载："子言之曰：'为上易事也，为下易知也，则刑不烦矣。'子曰：'好贤如《缁衣》，恶恶如《巷伯》，则爵不渎而民作愿，刑不试而民咸服。大雅曰：仪刑文王，万国作孚。'"

孔子说：用道德来教育民众，用礼义来整顿民众，民众就有归附之心；用政令来教育民众，用刑罚来整顿民众，民众就有逃遁之心。所以，君主如果像爱自己的儿子一样爱人民，人民就会亲附他；用诚信团结人民，人民就不会背叛；用谦恭的态度对待民众，民众就会有顺服之心。而苗民制定五种酷刑，叫作法，他们民众的德性很坏，后世就灭绝了。"子曰：'夫民，教之以德，齐之以礼，则民有格心；教之以政，齐之以刑，则民有遁心。故君民者，子以爱之，则民亲之；信以结之，则民不倍；恭以莅之，则民有孙心。《甫刑》曰：'苗民罪用命，制以刑，惟作五虐之刑曰法。是以民有恶德，而遂绝其世也。'"

五、结　语

礼的本质是调节社会关系的行为规范。礼的功能在两个方面得到扩展，一是作为调整社会各种关系的一系列制度、伦理范畴被使用，如《礼记·表记》所言："夫礼者，所以定亲疏，决嫌疑，别同异，明是非也。"二是作为基本的治国之术，"古今所以治天下者，礼也。"礼由个人生活领域向国家政治领域转变。而关于礼的神圣性、正当性的渊源是"天"，从"天理"到"人礼"，"天人合一"，阐释了"礼"的神圣性、正当性和合理性的渊源。《礼记》提出的"礼治"，是一个概念系统，不仅描绘了"大同"与"小康"的理想社会，礼乐同治作为礼治路径，礼制与礼俗作为礼治的基本规范，教化民众、化民成俗，礼治为教化手段，而且指出礼治的核心是德治，目标是实现至善。

在礼治背景下，礼对政治、经济以及日常生活具有统摄作用。从现代的规范意义上看，法已经具有了独立的范畴，主要表现为刑法、税法、军法等。但是，法的制定以及实施均需依照礼的精神和原则，受到礼规范的调整和约束。因而可以说，在"三礼"所描述的时代，法是被包含在礼治系统下的一类规范体系。礼治所追求的理想型社会，是通过礼的规范作用，形塑和提升人的德性，通过人的内在道德修养，建立和谐友爱的社会秩序。慎刑、少刑、不刑，就成为礼治社会追求的另一个目标。在德礼政刑的关系上，德礼居于核心和基础地位，政刑是对德礼的补充。总之，礼作为一种礼治文化和系统，在《礼记》中被集中加以阐发和论证，形成了较为系统的理论体系。

近代证明责任知识体系的中国式生成述论[1]

何邦武[*]

摘 要 汉语世界中，有关证明责任的概念可溯自清季中日法律文化交流之际，其后渐次发展，并形成语言的自觉，内化于汉语世界的法律概念体系中。由于清季至民国时期初步形成的包括证明责任在内的法律知识谱系，在概念演绎、话语表达及法理逻辑上，已然构成中国法律现代化进程中"一以贯之"的"学统"，探求此间的证明责任制度的话语及理论，应当成为现代诉讼中有关证据责任制度学理研究的一条蹊径。

关键词 刑事证明责任 民国证据法 证据知识体系

证明责任问题，因其内容的复杂性和在证明过程中的重要性，无疑居于诉讼证明的核心，而作为其重要内涵的举证责任所形成的倒逼机制，因为对审前程序证据收集的直接影响，又使证明责任在整个诉讼中举足轻重。所谓"诉讼之第一步，为认定二造争讼之事实。在此发生证据法上最重要之问题，即为应由何方当事人证明事实"[2]。在两大法系，继罗森贝克、塞耶等之后，研究者代有其人，证明责任的理论亦因之而常旧常新。鉴于证明责任制度及法理在证据法学知识体系中的重要地位，因此，可以肯定的是，对清末至民国时期举证责任研究及其理论成果的梳理，不仅有助于阐明该理论如何在汉语世界中逐步

---

[*] 何邦武，法学博士，南京审计大学法学院教授，研究方向：刑事诉讼法学、证据法学、法律史学。

[1] 本文系作者主持的国家社科规划课题"近代中国证据法学知识体系形成研究"（14BFX068）成果。

[2] 周荣：《证据法要论》，商务印书馆1936年版，第23页。类此的说法十分普遍，如罗森贝克即认为，在民事诉讼中，证明责任制度是其"脊梁"。

形成的历史，并以这一过程本身富含的启示意义而为当下研究者提供借鉴。而且，作为一种理论类型和研究范式，这一时期的举证责任理论在尝试进行本土言说的同时，与同一时期英美法系的相关理论相呼应，在共相与特质二者之间，存在怎样的取舍与互融关系而维系着该理论的守恒与嬗变，也对当下不无启发。

有鉴于此，本文拟从知识发生学的视角，梳理并探求证明责任在汉语世界中的源与流，以期寻求证明责任理论的历史形成状况，探究与其相关的制度及法理。由于法庭最终认定并据以形成心证事实的复杂性，证明对象或待证事实不必也不可能囊括所有法庭最终认定的事实，因此，法律上如何认定与待证事实关联度密切的免证事实即推定与司法认知自然成为与证明责任相关的研究对象，本文将一并加以研究。

一、证明责任概念及相关法理演进

汉语世界中较早系统介绍证明责任理论者，系清末日本来华之松冈义正氏。松冈氏在其著述的《民事证据论》中，以大陆法系有关证明责任的理论为背景，专章从举证责任的意义、举证责任的效用、举证责任的前提、举证责任的分担以及举证责任的转换等几个方面，对举证责任进行了论述。他认为："举证责任者，简言之，即当事人为避免败诉之结果，而有证明特定事实之必要也。"松冈氏从民事举证责任出发，认为举证责任的性质，仅于诉讼法上发挥效力，因此应该属于民事诉讼法，不属于私法。松冈氏还以法国、德国和日本法律为对象，就历史上举证责任究竟属于民法还是民事诉讼法进行了梳理。由于民事诉讼奉行不干涉审理主义，当事人遂有举证之必要，在性质上，松冈氏认为，举证责任既非一种权利，也非一种义务。[3] 该书还详细分析了民事诉讼中举证责任的分担、举证责任的转换等问题。由于松冈氏在中国特有的影响，我国证据法学研究中大多数约定俗成的名词，均可以追溯到该书。有关证明责任的概念及知识体系，也因此留下了松冈氏理论的烙印。

1915年，郭云观毕业于北洋大学法科，其毕业论文《法官采证准绳》于1920年出版。从现有资料判断，这是我国第一部由本土法学研究者撰写的证据法学著述，其知识体系以法官"采证"为中轴而纵贯整个证明过程，极具本土

---

[3] [日] 松冈义正：《民事证据论》，张知本译，中国政法大学出版社2004年版，第30、32页。

色彩。此外，从该书所列参考书目来看，英美法系的证据法学知识系该书的主要知识来源，表明了当时学界在证据法学知识探求上的一种自觉和转向，值得重视。[4] 郭氏在"自序"中说明了写作该书的思路。郭氏认为，由于听讼之中，关于事实的审查判断，存在着"八难"和"十弊"，使对事实的审查困难重重，极易导致案件真相无从获得。因此，"初审鞫证之际，实奠全案之基础，而几操曲直胜负之筅鑰也。其攸系若是其钜，而得情复如彼其难，安可不有准绳焉，以为之导"。郭氏引用美国证据法学家威格摩尔的观点，认为"采证之学，有外术焉，厥名拣证；有内术焉，厥名心证"。但由于举证与后二者之间"关系殊钜"，因此将"举证"作为一篇置于全书之首。由此可见，证明责任即"举证"是法官采证的有机组成部分。

"举证"篇共三章，内容包括：证之征免（免证事实）、立证和推定。免证事实与推定拟于下一节介绍。关于举证，作者首先论述了举证的重要性，提出确立举证责任规则应依循"法理"而非"法象"的进路。随之，郭氏将举证责任远溯至罗马法的两大基本原则：一是"凡事实之陈述，主张者有立证之责，否认者无之"。二是"设两造均无证据，则将败诉者，其人负立证之责"。在举例说明两规则内涵后，作者进而指出，该两项规则"其义赅以精矣，后世之论证责，虽分门析类，要其旨归，鲜有越此藩篱者"[5]。根据该两项基本原则，郭氏又旁稽律典学说，通过例证增补了若干条规则：（1）旁涉之事实，除法律有特别规定者（郭氏将其列于推定一章中），应由主张者证明之。（2）欲证此事，须先证彼事者，则欲证此事之人，应负证彼事之责。（3）凡以罪状被人告发，而抗辩有异常情节，冀以自纳于宥减勿论之列者，应证明所称异常情节。（4）凡情事为一人所知独确者，其人负立证之责。（5）凡介乎两方原有信任关系而相互间为法律行为者，其行为是否出于诚实，及有无滥权亏职背义营私情事，立证之责，恒在于受任人。（6）在刑事案，负证明罪状之责者，须证至使

---

[4] 从书中序言判断，该书在1920年仅出版了上编"举证"，中编"拣证"及下编"心证"其后是否出版则不详。此外，有学者认为杨兆龙氏《证据法》为我国第一部证据法学著述，但显然郭云观氏此书为时更早且已形成系统的证据知识法学体系（参见吴丹红：《面对中国的证据法学》，载《政法论坛》2006第2期）。

[5] 郭云观：《法官采证准绳·上编》，版本有"上海静安寺路哈同路口聚珍仿宋印书局"印制字样，但该版本未标注页码。

常情起信而远疑,其证始立,民事旁涉刑名者,亦如之。(7) 立证责任,一经断定,虽可随举证程序而推移,而终不得脱卸。(8) 若两造所举证据,力足相抵,轻重适均,则原负立证之责者败。八条之中,第六条用今天的知识体系分类方法解读,则是关于证明标准"起信而远疑"即排除合理怀疑的规定,第八条是对举证后果即结果责任的规定。第七条为举证责任转移的限制。[6]

1929年,杨兆龙先生在上海法政大学执教,开设"证据法概论"课程,并于翌年出版了《证据法》教材。今版《杨兆龙法学文集》的证据法部分,共有绪论和三编内容。杨兆龙在其《证据法》中关于证明责任的论述系该书的第一编第一章的内容。杨氏在"证据提举"(Production of Evidence)篇中以专章论述了"举证之责任"(Burden of Proof)。杨氏受业于美国证据法学家摩根(Morgen),其对证明责任的界定自然有着深厚的英美法系当事人诉讼模式背景,深信"当事者之相见于法庭与敌人之对垒于战场无异"。因而,关于证明责任,"负举证之责任者,法庭中之取攻势者也;不负举证之责任者,法庭中之取守势者也"。在举证责任分担的原则上,杨氏在考察当时各国立法之后,认为由于"某种事实之存在或真实与否,与某种权利义务之存在与否有联络之关系"。所以,"主张该权利之存在与否之当事者对于该事实之存在或真实与否应负举证之责任"。[7]

继杨氏之后,有关证明责任的研究,可以称为荦荦大端者,还有周荣的《证据法要论》,蒋澧泉的《民刑诉讼证据法论》,以及由盛振为等氏编撰的东吴大学法学院教材《证据法学》。由于周荣实为东吴大学的《证据法学》编写者之一,且从内容看,该教材关于举证责任的内容即为周氏所撰,因此,该教材的相关内容不再赘述。

证明责任在周荣的《证据法要论》中,为第三章内容,该章共四节,分述了举证责任的意义,刑事诉讼和民事诉讼中的举证责任,举证责任的通例,以及举证责任的特例。关于举证责任的意义,周荣认为,由于法院审理案件,适用法律,系以事实为基础。无事实则无法律之适用,举证责任遂成为证据法上最重要的问题。在此基础上,周荣定义了举证责任的概念,即"当事人就其主

---

[6] 郭云观:《法官采证准绳·上编》。
[7] 杨兆龙:《杨兆龙法学文集》,法律出版社2005年版,第157页。

张之事实，有提出证据，使法院就其主张得生心证之责任"[8]。关于举证责任的性质，周氏总结了学界权利说、义务说和效果说等三种观点，并逐一作了评述。关于权利说（即举证系需举证的一造当事人提出证据以证明有利于自己的事项，而对造当事人则不得为此诉讼行为，因此，举证实为一种权利），周氏认为，举证责任的性质，究竟与一般权利行使不同。因为该责任"须于法院认为诉讼中所争执之事实为必要者，方始有之。其已臻明显者，当事人无须再为证明"。这与权利的属性不符，因此，举证责任"非为当事人之权利也"[9]。关于"义务说"（即认为举证为法律上命令一造当事人举证，否则将承担不利裁判。同时，义务说还认为既然法律中称之为责任，即说明举证之责为义务而非权利）。周氏认为，根据权利与义务之间相对性原理，一造有义务，则表明对造有权利。然而，"今负举证责任之一造当事人不为举证时，对造当事人不负赔偿之责，故举证之责亦非单纯之义务也"[10] 在否定了权利说与义务说之后，周氏赞同效果说。认为该说主张，当事人为求得利己之心证起见，而有证明其主张事实的必要。如果不作举证，将发生不利己之心证。因而，举证责任的目的，全在其效果上。

由于刑事诉讼与民事诉讼在性质上的不同，前者奉行干涉主义，后者奉行不干涉主义，[11] 周氏分别讨论了刑事与民事举证责任。关于刑事举证责任，周氏认为：由于刑事诉讼采用实体真实发现主义和国家职权干涉主义，因而法院应自行依职权收集证据及调查事实真相，以实现符合实体真实的裁判。在"当事人"一方，虽然也有举证责任，但仅为法院证据调查的补充，因而其举证，不是胜诉的要件，故而并无民事诉讼中由"当事人"分担举证责任的必要，而是由主张被告犯罪者，负举证责任。与之相应，"在证据确能证明被告有罪，毫

---

[8] 周荣：《证据法要论》，商务印刷馆1936年版，第23页。
[9] 同上书，第24页。
[10] 同上书，第25页。
[11] 这里引述当时学界对此的观点以说明：与职权调查主义与当事人调查主义作为调查证据之方法不同，干涉主义与不干涉主义，系对诉讼之起灭、范围之扩张减缩而言。干涉主义又曰职权主义或不变更主义，是关于诉讼标的及诉讼关系，不承认当事人有处分权，不得以其意思变更或消灭。法院依职权以为审判。与前者相反，不干涉主义又名处分主义，后者承认当事人有处分权，法院应受其处分的约束。参见蒋澧泉：《民刑诉讼证据法论》，第11页。

无疑义外，法院应为被告无罪之裁判"。如果"法院对于有罪无罪之证据，有所怀疑，或有罪证据之证力与无罪证据之证力相等时，皆应为被告无罪之裁判。被告犯罪之行为，非有积极之证明，不能定谳"。周氏还考察了各国与举证责任相应的无罪推定原则与证据裁判原则。在本章后半部分，周氏结合当时国内外判例，探讨了民刑事诉讼中举证责任的一般规则，举证责任的特例等。

举证责任的一般规则有四项：一是凡主张者，负举证之责。如一造当事人提出主张，对造当事人予以否认，则应由主张之一造负举证之责。因为如让否认方举证，则其所证事项为消极事实，不如由主张者提供积极事实加以证明便捷。因而，如主张者不能证明其主张，不论对造有无证据，应令其败诉。二是在刑事诉讼中，检察官负责证明被告犯罪行为。民事诉讼中，原告应负举证之责。具体还应注意以下事项：诉讼开始时，如两造均不能举证，则将要败诉一方应负举证责任。对诉讼过程中特定事项的举证，亦同。三是被告对于原告之主张，业已承认并另主张新事实，而为本案之抗辩者，就其抗辩事实，应负举证之责。四是负举证责任的一方当事人，关于其主张事实，已有相当之证明，其举证责任即移转与对造当事人。非经对造当事人提出有效之反证，即应推定原举证方主张为真实。周氏还结合中外判例说明了举证责任的特例。认为对于特定事项的举证责任，法律有特别规定时，应优先适用。[12]

蒋澧泉在其著述《民刑事诉讼证据法论》中，以专章论述了举证责任，并分十节论述了举证责任的意义、各国举证责任的历史及比较、举证责任转移等事项。较之此前著述，本书关于举证责任知识更加体系化。

关于举证责任的意义，蒋氏认为，由于刑事案件由法院依职权调查，民事案件由当事人提出，举证责任只存在于民事诉讼中。因此，所谓举证责任，"即民事当事人希望获得有利于己之裁判，就其主张特定事实之必要，加以证明之诉讼上责任也"[13]。与周氏关于举证责任性质的看法一致，蒋氏也认为，举证既非实现权利，又非履行义务，而是实现有利于己的心证，即为了达到一种目的，实现举证者预期的效果。蒋氏比较了民刑事举证责任的异同，并持与周氏相同的观点：刑事诉讼实行真实发现主义，其证据调查奉行职权调查主义，由

---

[12] 周荣：《证据法要论》，商务印书馆1936年版，第26—31页。
[13] 蒋澧泉：《民刑诉讼证据法论》，中国政法大学出版社2012年版，第61页。

法庭负责，检察官因其代国家为原告，因此虽有调查证据之责，但应调查有利与不利于被告的两方面的证据。总之，"刑事诉讼既无举证责任之规定，一应由法院依职权调查，则法院不能以检察官或自诉人未立证而当然谕知被告无罪，亦不能以被告未提无罪之反证而作为宣告有罪之理由"[14]。

蒋氏还详尽地探讨了民事诉讼中法院对于当事人举证时应注意的事项以及民事举证责任分配法则。其关于举证事项学理上的各种用语，系对当时有关举证责任研究中所使用语词的一种梳理，既是对当时研究的总结，也为建立举证责任语词规范奠定了基础。

关于刑事案件中的证明责任问题，蒋氏认为，虽然刑事案件认定事实所凭依的证据，由法院依职权调查，但当事人仍有举证的权利。类此视当事人在刑事案件中的举证责任为其权利的观点，亦可见于陈瑾昆氏的《刑事诉讼法讲义》，似为当时通说。姑此说明。[15]

蒋氏专门列举了民刑案件中的举证问题。关于刑事案件，蒋氏共列举了10项举证责任的分担情形，兹照录如下：（1）自诉人或检察官主张被告有罪者，应有积极之证明，不能空言攻击。因社会上之犯罪人，系例外事件也。但检察官就被告无罪证据，亦应调查；自诉人，则无此权利。（2）被告抗辩，当犯罪时，在心神丧失状态中，或瘖、哑，或精神耗弱者，应即举证。（3）被告主张，其自白出于强暴、胁迫、利诱、诈欺或其他不正当方法取得者，应即举证。因法律上认为法官通常为克尽厥职，系以正当方法讯取供词也。（4）被告主张其行为出于正当防御、紧急避难、正当业务行为、公务行为、上级公务员命令行为，应予举证。（5）对于已经法院认为犯罪行为，被告主张无故意或无过失者，应予举证。（6）被告主张减轻或免除其刑之事实者，应即举证。（7）法律上因年龄不同而异其责任者，被告应就利己之实际年龄予以举证。（8）法律因身份、特殊关系而异其责任时，被告就利己之实际上身份或关系，予以举证。（9）关于被告是否犯罪，在未有有罪证据时，被告无就无罪予以证明之必要。（10）凡主张犯罪行为时，被告在场者，应证明之；被告毋庸先证明其不在场。[16]

---

[14] 蒋澧泉：《民刑诉讼证据法论》，中国政法大学出版社2012年版，第69页。
[15] 参见陈瑾昆：《刑事诉讼法讲义》，法律出版社2007年版，第152—153页。
[16] 蒋澧泉：《民刑诉讼证据法论》，中国政法大学出版社2012年版，第91页。

东吴大学法学院的《证据法学》关于举证责任尤其值得关注。在知识体系上，其举证责任隶属其本论第一编证之通则，为全编第一章内容。该章分六节，分别论述了证责之性质、诉讼法上一般事实之证责、实体法上特定事实之证责、证责之移转、证责之效用和法制史上证责之比较观等问题。以下试作简要概述。

关于举证责任的概念和性质，书中认为，举证责任系诉讼当事人为求有利于己之裁判或避免受败诉的结果，为证明特定事物的必要行为。因此，该书将举证责任定位为既非诉讼一造之义务，也非法院或诉讼他造得以要求的权利。该书随之论述了诉讼法上一般事实的举证责任。该书认为，在制度设置上，当事人对于特定事实的举证责任，于实体法上规定甚多，而一般主张事实的证明，均适用诉讼法上的举证原则。由于刑、民事诉讼的差异，民事诉讼实行形式举证责任，刑事诉讼实行实质举证责任。具体来说，在民事诉讼中，法院通常对于诉讼证据，仅就当事人所提出的证据方法，作为裁判的基础。如果当事人已经提出作证的证据，诉讼要件也已经存在，法院就应该作出实体裁判，不得以不确信当事人主张的事实是否真实为理由而拒绝作出实体裁判。以此为原则，在民事诉讼中，"凡当事人为取得有利于己之裁判者，不问其为原告或被告，亦不问其主张为实体法上权利或诉讼法上权利，更不问为积极事实或消极事实，均非有所主张不可"[17]。相反，在刑事诉讼中，法院负实体上举证的责任，如果被告没有提出无罪主张，或者虽主张无罪而不提供证据，或者提供的证据单一而缺乏证据力，法院仍需调查原告（检察官或自诉人）的证据是否充足与可信，以及被告有无其他无罪的证据。该书还详细论述了实体法上特定事实的举证责任，包括法律行为、法律规定、除外规定、声请事项、权利行使、债之发生与给付、损害赔偿、刑事责任、国际私法等十八项内容。

关于举证责任的转移，该书认为，主张的责任不得变更，即主张证题（系争事实）的责任，在诉讼辩论中为一大前提，永不变更。因此，提出证题的当事人，如已具有充分表面证据，或者对方当事人无抗辩或反证，或仅有空言主张而无事实证明，那么，原主张的一方即可胜诉。如果对方当事人也提出主张，以攻击该证题，使原主张所依据的证据力发生疑惑时，则原主张的当事人应将该证题再予说明，使法院对其证力较对造攻击主张之证力更为坚强。否则，法

---

[17] 东吴大学法学院编：《证据法学》，中国政法大学出版社2012年版，第13页。

院对原主张一造之证题有怀疑时，则该原主张人必将遭受败诉的结果。该书随后讨论了举证责任转移及举证责任的效用即举证责任的结果等问题。[18]

二、免证事实的理论沿革

有关免证事实的梳理，将依照前文介绍的顺序，逐次进行。十分有意思的是，在松冈义正氏的《民事证据论》中，并无免证事实的论述。由于资料有限，笔者尚无从考究其缘由。但考梳其德国证据法知识传统的渊源，当时在日本颇具影响力的罗森贝克氏的著述所呈现的知识体系，即没有相关讨论，由此似不难发现其中的原因。此中缘由，尚待继续分析。

如上文所述，郭云观氏关于免证事实的论述内在地包摄于其"举证"编中。该编第一章，首述"证之征免"。之所以法律规定可免证的事实，郭氏认为，凡两造之陈述，必须立证加以证明是一种常态。但是，如果不论"公私显晦巨细"而通通加以证明，不仅举证者疲于奔命，法庭将耗时费财，更有甚者，狡诈的相对人"转得妄肆苛求，藉以宕案便私，不亦大戾乎"。因此，"论证之免否，亦所以定举证责任之有无。有责焉，必举充分证据以实其言。无责焉，虽主张而不证可也"。对以下情形，可免予证明：一是凡是关于"判官职权上之事项，暨国家政务法制之荦荦大端者，胥应由判官认悉，无庸征证于主张者"。二是凡是关于"两间自然之物理，振古如兹者，与夫当时人民生活之常态，普通之常识，人人所共喻者，境内非常之大事，人人所公闻者，胥应由判官认悉，毋庸征证于主张者"[19]。郭氏详尽列举了上述基本原则法律适用中的各种具体情形，并说明了理由及适用中可能存在的因法官个体差异而导致的理解上的差别。郭氏特别指出，前述二则免证规则，都是就通常意义上说的，然而"物变靡恒，异闻奇迹，固事之所或有，而非理之所必无。若例应认悉免证，而相对人持异议者，则有变例焉。令得举反证，所以剂情法之平也。"这表明对实践中异乎常理的情形处分时应持的态度。[20] 就法官而言，上述准则的确立，系基于"法为天下后世设，察人事之常，建大中之极"。力争使"高者俯就焉，庸者企及焉"。

---

[18] 这里保留了原文行文中的一些概念，原因在于这些概念今天已经不再使用，又很难用今天的概念置换，只能使用原概念，通过原有的语境来理解。

[19] 郭云观：《法官采证准绳·上编》。

[20] 同上。

并不随法官的"博陋宽严而为之左右"。因而，博闻多识的法官，对于不得免证的供述，不可以身知其事而免之，以免使自己陷于证人的地位。反之，寡闻健忘的法官，也不得对毋庸举证之事项，以非己之所知而征之。

关于推定，郭氏首先申述了推定与举证责任的关系：如果"讲证责而不旁逮推定，犹半解也。论证责而不兼涉证责，无实用也"。接着，郭氏将推定按四类分述，即：确推定（conclusive presumptions），"确乎不拔，不许反证也"，即确定性推定。假推定（prima facie presumptions），"权假如是，犹许反证也"。法律上的推定（presumptions de jure），"载于律文，行之勿违也"。审判上的推定（presumptions juris），"临事酌施，可伸缩也"。关于确推定、假推定与举证责任的关系，郭氏认为："负举证责任者，若受确推定之利，立卸其证责而获胜。若受假推定之利，则证责暂移对造，对造能反证，证责移还。不能反证，此造乃脱证责而获胜。"至于法律上的推定与审判上的推定，前者"固一成不易，莫得而轻重，其弊无由滋"。后者则"纯凭法官衡鉴而施"，适用时有听任法官任意之嫌。

与免证事实一致，郭氏关于推定的设立，乃是基于"法求尽理，而不务尽善"的原理，不会因为现实中的偶然反例而失其存在的根本。此外，推定的设立还是因为对生活实例归纳的应然结果，以及为了法律适用中的便捷。郭氏继而着重归纳了审判中推定的运用及规则。审判中，法官"察乎人情物理之际，揆诸公私事务之常，以揣测案中事实，而十得七八者"，可以作出假推定。申言之，"凡事如此为循常，如彼为变常者，则法庭假推定其为如此。若有主张如彼者，须举反证以实其言，故推定利于此造。则证责移于彼造。推定利于彼造，则证责移于此造，此假推定唯一之效力也"[21]。郭氏进一步列举了此类审判中的假推定。

首先，是假推定中的通则（常例），适用时，必须能举出相反证据，方得以推翻该原有的假推定：（1）凡失窃未几，有人存赃而不能自明来历者，得假推定其人为非盗即窝。（2）犯伙供词，非有旁证以实之，得假推定为不足信。（3）凡事物或其状况曾经证明存在而今溯计犹未至寻常湮灭时期者，得假推定其尚存焉。（4）凡文法官吏所办理公务，得假推定其遵循常识而为者。（5）凡

---

[21] 郭云观：《法官采证准绳·上编》。

事之迭次措施，具有经常，而罕迁异者，任举何次，得假推定为不违经常。（6）凡藏有证据之当事人，能提出而不肯提出者，得假推定该证之披露，将不利于藏者。（7）凡法庭有所问，当事人以无法律上应答之义务，而拒不肯答者，得假定若实答其事，将不利其案中之地位。（8）凡债权契据，已届清偿期，而落于债务人手者，得假推定债经偿还。（9）凡汇票经签诺凭付，或背签转让者，得假推定为受偿而为。其次，作者还列明了与前述通则相反而不容推翻的几则例外：（1）法律于特别规定之外，推定人人知法。郭氏评述了确立该条的缘由，认为系"为司法开启方便之门而已"。作为该条的例外，只有幼童癫癎者方为可免。（2）反证之未立也，得假推定人人无辜。此即无罪推定。（3）常人皆受心神无恙之假推定。（4）人之行为，其必然与或然之效果，为常虑所及知者，得推定为之者，心欲其然也。即推定其为有意为之。（5）凡动产之管有，其来历无证者，得假推定所有权随之，反证之责，由持异议者负之，所以维持财产之安全也。（6）信缄投邮，邮票贴足，住址姓名详而无误，得假推定其曾以时送达焉。（7）自护肤体，惟力是视，此人之常情。故于伤体毙命之案，得假推定伤者毙者当时不怠于护避。（8）男女在精通化育之龄，得假推定其禀有人道之机能，及衍嗣之能力。（9）姓名皆同者，得假推定为同一之人，名类色状品质记号皆同者，得斟酌情形推定为同一之物。（10）故意撕灭书证，如公文账簿记录之类者，得假推定其因不利于己而撕灭之。其涂窜者，得假推定其因该部分不利于己而涂窜之。（11）当事人贿使或怂恿对造证佐规避传唤或移匿对造关要书件者，得假推定此种言证书证为大不利于贿劝移匿之人。（12）当事人隐匿所存书证，如公文账簿记录等类之原本，而提出誊本者，得假推定其因原本不利于己而隐匿之，其隐匿他种证据者亦同。（13）构砌证词，捏饰书契者，得推定若质直陈述，将不利于其人。（14）两造讼争，事实上要点，有为某丙所深悉，某丁所略悉，丙与甲造无干，而为乙造私人，如戚友仆伙之类，又非法律所禁为证人者，揆诸常情，乙造必邀丙为证，乃不邀丙而偏邀丁者，从可推定丙若据实证述，将不利于乙造。（15）当事人躬知案中要节独谛，而相对人所述若伪，正可当庭对质驳之，然而无故不到庭者，得推定相对人所述不为无因。（16）晤议数次，而后订立书契者，得假推定议定要点悉载于书契。（17）外国法与本国法出于同系者，得假推定两不相背。作者并举例对上述情形进行了说明。[22]

郭氏没有提及与免证事实相关的自白、承认等问题。其关于推定的论述虽然用力甚殷，但分类的逻辑标准不统一，如关于法律上的推定与审判中的推定的划分，即缺乏可操作性。尽管如此，能将号称是法律中的"蝙蝠"的推定初步介绍出来，厘清其理论源头，已经是不小的学术贡献。

免证事实在杨兆龙氏的《证据法》中占据了较多的篇幅，值得关注。杨氏视免证事实为当事人举证责任的免除，并将之分为四类，即：（1）法庭认知之事实；（2）法律上推定之事实；（3）不能否认之事实；（4）自认与自白之事实。在分类逻辑上与郭云观氏不一致。随之，以较长篇幅论述了该四类免证事实。摘其要者，略述如下：

法庭认知的事实有两种，一是性质显著者；二为职务上已知者。作者论述了英美法系法庭认知事实的情况，并将其与当时的《中华民国民事诉讼条例》中的免证事实进行了比较。认为前者以法院在法律上应知的事实为限，而后者以法院实际上了解的事实为限。因而，"英美法之长，在其认知事实范围之广大；而其短，则在认知实际未知之事实为已知之事实。我国民事诉讼条例则相反"。由于二者都以裁判者之学识经验为断，所以，杨氏认为，二者制度名虽异而实则同。[23]

法律上推定的事实即法律关于某事实所有利于或不利于当事者的推想（inference）。作者认为，法律上推定的事实，大部分属于实体法的范围。由于当时的中华民国属于大陆法系传统国家，因而在有关推定的规定上与英美法系国家不同，而且，作者认为，正是由于这种不同，如果将有关推定的内容像英美法系一样完全规定于证据法之中，并不妥当。杨氏着重就推定与举证责任转移的关系进行了说明，认为"凡当事者之一造，已证明其所主张有利于己之事实时，则举证之责任移转至他造方面；此时他所主张之反对事实若为法律上所推定者，则毋烦词费时而可使举证之责复归属于对方之当事人，故法律上推定之事实，为左右举证责任之归属之一大势力"。[24]

---

[22] 郭云观：《法官采证准绳·上编》。
[23] 杨兆龙：《杨兆龙法学文集》，法律出版社2005年版，第160页。
[24] 同上书，第162页。

杨氏在论述不得否认的事实时,首先解释了与之相关的 estoppel 的含义,认为简单而言,该词乃阻止当事者否认某种事实的存在或真实的法律上的原则。其具体内容有三:(1)基于存案之否认禁止或者存案上不得否认之事实。当事者不得否认判决中关于诉讼原因的事实。但该原则对下述情形不适用:一是宣告判决的法院对于诉讼之事物或被告无管辖权时;二是判决因诈欺之手段而得来时;三是判决违反自然之正义的原则时;四是判决违反国际私法之原则时。在刑事附带民事诉讼中,虽然一般情况下,关于犯罪的证明即自然有约束附带民事诉讼或独立民事诉讼的效力,但必须受限于以下条件:刑事判决必须已经确定且所认定事实必须以关于犯罪之证明及责任为限,关于被害人所受损失的程度则不在此限。杨氏特别指出,此项原则对于当事者于判决确定后,如发现新事实、反对事实或解除事实,不妨申请再审,而并非意味着判决一经确定当事者永无平反的希望。(2)基于契据之否认禁止与契据上不得否认之事实。杨氏引述了英美法的相关规定,凡契据内关于事实之积极规定,履行契据者及以其权利为根据者一概不得否认。但杨氏认为,应注意的是,契据内关于事实之积极规定以与契据之目的有关系者为限。至于契据目的以外的事实则不然,由于当事者目光既不在此,则疏略之处自不能免,如一律禁止否认,实属不公平。(3)基于行为之否认禁止及行为上不得否认之事实。杨氏考证了本项禁止系由英文原词 estoppel inpais 引申而来,意为凡"当事者之行为足以表示某种事实存在,而致他人为引诱而变更其地位或情形者,以后该当事者不得否认该事实之存在"。当事者的行为有言语行动的积极行为和消极的不作为两种。本项禁止成立的条件为:一是所表示者为事实,法律者不在此限。二是表示的结果曾使他人对其所表示的事实信以为真而变更地位或情形。三是表示的事实应为足以确信者。

关于自认与自白的事实。杨氏认为,由于自认与自白事实不真实者甚少,举证手续非属必要,但为了发现真实,仍应对之设立界限,以防止鱼目混珠。就自认(杨氏将其定义为当事者于民事案件内及刑事案件内不属于犯罪意思或犯罪行为部分事实之承认也)而言,可以免除举证责任的条件是:(1)系当事人主张的事实。如自认非当事者主张,则不在诉讼范围,所谓举证责任则无从发生。(2)非出于胁迫者。作者论证道:自认事实之所以毋庸举证者,以其出于当事者之自由表示足以代表真相。如其系以胁迫手段而得之者,必非出于当事者之自由意思，则其真实之程度殊不可信。此时，如果不经举证而以之对抗表示之者，其流弊将不堪设想。（3）非出于错误或相对人之同意者。如当事者之表示系出于错误或相对人之同意，则其内容不能代表真相。（4）自认之事实系当事人本人，或其代理者，或其共同利害关系者，或与其利益相连带者，或其所指定以供参考者所陈述或表示者。（5）事实之承认非系出于和解，而亦非以不提作不利之证据为条件者。杨氏还探究了自认的形式及证据资格等问题。[25] 自白（杨氏将其定义为刑事案件内之被告关于犯罪意思或犯罪行为事实之承认也）分法庭内和法庭外两种。其中，庭内自白可免除举证责任，而庭外自白须经证明，由主张自白事实之当事者承担举证责任。杨氏还比较了自白与自认之间的区别，值得借鉴：一是自认的事实陈述不以自愿为必要，而自白则必须出于当事者自愿方能生效。且自认事实可由言语动作及不动作表示，但自白事实仅可由言语表示，动作表示则为例外。二是法律对自认事实采用宽大主义，对于自白事实采严格主义，由此使自认事实条件少而自白事实条件多。三是出于代理关系及有共同利害关系等人的自认，有拘束效力。而自白则除出于共犯者与主人在刑事上为之负责的仆人外，概以出于被告本人为有效的条件。[26]

免证事实在周荣氏的《证据法要论》中，是被视为与举证责任关系密切的一章内容。周氏将免证事实分为显著事实、法院职务上已知的事实、法律推定的事实、事实上推定的事实以及当事人承认的事实。

周氏袭用了郭云观关于显著事实即一般公知之事实的观点。具体系指凡一国内一地内或一社会内所共知之事实，以及一般经验法则等。包括：（1）一定之物理。如饥食渴饮、晴干雨湿、海咸河淡等；（2）国内名山巨川，省道县邑之所在，国内史上显著的事实等；（3）年与日之计算、季节及例行假日，某月日是否为星期六，某星期日在何月日等；（4）法定及本区通行之度量衡、货币利率等；（5）区内邻近的巨灾浩劫等；（6）本区内历久相传的习俗，一时盛行之风尚，以及某处至某处常经之途等；（7）工厂文字之句读意义及习用之典故谚语等。关于显著事实的标准，作者认为，在英美法系的普通人认知标准和大

---

[25] 杨兆龙：《杨兆龙法学文集》，法律出版社2005年版，第165—166页。
[26] 同上书，第168—172页。

陆法系的法官认知标准中，后者较为可取，且适用中也较为便利。但这一法官标准应当以全体法官知悉为考量标准。

在论述了各类显著事实之后，周氏着重讨论了认定显著事实的标准问题。认为应当借鉴大陆法系法律的规定，以法官的认识能力为准据。因为这一标准在适用时较之英美法系以一般人的认识能力为标准更为便利。至于合议制法庭的标准如何认定，作者认为应以全体法官知悉为是。[27]

关于法院职务上已知的事实，作者认为应包括通常应知之事实及经调查而后知悉的事实。这里的知悉，"不论其知悉系由本诉讼事件，或系由其他诉讼事件，或系非讼事件，亦不论其得知之方法如何"。只要法院已经知悉，则此事实之真相已明，一造当事人纵有争执，主张之一造当事人亦无再举证的必要。纵然如此，法院应允许当事人有就其事实辩论的机会，否则，裁判将有法律上的瑕疵。此外，法院对职务上应知事实不知者，应由法院自行调查，当事人毋庸举证。但对于习惯法、地方制定的法规，以及外国法（实为事实），法院不能尽悉者，当事人仍负举证之责。[28] 周氏对于法律上推定的事实与事实上推定的事实基本袭用了郭云观的观点，此不赘述。

关于经当事人承认的事实，有自认与自白两种。与杨兆龙不同，周氏仅视自认为民事诉讼中的免证事实，而自白为刑事诉讼中的免证事实，实则为一种疏漏。周氏在自认与自白的内涵以及二者的区分上，与杨氏基本一致。值得关注的是其关于自白作为证据所应具备的条件的论述：一是自白须与犯罪事实相符。周氏认为，出于各种目的动机，被告自白犯罪，往往有与事实真相不符者，基于职权主义的立场，周氏认为不能采为证据。二是与自白应和真相相符的要求一致，法院应调查必要的证据。三是自白须非出于强暴、胁迫、利诱、诈欺或其他不正当的方法。可以看出，周氏在自白的条件上不及杨兆龙论述得细致。[29]

蒋澧泉氏关于免证事实的论述，见于其书的第十六章中。该章内容包括民事及刑事诉讼中的免证事实，因此，其第十六章篇名为"民事诉讼免除举证责

---

[27] 周荣：《证据法要论》，商务印书馆 1936 年版，第 36—37 页。
[28] 同上书，第 37—38 页。
[29] 同上书，第 41—53 页。

任事项"应该有误。蒋氏关于免证事实的种类及对每一种免证事实与相关举证责任的论述与前述郭云观、杨兆龙及周荣等人基本一致。所不同者，蒋氏在论述法律上的推定时，除了将其研究范围远溯至我国唐律外，还就英美证据法中，裁判上的假定、法律上的论断及妨碍抗辩三种，与当时中华民国的法律推定进行了对比，有利于对法律上推定的认识。此外，蒋氏还专门讨论了免证事项的冲突问题。其认为：两种免证事项如相一致，其真实性更为强固，于事实之认定，当无问题。若互相冲突，应依何种事项为准，为一重要问题。蒋氏随之论述了自己的观点。一是自认与显著事实相冲突的效力。蒋氏认为，自认事实如为显著不真实的事实，或与显著事实相反者，不得以之为裁判资料。因为，"显著之事实，世人均知之事实；显著不真实之事实，亦为世人皆知者"。此时，如果法院竟然拘于不干涉主义，认显著事实为真实，显然有损于法院之荣誉。[30] 二是自认与法院职务上已知之事实相冲突时，亦应从法院职务上已知事实论之。三是自认与法律推定相冲突时，应视是否为完全推定或不完全推定而处置。如属法律上完全推定，如自认之事实与之冲突，应从法律上推定论之，不能反于法律上完全推定之事实为真实。于不完全推定场合，因系允许提出反证推翻，则如当事人为反乎此项不完全推定事实之自认，宜以使其优于法律上推定者为当也。四是自认与事实上推定相冲突时，应依照自认论之。以事实上推定，系属不完全推定，均得以反证推翻；如自认事实与事实上推定相反，宜认自认为真实，较为妥当。五是显著之事实与法院职务上已知之事实相冲突，应依显著事实论之。因为，显著事实为世人皆知；而法院职务上已知之事实，仅法院知之。少数人认为真实，不若多数人认为真实之事实为事实。此外，法院职务上已知事实，系由办理诉讼而获得，常常因该诉讼案件囿于证据或手续，不能得实质之真实。六是显著之事实与法律上推定之事实相冲突时，不问法律上推定为完全推定或不完全推定，均依显著事实论之。因为，显著事实其真实性甚大，而法律推定不过依据法律之规定，以一定事实之发生，法律上推定其有某种效果。这种效果，终究不如显著事实直接且有效。七是显著事实与事实上推定之事实相冲突时，当以显著事实论之。其理由除与前述相同外，事实上推定均属不完全推定，与真相相差甚远。八是职务上已知之事实与法律上推定事实相冲

---

[30] 蒋澧泉：《民刑诉讼证据法论》，中国政法大学出版社2012年版，第133—134页。

突时，应区别法律上推定为完全推定或不完全推定而分：如为完全推定，则优先于职务上已知之事实；如为不完全推定，则以法院职务上已知之事实为优先。九是法院职务上已知之事实与事实上推定之事实相冲突时，应以法院职务上已知之事实为准，较为合理。十是法律上推定之事实与事实上推定之事实相冲突时，不问法律上推定为完全推定或不完全推定，均优先事实推定。因为，以法律上规定之推定，系依常理加以推定，不过是以明文规定者。进行事实推定时，因亦依于既有法律上规定之推定，则径行适用法律推定即可，毋庸再依事实推定。如在允许以反证推翻的法律推定场合，则事实推定，固然与法律上推定相同，不致有所出入。因此，二者相竞合时，难以看到事实推定有优于法律推定之处。[31]

东吴大学法学院的《证据法学》中关于免证事实的内容见于其第一编第二章。该书将其界定为"免证限度"，分事实为法院已知者、事实为当事人承认者、事实为法律或他事实推定者三种免证事实，并阐述了推定之效用以及推定于法制史上之比较观等内容。其中，事实为法院已知者包括显著的为一般人所周知的事实和法院在其职务上已知事实。该书还详细阐述了众所周知事实中的主体性标准及职务上已知事实的认定问题。该书将当事人承认的事实分为民事诉讼和刑事诉讼进行讨论，认为民事诉讼中当事人的承认是自认而刑事诉讼中为自白，并指出"此类事实承认之表示，须出于当事人之自动而非强迫者，与和解或让步无关"[32]。同时，当事人的承认是事实上的承认，与权利主张的承认不同，后者该书将其界定为认诺。

该书将民事诉讼中的自认分为审判上的自认与非审判上的自认、完全自认与限制自认、准自认、本人与代理人自认四种。并就自认的效力、自认的撤销与追复等作了详尽的论述。该书将刑事诉讼中被告人的自白划分为审判的自白与非审判的自白、各个自白与共同自白、直接自白与间接自白三类。其中，直接自白为被告人直接承认被控事实的自白。间接自白只可视为情状证，不能视为自白，包括犯罪行为的表示（如犯罪嫌疑人见到逮捕而逃逸）、犯罪行为的解释（如在谋杀案中，被告解释谋害原因乃为防卫起见）、犯罪事实以外的陈述。

---

[31] 蒋澧泉：《民刑诉讼证据法论》，中国政法大学出版社2012年版，第133—136页。
[32] 东吴大学法学院编：《证据法学》，中国政法大学出版社2012年版，第40页。

该书关于刑事自白的效力作了较为合理的论证，认为法院采信自白时，应该符合一定的积极条件和消极条件。前者要求自白应当与犯罪事实相符，且法院应调查必要的证据以作为自白的补充性证据。后者要求自白应出于犯罪嫌疑人的自愿，而非由强迫、胁迫、利诱或诈欺的方式获得。该书特别指出，法庭对于自白，"应审察自白之全部，不得断章取义，曲解证言，致供述者蒙不白之冤"。[33]

三、结论与启示

总结清季至民国时期有关证明责任的论述，在以下几个方面，尤其值得关注：一是有关证明责任的概念相对稳定。各研究著述中，皆以举证责任指称证明责任的全部内涵，尚无时下研究中将证明责任分为举证责任与结果责任的分类。但从这种混一的研究中，能得到这样的信息，即：今人所谓的证明标准或说服责任（结果责任）实为举证责任的自然延伸，易言之，如负举证责任者不能使法庭达到"起信而远疑"的程度，其责任即不能免除。由此又使这种混一的研究具有了将证明责任分为举证责任与说服责任而分隔研究所不具备的优势，即：诉讼证明中，围绕法官拣证与采证的中心，如何分清举证责任主体，并由其完成举证责任，是诉讼证明的核心而须臾不可偏离。二是在刑事证明责任研究中，各研究者没能在大陆法系职权主义审理方式与当事人的证明责任之间作出区分，由此造成了理论上的含混。事实上，近代以来，随着控审主体的分离，所谓由法庭承担举证责任的观点已无立足之地。各种原因分析中，主张刑事诉讼的干涉主义和民事诉讼的处分主义，尚能解释其原因的一二。此外，研究者也没能认识到在刑事证明中，无罪推定原则对举证责任的先在约束。这些都是刑事证明责任研究的前车之鉴。三是值得肯定的是，在各研究中，都视举证责任为案件审理的体系化规则，因而，免证事实成为举证责任的题中应有之义。而且，这一时期有关免证事实的论述，在免证内容上基本一致，在免证事实与举证责任的关系上的认识也趋一致。由此反映出有关免证事实理论研究的成熟程度。其中，蒋沣泉氏关于免证事实相互冲突及解决的研究尤为周到，不仅考虑了理论自身的完备，也满足了实践中可能产生问题的需要。要言之，这一时

---

[33] 东吴大学法学院编：《证据法学》，中国政法大学出版社2012年版，第47页。

期的证明责任制度尽管还存在诸多不足,但无论就其理性化程度、证明责任在整个证据知识体系中的位置的界定来看,还是就其包含免证事实的论述而形成的知识的系统性而言,都足资借鉴。

本文采用历史研究的方法,探寻了证明责任制度的话语及其依存的制度知识体系在我国从萌生到其后发展的内在理路,乃是立基于以下的原因:一方面,如前文所述,由于清季至民国时期初步形成的法律知识谱系,某种意义上已然构成中国法律现代化进程中"一以贯之"的"学统",其概念演绎、话语表达、法理逻辑等知识本身,已成为中国法律现代化的"元叙事"。对20世纪80年代以来的刑事证明责任研究,亦复如是。另一方面,由于语言一经产生,就有了自己的生命力,其含义即在其得以使用的社会中不断获得并演变。法律语言也是如此,其概念的内涵、外延及引申意义也常常在约定俗成中发生变化。但应注意的是,语言"层累"的结果既可以丰富语义,也极易造成某一语词的"谬种流传"、语义失范或迷茫的现象。对于后者,语义本源的澄清显得十分必要,而通过对该语词的一种知识考古,在对其意义的考辨中,追溯其原初意旨,应不失为一种可行的探索途径。[34]

正是源于上述知识的发展背景和研究设想,本文对证明责任发展源头的考据性发掘,对当前的证明责任的研究,应不无启示意义。事实上,很长一段时间以来,我国证明理论研究,拘泥于以满足司法实践需求为指南的"实用主义"倾向而非基于证据法理的导向,使证据法学内部各知识点在学术上受关注的程度不一,造成整个证据法学知识体系的不平衡。就证明责任的研究而言,源于司法实践中,对案件事实清楚,证据确实、充分、具有可操作性的诉求,理论界率先关注对所谓证明标准的研究。而对该问题与举证责任的逻辑关系,在举证责任中处于何种境况,却关注不足。这种不平衡还表现在有关免证事实的研究尚未取得共识,以致免证事实至今未能走进立法。证据理论研究的系统性不足,使零散、微观的即重视个别问题的探究的研究方法依旧延续,而立足整个证据知识体系的宏观性和系统性研究方法仍然缺位。其结果,一方面是既有的研究对象虽然得到深化,有了堪称精致的研究。但另一方面,有些尚未成为司法实践中急需解决的与证明责任有关的问题则研究不多。同时,缺乏宏观视野

---

[34] 参见何邦武:《现代法律知识体系的回归》,载《文化中国》2012年第4期。

的证明责任的研究则使各个知识陷于孤立的境地，有关证明责任、免证事实由内而外的相互关系及其在整个诉讼证明中的结构功能等则认知不足。其中，诉讼证明过程中泛哲学化的认识论和实践中难以企及的乐观主义思维理性，尚未转换成基于证明责任基础上，以及在法律原则和规则约束下的规范认识思维和有限理性。这种关于诉讼证明的纯粹认识论的研究，固然与其认识论有关，但与没有兼及诉讼过程的特质，没能置该种认识过程于特定场域，使其受证明责任的深度约束，有难以排解的关系。易言之，证明责任尤其是其中的说服责任对诉讼过程中法官心证形成的认知没有得到应有的重视。[35]

不仅如此，研究方法上的因循，以及对证明责任基本法理缺乏应有的认知，还使在如何构建证明责任的制度体系上，出现了近乎荒诞的理论，成为一种"方法论上的盲目飞行"（陈林林）。鉴于目下研究的零散和系统性缺乏，有学者主张，构建一个全面的证明责任体系。但这种构建的设想却不是建立在证明责任基本法理基础上，而是主张：证明责任既不是权利，也不是义务，更不是权利与义务的统一体。应该建立全面的证明责任体系，打破自古以来"一责独秀"的局面。全面的证明责任体系包括侦查机关的取证责任，诉讼一方或双方的举证责任以及审判机关的审证责任。每一种特殊的证明责任类型都有其自身的内在根源、外在条件、主体和基本内容。该学者放言："时至今日各国法律上仍然只有举证责任一种证明责任。这种状况不能再继续下去了。""为了适应司法制度、诉讼制度、证据制度不断发展的需要，创新证明责任理论、提升证明责任制度，确保证明质量、更好地完成证明任务，必须打破几千年来一种证明责任独秀的局面，在司法证明和诉讼证明中建立全面的证明责任体系。"[36]

对此，笔者认为，学术的创新不应与无视或者摒弃证明责任的基本法理而故作惊人之语的标新立异画上等号。解决当前证明责任理论研究中的困境，走出研究的歧路，反思汉语世界证明责任知识体系的源头，以此重新审视该知识体系的应然逻辑，应不失为一种可行的进路。

---

[35] 参见何邦武：《错位与回归：刑事证明责任理论与制度的反思性整合之路》，载《扬州大学学报》（人文社会科学版）2016 年第 5 期。
[36] 裴苍龄：《构建全面的证明责任体系》，载《法商研究》2007 年第 5 期。

法律本地化使命中的法律翻译
——重述澳门回归前的法律发展进程（1987—1999）

何志辉[*]

摘　要	法律翻译在澳门法律发展史上具有独特的重要性，对于澳门法律本地化和现代化而言尤其意义重大。本文首先回溯过渡期澳门法律翻译之背景及由此展开的法律汇编与法律清理工作，随后详述法律本地化进程中的法律翻译若干议题：回溯在此期间澳葡政府的单语立法状况；反思在此期间法律翻译工作的困境和迷局；回顾当时社会各界之建言、澳葡政府之回应；述评澳葡政府法律翻译工作之举措及得失；检讨与法律翻译工作息息相关的双语法律人才培育问题。上述议题所涉的不仅是澳门在过渡期必须解决的问题，也是其他存在多语环境而亟待进行相关立法或开展法律本地化运动的国家或地区可资参考的内容。
关键词	澳门法　法律本地化　法律翻译　双语法律人才

一、引言：作为"问题"的产生

回溯澳门四个多世纪社会发展的历史，不难窥见在此华洋共处的弹丸之地有着极为复杂的语言环境，语言学界对当前已基本定局的澳门语言环境概括为"三文四语"（书面文字为中文、葡文、英文，口语交流为普通话、粤语、葡语、英语），而在跨语际交流的日常生活中远不止上述几种，仅就澳门华人社会频频可见的就还有闽南话、潮州话、客家话等其他方言。在此背景之下作为多元文

---

[*] 何志辉，澳门科技大学法学博士，日本关西大学文化交涉学博士，现任澳门理工学院一国两制研究中心副教授，主要研究方向：比较法、港澳法与法律思想史。

化有机组成部分的法律文化,[1] 也因之而在多元化的语言环境中牵涉必须政府介入的法律翻译问题。

在早期澳门史上,基于明清政府对澳门社会的主导治理和澳葡政府对葡人族群的有限自治状况,作为治理工具的法律在文本形态上是以占支配地位的一方所持语种为准的,故而长期以来出现在世人面前的法律翻译事务工作也呈现出这种政治性的不平衡,介乎明清官府与澳葡政府之间的翻译人员的社会地位一贯卑微,其所执不过是"舌人"或"通事"身份而所事往往是以业余方式居中传话。

法律翻译之转向专业化且逐步职业化的发展,是迟至鸦片战争以来因应澳门治理格局之剧变才起步的。其时葡萄牙政府趁势调整对华政策而以种种手段得逞其对澳门社会的殖民管治,葡萄牙由律令时代而急剧转为近代性的法典法体系也随之潜入乃至全面迁入华洋共处的澳门社会,近代以来的澳门法律发展格局遂与鸦片战争之前迥然有别。在此格局之下的葡萄牙法律如何嵌入异质性的华洋社会,除了必须依赖澳葡政府通过法令及政策等强势策略来推进之外,还需同步开展的就是逆转长期以来在法律文本及其效力上的中文所占的支配性地位。葡萄牙语因之一跃而为近代以来直至 20 世纪末澳门回归前的支配性语言,原来地位卑微且大多以兼职方式偶尔为之的中葡双语翻译人员,也随之凸显其在日常生活与政治生活中的特殊地位。

自 19 世纪 50 年代开始,澳葡政府为提高殖民管治的政治效能而不断调适科层化的行政管理机构,具有特殊性和专业性的法律翻译工作也被纳入科层化的体系。从"理事官署"到"华政衙门"的政府下辖专门机构的改造过程中,法律翻译工作日渐沾染殖民管治的政治气息,并最终被吸纳到澳葡政府通过立法方式所展开的语言/文化殖民政策体系之中。此种格局在一个半世纪的时段被强行维系并持续加以固化,于是一个以华人占绝对多数的华洋共处型社会呈现出吊诡的状况:葡萄牙语在官方层面及文本世界中支配着澳门政治、法律与社会的发展,但在跨语际的文化实践中仅仅属于居澳葡人、土生葡人及少数葡籍华人的语言"专利",中文及其在口语形态上最为岭南地区常用的方言粤语仍然

---

[1] 相关背景研究可参见何志辉:《华洋共处与法律多元:文化视角下的澳门法变迁》,法律出版社 2014 年版。

支配着澳门社会的日常生活。

此种状况直至1987年签署《中葡联合声明》而开始发生改变，中文官语化的问题变成与法律本地化、公务员本地化相提并论的"三化问题"之一；1993年《澳门基本法》的颁行则为澳门在回归祖国之后全面实践"一国两制"奠定了法理基础和宪制依据，由此而在回归前夕开启声势浩大的法律本地化运动。在此"三化问题"中作为重要议题的法律翻译工作，因同时牵涉中文官语化和法律本地化而成为社会各界瞩目的一大问题。这场持续十余年的法律翻译工作，究竟是在怎样的特殊背景之下发动起来，具体通过哪些环节及部门得以开展，其牵涉的相关问题又有哪些方面，其最终成效究竟在多大程度上可以被检视出来，对澳门回归后的法律发展具有怎样的历史意义，诸如此类的问题便是本文将要陆续探讨的内容。

二、法律翻译工作的启动背景：过渡期与本地化

法律翻译工作的启动背景，在时间维度上通常以1987年4月13日为一个重要的界碑。正是在这一天，《中葡联合声明》由中国时任总理赵紫阳与葡萄牙时任总理施华高在北京共同签署。该文件经中葡两国各自按法律程序完成审批手续后，于1988年1月15日由中葡两国政府在北京互换批准书开始生效，同时建立了中葡联合联络小组和中葡土地小组。

《中葡联合声明》正文由七条组成，另有两个附件，即附件一《中华人民共和国政府对澳门的基本政策的具体说明》，附件二《关于过渡时期的安排》，以及双方准备交换的备忘录。正文第一条正式宣布："澳门地区（包括澳门半岛、氹仔岛和路环岛）是中国的领土，中华人民共和国政府将于1999年12月20日对澳门恢复行使主权。"第二条和附件一全面阐明了中华人民共和国政府对澳门的基本方针政策。第三条则规定，在《中葡联合声明》生效之日起至1999年12月19日止的过渡期内，葡萄牙共和国政府负责澳门的行政管理，继续促进澳门的经济发展和保持其社会稳定。

对澳门恢复行使主权的承诺，在法律发展层面意味着葡萄牙法律从此退出未来的澳门特别行政区，取而代之的特别行政区法律体系则必然需要作出包括语言层面在内的重大转型，法律翻译工作的重要性随之凸显出特殊的意义。

回归后特别行政区法律体系的根本保障，是澳门基本法起草委员会历时四

年五个月完成、第八届全国人民代表大会第一次会议于1993年3月31日审议通过并正式颁布的《澳门基本法》,于1999年12月20日生效实施。《澳门基本法》由序言、九章共145条组成,另有三个附件,规定了未来澳门特别行政区的地位及与中央政府的关系,确立其政治体制、经济制度、文化和社会事务方面的政策,规定了其在对外事务中的权限,明确了澳门基本法的解释与修改权限,确定了未来澳门特别行政区行政长官与立法会的产生办法和行政长官、主要官员、立法会议员、司法官员、行政会委员的任职资格,明确了行政、立法、司法与市政机关的职能与权限,列明了在澳门特别行政区实施的全国性法律。《澳门基本法》以《中华人民共和国宪法》第31条为依据,体现了"一国两制""高度自治"和"澳人治澳",保障澳门现行社会、经济制度不变,生活方式不变,现行法律基本不变的原则,在未来的澳门特别行政区具有最高的法律地位。

综合而论,《中葡联合声明》为澳门主权归属确立了"一国两制"的法理根据,使得澳门法从全盘葡式法开始向真正本地化的法律体系过渡。这份声明的伟大意义,对澳门法之发展而言,是奠定了澳门法的全新的本地化发展方向。《澳门基本法》为回归后的澳门特别行政区法制构建了宏大的框架,使原有的葡式澳门法必须顺应《澳门基本法》的要求,即必须完成和实现法律本地化,以适应"一国两制"的根本要求。

随后展开的便是一场规模浩大的法律本地化运动。[2] 法律本地化的基本要求可概括为16字:"法律过户,法律修订,法律翻译,法律清理。"依据《澳门基本法》相关规定,澳门特别行政区成立后"法律基本不变",亦即澳门原有的法律、法令、行政法规和其他规范性文件,除与基本法相抵触或澳门特别行政区立法机关和其他有关机关依法作出修改以外,均予以保留。其时,澳门现行法律包括两部分,第一部分是从葡国引申到澳门的葡国法律,包括现行的刑法、刑事诉讼法、民法、民事诉讼法、商法等;第二部分是澳门立法机构根据葡国宪法和《澳门组织章程》制定的法律和澳门总督制定的法令和法规。此外,还有一些照顾华人习俗的法律。在过渡期,需将这些现存的法律清理、分类和修订,然后翻译为规范的中文,使其能反映澳门的特点,满足澳门社会的政治、

---

[2] 参见华荔:《澳门法律本地化历程》,澳门基金会2000年版。

经济、社会、文化各方面发展的需要。

法律本地化的进展，以葡萄牙五大法典的本地化为核心任务。[3] 1988年，澳门政府成立了法律翻译办公室，集中了中葡法律和语言方面的专家，进行清理、分类工作，并将重要的法律译为中文。此外，还开始培训中葡双语法律人才。与此同时，澳门大学设立法学院并设置葡语翻译课程，政府亦派遣学员到葡国进修法律。从1990年开始的适用于澳门法律的编列和系统化工作，已于1995年完成。此类法律共58123件，其中1910—1994年由葡国和本地立法机关制定的28035件，加上在1870—1910年制定的法律共30088件。在已整理和分析的1700件葡国制定的法律中进行筛选，其中适用于延伸至1999年后的有255件。率先实现本地化的是《澳门刑法典》，其次是第二年颁行的《澳门刑事诉讼法典》，它们分别于1996年1月1日和1997年4月1日生效；至于《澳门民法典》《澳门民事诉讼法典》《澳门商法典》于1999年11月1日同一批颁行生效。司法的本地化任务则包括司法机构、司法人员的本地化，在此方面的进展同样可观[4]：一是现代型的法院体系得以建成，于1993年诞生了澳门高等法院，作为法区法院的上诉审理机构，并在普通法院体系之外设置了特殊管辖的法院机构；二是司法人员的本地养成，尤其是培养中葡双语法律人士等积极措施取得了相当可观的进展。当然，司法领域的本地化并未彻底实现，时至今日仍有需要推进和改革的地方。1999年12月19日午夜，中国与葡萄牙在澳门文化中心花园馆隆重举行澳门政权交接仪式，这标志着澳门法从此全面迈入了"一国两制"的新时期。

三、法律本地化：内涵与任务

关于法律本地化（localização legislativa），基于不同立场和认识有不同的理解，总体分为狭义、中义与广义三种。

狭义的看法是基于立法角度，或主要是基于立法角度。有研究认为，将澳门法律的"葡国化"改为"本地化"，是根据《中葡联合声明》和《澳门基本

---

[3] 何志辉：《法律本地化之回顾与反思》，载米健主编：《澳门法律改革与法制建设》，社会科学文献出版社2011年版。

[4] 何志辉：《近代澳门司法：制度与实践》，中国民主法制出版社2012年版，第189—210页。

法》的规定，由澳门立法机关通过必要的立法程序，在形式上将葡国五大法典和其他在澳门实施的法律变为澳门的立法，在内容上则根据澳门社会的实际需要以对原有的葡国法律进行必要的修订，把过时的、不适应当今发展需要的条文内容摒弃，而代之以适应现代社会发展需要的内容，使这些法律从形式到内容都变为澳门本地法律[5]。中义的看法是将立法本地化与司法本地化相结合。有研究认为，法律本地化包括立法本地化及司法本地化两方面工作，前者指由澳门的立法机关制定、颁布及实施，并在本地区生效的法律文件，后者的一个重要因素可以理解为由符合《澳门基本法》要求的本地人员出任司法界的各种职位[6]。广义的看法则综合了立法、司法、语言以及人才等要素。有研究认为，广义的法律本地化应包括四方面内容，一是通过立法程序把葡萄牙为澳门制定的法律或由葡萄牙延伸适用于澳门的法律变为澳门本地化法律；二是法律语言应为澳门本地化的官方语文，特别是以占澳门人口95%以上的中国居民使用的语文来制定；三是作为法律的基本功能应符合澳门的实际情况，真实地反映澳门的社会、经济现实，并特别考虑这些法律应与《澳门基本法》相衔接；四是司法人员（特别是法官、检察官）应主要由澳门本地懂中葡双语的法律人士担任[7]。

  综上可见，狭义的看法仅涉及立法层面的本地化。就实质内容而言，法律本地化必须正视澳门回归的基本事实，在内容上与《澳门基本法》相衔接，不得与之相抵触；还必须重视澳门社会的实际状况，不能再像葡萄牙法律延伸适用于澳门时那样脱离澳门社会与民众需求，而应使之真正成为澳门地区的本地法。就程序内容而言，要将现行的澳门法律进行系统的清理、翻译、修订和过户，通过法定程序而转变为澳门本地法。中义与广义的法律本地化问题，则涉及立法、司法、法律教育与法律实践诸方面，它不是孤立的存在，也不可能独立实现，而是涉及多方面的综合问题，是一项浩大、复杂而艰巨的系统工程。但是，如果仅有立法层面的法律本地化，缺乏司法本地化、法律人才本地化乃

---

[5]　杨贤坤主编：《澳门法律概论》，中山大学出版社1994年版，第31页。
[6]　陈海帆：《澳门法律本地化的现状》，载吴志良等编：《澳门1998》，澳门基金会1998年版。
[7]　伍林：《澳门法律本地化进程述评》，载吴志良等编：《澳门1997》，澳门基金会1997年版。

至法律文化等方面的本地化，则这种"法律本地化"终归是一种徒有其表的法律文本的本地化。本文持广义的看法。

尽快实现法律本地化，是符合中葡双方尤其是澳门的利益的。中方积极推动法律本地化，是出于顺利回归与法制衔接的需要，以免出现法律空白引起的无序和混乱；葡方作为澳门过渡期负责行政管理的政府，为尽可能保留对回归后特区事务的影响，特别是"利用法律形式的稳定性和权威性来树立和宣扬西方的意识形态和价值观念"[8]，也对此项工作抱有积极性。正因如此，法律本地化工作既需要澳葡政府不断努力，也需要中国政府支持与配合，更需要澳门整个社会的关心和监督。

依据《澳门基本法》关于"高度自治"的规定，其中涉及法律本地化的问题是"原有法律基本不变"。依据《基本法》第8条规定："澳门原有的法律、法令、行政法规和其他规范性文件，除同本法相抵触或经澳门特别行政区的立法机关或其他有关机关依照法定程序作出修改者外，予以保留。"第145条规定："澳门特别行政区成立时，澳门原有法律除由全国人民代表大会常务委员会宣布为同基本法抵触者外，采用为澳门特别行政区法律，如以后发现有的法律与基本法抵触，可依照基本法规定和法定程序修改或停止生效。"这两条确立了原有法律的定性及予以保留的范围。

就原有法律的定性而言，源于澳门回归前的法律体系是多元并存的，一部分是由葡萄牙主权机关制定的葡萄牙法律（包括专为澳门制定的法律和直接来自葡萄牙本土的法律），另一部分是由澳门当地有权机关制定的本地法律。申言之，原有法律包括澳门的法律、法令、行政法规和其他规范性文件。这里所指的法律（Lei）是指由澳门立法会依法制定、经总督签署并颁布的法律；法令（Decreto-lei）是由总督制定的，与法律具有同等效力；行政法规和其他规范性文件是指总督及其政府依照法定程序制定的训令（Portaria）和对外规则性批示（Despacho），以及立法会发布的决议等，内容具有普遍约束力，这种规范性文件的效力低于法律和法令。

在过渡时期做好法律本地化的工作，这既是中国政府对澳门恢复行使主权的必然要求，也是澳门过渡期法制建设的核心内容，是确保澳门顺利回归、促

---

[8] 许昌：《澳门过渡期重要法律问题研究》，北京大学出版社1999年版，第35页。

进特别行政区法制建设的客观需要，是落实《中葡联合声明》关于法律基本不变的规定，实现澳人治澳和高度自治的基本要素。

由于澳门长期受葡萄牙的管治，其葡式风格的法律制度具有典型的大陆法系特点，从葡萄牙延伸适用过来的成文法是澳门最主要的法律渊源。在《澳门组织章程》颁行前，澳门地区不享有立法权，本地法几乎都是葡萄牙法，由葡国宪法及葡萄牙五大法典构成了澳门法律体系的框架；《澳门组织章程》颁行后，澳门地区才享有立法自治权，形成澳门总督与立法会共同行使立法权的"双轨立法体制"，这才使澳门本地立法机关制定的法律得以逐步形成规模和体系。

从整体看，澳门回归前的法制模式，是法出多源、以葡为主的模式。其主要法律渊源有"法律"（包括葡萄牙延伸至澳门生效的法律与澳门立法会制定的法律）、"法令"（澳门总督行使法律创制权及经过立法会授权而进行的立法）、"立法性命令"（总督颁布或命令执行的各部门立法性文件）、"法律规章"（政府各部门制定的部门性规范性文件）以及"司法判例"（由葡萄牙最高法院或澳门高等法院制作）等形式，不同形式的法律有不同的效力范围。由于法出多源，立法者各自行使对不同法律规范的解释权，却难以清楚各法律之间彼此有无冲突、是否有效等具体情况；即使是澳葡政府，也长期不明澳门法律的基本情况，仅在临近回归前几年才由澳门行政暨公职局对澳门地区各种法律作了粗疏的归类和统计。这就使法律本地化工作需要分步骤进行：第一步是法律汇编，第二步是法律清理，第三步是法律翻译，第四步是法律修订。前两步是基础性工作，后两步是技术性工作，二者相辅相成、不可或缺，构成法律本地化工作的全部内涵。

四、法律翻译之前奏：法律汇编与法律清理

法律本地化首先需要作好法律汇编（recensão legislativa）的基础工作。法律汇编是按法律的类别或出处（出自葡国或本地立法机关）标准，将《澳门政府公报》公布的在本澳适用的法律加以编列[9]。这是法律系统化（sistematização do

---

[9] 高德志：《政府法律本地化工作简况》，郭华成编译，载吴志良等编：《澳门1995》，澳门基金会1995年版。

ordenamento jurídico）的前提，完成汇编工作，才能使与五大法典领域基本吻合的法律部门得以清理。

在澳门法律本地化进程中，法律汇编是澳葡政府有关部门率先启动的工作。其时，政府有关部门先对在《澳门政府公报》上公布的并在澳门适用的法规按类别及出处加以编列，再按法律部门清理法规和编列目录，还利用当时最先进的信息网络技术，通过计算机操作建立"澳门法律数据库"（legismac），其成效是卓然可观的。不过，相较于法律本地化的紧迫使命，由政府启动的法律汇编工作，进度仍然偏慢，成效也不明显，担子落在了后续的法律清理及法律翻译身上。

值得一提的是，在澳门政府启动官方工作之际，中国内地法律学界及民间个体也有参与其事者，他们积极整理汇编了一大批澳门原有法律中的中文文本，并选择若干重要的葡文文本进行翻译或摘译。[10] 虽然这些汇编并不具备权威性，其译文质量也未必尽皆准确，有些摘译或编译也可能取舍不当，但无论如何，在葡文作为小语种而少有熟谙者的情况下，这些汇编既增进了人们对澳门法制的认识，又推进了学界关于澳门法制的研究。至于在澳门回归前夕呈井喷状的"澳门热"，绝大多数关于澳门法制的研究成果，都立足或主要依赖于这些非官方的汇编成果。

从宪制依据看，法律清理是基于《中葡联合声明》提出的法律本地化要求。"清理"意味着对所有在澳门生效的法律进行系统整理，要落实哪些有效、哪些失效、哪些应该从葡萄牙"过户"至澳门。《中葡联合声明》附件规定："澳门原有的法律、法令、行政法规和其他规范性文件，除与《澳门基本法》相抵触或澳门特别行政区立法机关作逐步修改外，予以保留。"这就要求澳门政府在过渡期着手清理现有的法律、法令、行政法规和其他规范性文件，淘汰过时部分，修改不符实际部分，填补欠缺部分，并将清理后的法律逐步翻译成中文，使中文版本与葡文版本有同等法律效力。这些改革还必须结合《澳门基本法》内容，以保证澳门过渡期的法律清理工作顺利到位。

---

〔10〕 这两套中文版澳门法律汇编，分别是：萧蔚云主编：《澳门现行法律汇编》（共三辑），北京大学出版社 1994 年版；澳门法律汇编编委会编：《澳门法律汇编》，中国社会科学出版社 1996 年版。

法律清理涉及的前提问题，是必须明确"现有法律"的大致范围。回溯澳门法制史，可见其时葡萄牙与澳葡政府为澳门留下的法律形态，大致包括如下三类：第一类是作为葡萄牙法律核心的五大法典，及1974年后制定的《葡萄牙宪法》内容（特别是关于人权和自由的保障）也适用于澳门，在1990年修订《澳门组织章程》时新增"要尊重共和国宪法所定的权利、自由与保障"内容。这些法律在葡国大都陆续修订或更新，在澳门却未能跟进发展，仍在不顾实际地因循旧法，其脱离社会实际的消极效果可想而知。第二类是只适用于葡国海外省的一些法律，如《毒品管制法》《租借法》等法例，它们随着海外省的地位变化而在后续年代作了相应的修订。第三类是只适用于澳门的法律，既有澳门总督颁行的法令、训令、批示等，又有立法会自1976年成立后在本地制定的法律，包括《银行法》《租地法》《建筑置业法》《税务法》《劳工法》《旅游博彩法》《外贸投资法》《居留法》等内容，后者占澳门所有法律一半以上。这些本地法有的亦已过时或不完善，不能适应本地社会经济迅速发展的需要。在此三类之外，还有少许内容并非来自葡国，而是源于中国传统法律及习惯[11]（例如婚姻家庭及继承），或源于邻近地区如香港（特别是商法领域）。

法律清理是一项艰苦细致的基础工作，需要澳门政府投入人力物力。其时，澳门政府有关部门集中了一批专业人士，对几个世纪以来（主要是20世纪）澳门地区实施的各种法律、法令、条例进行系统清理，甄别新旧，鉴定其适用性，做好保留、修订或填补工作。在清理过程中，凡与《澳门基本法》并无冲突、又对澳门长远发展有利的内容，例如，根据葡国宪法规定而在澳门长期实行的公民权利和自由，长期被视为"澳门人的生命线"而基本获得保留。[12] 在修订和填补过程中，工作组注意从澳门社会发展的实际情况出发，听取澳门本地法律专家及法律工作者的意见或建议，以保留澳门法律发展所形成的独有文化特色。

经历筚路蓝缕的法律清理，澳葡政府得以展开后续的工作，至澳门回归之际取得了显著成绩。例如，包括五大法典在内的一批重要的葡萄牙法律经过修

---

[11] 有研究者探讨"澳门过渡时期的法制改革"问题时指出，为照顾本地华人的习俗，1909年葡国颁布了有别于葡国本土的婚姻法和继承法，1948年已有"承认男女平等"等重大修订，但澳门法庭判处华人中的婚姻与继承纠纷时，仍引用旧时制定的民事法。参见魏美昌：《澳门纵谈》，载吴志良等编：《澳门1994》，澳门基金会1994年版，第6页。

[12] 魏美昌：《澳门纵谈》，载吴志良等编：《澳门1994》，澳门基金会1994年，第7页。

订并通过中葡磋商而实现了本地化,从而确保澳门特别行政区法律体系的完整性;现行法律的初步清理方面,澳门政府列出尚无中文译本的本地法规清单,并组织人力对其中显然继续有效的法律、法令和训令进行翻译,并陆续公布于《澳门政府公报》上,并在此基础上向中方提交一份1976年1月至1999年3月的有效法律和法令清单,这份清单为澳门特别行政区筹备委员会法律小组审查澳门原有法律提供了必要的依据。[13] 可以说,正是过渡期首先展开的法律清理,为澳门法律本地化和特区法律制度的构建奠定了良好的基础。

五、法律翻译:"从实践出发"的挑战

澳门过渡期的法律翻译工作,是实现法律本地化的基础工作。一方面是把需要"过户"的葡萄牙法律翻译为中文,以便中葡双方磋商是否过户及如何过户;另一方面是把尚无中译本的现行本地法律翻译为中文,以便尽快适应澳门回归后的中文官方语文地位。就此而言,有法律专家认为法律翻译是保障澳门法律通往高度自治的核心工具。[14]

法律本地化需要法律翻译,是有特殊的历史与社会原因的。自推行殖民管治以来,直至1991年12月之前,中文不具备官方语文地位,澳门地区长期实行葡文单语立法。所有源自葡萄牙的法律,还有绝大部分的本地法律,都不是中文立法,亦罕见中文译本。被译介为中文的部分法律文本,也只是介绍性的而不具有法律效力。在中文官方地位已经确定的后过渡期,澳门仍基本维持葡文单语立法的局面,除立法会的一些议员所提的部分法案是以中文形式出现之外,绝大多数的立法工作是以葡文单语立法方式进行,制定后才译为中文并以中葡双语公布。[15]

从社会需求看,与立法几乎全部实行葡文立法相对照,澳门社会中有96%的居民是讲中文的中国人,真正懂葡文尤其是懂葡文立法的是极少数。可见葡文单语立法根本没有顾及澳门的社会实际,澳门的中国居民很难了解澳门法律

---

[13] 赵国强:《关于发展与完善澳门法律的几点思考》,载吴志良等编:《澳门2000》,澳门基金会2000年版。

[14] Eduardo Nascimento Cabrita:《法律翻译——保障澳门法律—政治自治之核心工具》,载《行政》1992年第16期。

[15] 参见黄进:《澳门法律本地化之我见》,载《澳门研究》1998年第9期。

的内容。[16] 鉴于此，有研究者慎重提出了警告：如果不及时进行翻译，就很难使人口占绝大多数的华人居民接受和消化，至于那些"已在澳门实行多年的葡国法律也难于在此地继续生根"[17]。另有研究者亦指出，为了满足一个华人占绝大多数的法制社会的起码要求，更重要的是为了与澳门未来的政治地位相适应，法律翻译工作势在必行，并构成了落实法律本地化的重要环节[18]。这些看法都是颇有见地的。

总之，法律翻译是确立中文官方地位、实现法律本地化的客观要求。因为在中文官方地位确立后的过渡期内，澳门政府仍在不合时宜地进行单语立法，即使事后翻译和公布，由于翻译者通常没有参与立法过程，也不可能与立法者进行有效沟通，仅就翻译而翻译势必出现谬误。而且，葡文单语立法意味着葡文文本的效力优先于中文，这不仅无视中文与葡文具有同等的官方地位，也不利于中文官方地位的确立。[19] 显然，这种有悖《中葡联合声明》及《澳门基本法》精神的做法，亟待通过法律翻译工作进行扭转。

但是，法律翻译工作千头万绪，是一项艰巨而复杂的政治任务。因为法律翻译不同于普通的翻译工作，它所涉及的语言是专业话语体系，而非人们在生活世界中的日常话语体系。法律翻译的难度，在很大程度上归因于法律内容本身的理解及其文化对接的难度。有研究者指出，当呼吁进行交流和对话的呼声日渐高涨之时，仍然有必要提醒这些目标是通过翻译达到的：用言辞翻译思维，用概念翻译形象，无论这个过程涉及的是一种还是多种语言。该研究者由此发出的告诫是：

> 如果没有翻译者致力于拓展人类交往领域，使讲某种语言的人得以享有讲其他语言的人民在科学、哲学和文学艺术方面的技术和实践成果的话，战争与和平环境下的社会和政治接触，以及无论是科学、哲学还是文学知识的传播，都将是非常有限或甚至不可能的。[20]

---

[16] 郭天武、朱雪梅：《澳门法律本地化问题研究》，载《中山大学学报》（社科版）1999年第1期。
[17] 魏美昌：《澳门纵谈》，澳门基金会1994年版，第37页。
[18] 赵国强：《关于发展与完善澳门法律的几点思考》，载吴志良等编：《澳门2000》，澳门基金会2000年版。
[19] 黄进：《澳门法律本地化之我见》，载《澳门研究》1998年第9期。
[20] Evan Teuto, *Traduzir: Profissão e Arte*, São Paulo, 1985, pp. 9-11.

就一般翻译工作而言，鉴于词语是本地化文化现象的象征，脱离该现象就无法被正确理解，需要把原有的话语体系及有关信息转换为译文的话语体系，在转换的过程中不改变内容，同时还要注意尊重译文语言本身以及它的文化背景。这已是很具有难度的事情，因为它涉及的是译介的可靠性。对此，翻译界提出一个简易通用的评判标准是：一篇译文给人的印象是它不是被翻译过来，而像是直接用所读到的语言撰写。据此可见它所要求的效果，是必须正确而简明，具有与原文相同的实质和效果，同时又保持中文的语言和文化特性。

翻译的过程是对不同语种的联系，语言差别越大则联系程度就越微妙。就法律翻译工作而言，其难度当然更为明显。法律翻译所涉及的对象，一种是简单的法律翻译工作，即翻译已经具有法律性质的法律文本；另一种是翻译一些具有规范行为性质的法律，翻译本将具有法律的规范力，并产生法律效力。就前者而言，法律翻译更多的是一种参考价值；对后者而言，法律翻译则必须从实践出发，确保被翻译的各种规范性文件的准确性和严肃性，必须要求译文高度清晰、精确而又合乎中文阅读者的习惯。[21]

对澳门而言，法律翻译的难度还不止于此。澳门法作为大陆法系的成员，不同于香港法的普通法特征和中国内地法的社会主义性质，不能机械地照搬既有的法律术语、概念或框架，而必须根据澳门法本身的含义进行理解和翻译。这对翻译者无疑是高标准和严要求：翻译者不仅要精通中葡双语，还要有一定的法律素养，懂得欧洲大陆法及其在葡国的运用，进而创造出适合澳门而有别于香港和内地的一套中文法律词汇。至于所涉的"中文"，在澳门地区还存在普通话和广东话的分别。广东话仅仅是普通话的一种口语变体，虽然在澳门地区长期是华人社会的通用语言，但作为口语变体是不能确立为法律语言的，因此澳门地区在法律意义上所言的"中文"，在实际运用场合应当首先是指普通话。

法律翻译毕竟仰赖于高素质的翻译人才，而澳门匮乏这类翻译人才，严重制约了法律翻译的进度和质量，这就使法律翻译问题更加严峻。因为实践中存在种种试图变通的做法，例如，让不熟悉普通法的葡籍律师将葡文法律译成英文，再让不熟悉大陆法的香港华人律师将之译成中文，这就使几个环节之间因

---

[21] 关于法律翻译之若干问题可参见陆慧文主编：《法律翻译：从实践出发》，中华书局（香港）2002年版。

缺乏"共识"而造成概念混乱甚至理解错误；或者把这种高标准严要求的任务交给那些既无法律修养、又尚未精通中葡双语的一般翻译人员，显然是对严肃的法律翻译工作的一种"轻慢或扭曲"。[22]

为使法律翻译工作臻于成熟，以便提升译本质量，其时不少业界人士纷纷建言。综合而论，人们普遍认为，在翻译澳门现有法律时，应注意保持澳门法的既有特性。因为澳门现行法是葡国法律的延伸，从属于以成文法为基础与以民法典为核心的大陆法系，尽管在个别领域采择其他法系的内容以资弥补，但在法律体系上毕竟不同于香港所属的普通法系，也不同于中国内地法律体系。因此，翻译成中文必须慎重，不能随便用香港法或内地法的概念术语来套用，必须契合澳门法本身的含义，否则可能造成理解和适用上的混乱。还有研究者提议，最好是成立一个由葡国、本地、内地甚至香港的一些法律界、翻译界专家组成的专业班子，经过一段学习和训练，在熟悉、弄懂大陆法系和精通中葡文的基础上，将本地已经清理过的法律，区分轻重缓急，由葡文直接译成中文。[23]

至于具体操作方式，可以从编制中葡文法律词汇对照表入手，并将与大众关系最密切的一些法律先译成中文。需要补充说明的是，编制中葡法律词汇对照表或词典，是基于中、葡两种语言的差异很大。许多葡文法律概念在翻译过程中，必须依赖汉语新词汇的创设。为了保证法律翻译工作的统一性和规范性，有必要编制这类词汇对照表或词典，借此约束法律翻译中的术语选择及表达，否则各自翻译的过程将会导致表达方式上更大程度的歧义。[24] 例如，有时若干个葡文词汇对译同一个中文词汇，而有时却是一个葡文词汇基于上下文语境须译为不同的中文词汇，例如"Processo"可以翻译成"程序""卷宗""诉讼"等不同的中文含义；有时译为中文的词汇会有溢出的含义，是译者在译介葡文词汇时不曾想到、也不需要的，而有时必须遵照葡文词汇进行字面意义的直译，从而可能打破现有的汉语构词规则或语法规则，这些新创制的翻译词汇势必使原本难于理解的一套话语体系更趋复杂。这些办法虽然准备时间长些，功夫细

---

[22] 魏美昌：《澳门纵谈》，澳门基金会1994年版，第8—9页。
[23] 贾乐龙：《澳门的法律翻译：经验与展望》，载《行政》1995年第27期。
[24] Eduardo nascimento Cabrita：《法律翻译——保障澳门法律—政治自治之核心工具及遵守联合声明之必要条件》，载《行政》1992年第16期。

些,但译文会是比较准确的,不会引起概念混乱。[25] 这些具有积极意义的建议,在一定程度上受到澳门政府的关注。

澳门政府明白该项工作的难度,为此投入相当大的人力物力,并于1988年招揽中葡法律和语言方面的专家,成立了作为专门翻译机构的法律翻译办公室。鉴于过渡期一直匮乏双语法律人才,法律翻译办公室在组织翻译的工作中注意取长补短。[26] 其中一个措施是采取"四合一"的办法,首先由葡国法律专家按葡国大陆法系原有的法律概念解释各种法律词汇,确保其含义无误;然后由精通中葡文的译员与内地或台湾地区的中国法律专家合作,将之译成中文,确保译文符合原意,又能为只懂中文的读者所理解;最后由中文的语言专家加以润饰,力求译文准确易懂。当然,这种方法只是一种过渡性措施。翻译工作的关键还是在于,如何创造出一批有别于内地、香港地区和台湾地区而专门适用于澳门地区的法律词汇,借此避免概念上的混乱,也不至于使澳门法的特色被邻近地区所同化。[27]

经过连续几年的艰苦努力,法律翻译工作取得了可观的成绩,将一些重要法律文件译成中文,陆续出版中葡法律词汇手册,并对葡国五大法典进行翻译。据其时一份研究文章的统计,[28] 截至1996年年底,澳门立法事务办公室已将截至1994年在《澳门政府公报》刊登的所有法律目录汇编成册出版,并继续对适用于澳门的国际法文件进行清理,对250多个需本地化的葡国法律临时清单予以完善;立法会辅助部门和法律翻译办公室按计划分别对1976年后颁行的无中文本的19份法律和133份法令进行翻译,其时法律翻译办公室也完成了《葡萄牙民法典》大部分条文的中译工作。可以说,在当时翻译人才亟待补充而法律文本堆积如山的窘境之下,能取得这些成就已经是相当不容易了。

不过,法律翻译工作毕竟不同于法律汇编或法律清理,其中问题最明显者

---

[25] 魏美昌:《澳门纵谈》,载吴志良等编:《澳门1994》,澳门基金会1994年版,第45—46页。
[26] 法律翻译办公室:《论过渡时期法律翻译及双语立法工作的政策》,载《行政》1990年第7期。
[27] 魏美昌:《澳门纵谈》,载吴志良等编:《澳门1994》,澳门基金会1994年版,第46页。
[28] 伍林:《澳门法律本地化进程述评》,载吴志良等编:《澳门1997》,澳门基金会1997年版。

是译本的晦涩。由于长期实行葡文单语立法，这些训练有素的葡文翻译者熟谙葡文表述，但对中文法律词汇的表述方式并不熟悉，往往存在生硬艰涩的字面直译，语言表达晦涩难懂。其时，中文法律专家初看译本，也对译本所言多有困惑；一些懂葡文的澳门本地法律专家，则宁愿看葡文原版而不愿看中文译本。专家尚且如此，何况那些并不具备法律知识和专业素养的澳门市民。[29]

第二个问题是译本的舛误。由于翻译者难以与立法者沟通，对一些囿于学识及能力的条文或措辞，在不明白相关法律含义的情况下只能进行主观理解，结果就使译本谬误难免。譬如，作为刑罚的"罚金"不同于作为行政处罚手段的"罚款"，却在一些经济法规中被频频误译[30]，显见翻译者对于刑法与经济法之认识存有误区。

第三个问题是译文措辞的不尽统一。因为数量庞大的葡文法律被分工翻译，不同译者有不同的译笔风格，虽然在整体上进行尽可能的协调，但挂一漏万的疏忽仍不可避免，结果不仅不同法律文本的术语未尽统一，有时同一法律文本因翻译时间有先后也出现不同。此外，一些已有正式且通用的中文译本的法律文件，尤其是中国已经加入、亦在澳门适用的国际公约，澳门政府也往往派人另行翻译为一个中译本，这种情况就"不仅不是适当地保持澳门法律翻译应有的特色，反而可以说是画蛇添足"[31]。

总之，上述问题的存在虽系不可避免，但还是有可待改进的地方，需要中葡双方的法律翻译工作者通力合作，使法律翻译工作日趋规范化，以适应澳门社会的实际情况。

在澳门过渡期间，实现法律本地化的一大难点是如何培养双语法律人才。由于历史和社会原因，澳门长期匮乏双语法律人才。不仅立法会由葡萄牙人主导操作，司法官队伍同样如此，律师队伍表现更为明显。此外，像司法辅助人员、政府法律顾问、立契官乃至教学科研人员等法律人才也相当匮乏，以至于出任相关职位尤其是高层职位者，几乎都是葡聘人员，罕见本地人员。任由这种局面持续，不重视双语法律人才培养，只会使澳门法律本地化沦为一种形式

---

[29] 谭剑虹：《法律翻译的反思》，载《行政》1992 年第 17—18 期。
[30] 赵国强：《关于发展与完善澳门法律的几点思考》，载吴志良等编：《澳门 2000》，澳门基金会 2000 年版。
[31] 黄进：《澳门法律本地化之我见》，载《澳门研究》1998 年第 9 期。

上的本地化。

然而，双语法律人才的培养绝非一朝一夕之事。在距回归越来越近的过渡期后期，澳门双语法律人才的培养任务显得尤其艰巨。其时，政府努力拓展的培养渠道，一是进行系统培训，二是开展速成教育。关于前者，澳门大学（前身为澳门东亚大学，1995 年改名）充任其时的培养基地，在法律课程设置方面，尝试结合澳门本地法律工作的需求，对葡萄牙法律教育模式作了调整，课程设置方面既有中葡双语课程修读，亦有关于澳门法律体系及司法实务方面的训练内容。关于后者，其时政府的构想是先从社会上选出外语基础较好者，突破葡语关之后再学葡国法和澳门法，并努力开展多种形式的在职人员进修培训。

于是，至澳门回归前夕，经过几年时间的努力而在双语法律人才培养工作方面终于有了令人稍感欣慰的起色：一方面，涌现了一批来自澳门大学法学院以及内地法律院校的毕业生，也有少部分来自葡萄牙和我国台湾地区法律院校的毕业生，他们大多懂得中葡双语，对法律本地化的进程起了积极推动作用；另一方面，在司法实务领域表现突出，因缘澳葡政府 1995 年设立的司法官培训中心陆续培训了四批共 30 多名本地司法官[32]，这些新式法律人才在急遽转型的制度罅隙中陆续养成，为澳门司法领域的平稳过渡奠定了十分重要的人力基础。

六、结语：任重而道远的使命

依据《中葡联合声明》及《澳门基本法》，中文官方地位在宪制层面已被正式确立，这为双语立法提供了最有效的法律保障。[33] 双语立法指的是其内容和形式都一致的两种法律文本——葡文和中文，除了相同的价值、作用和目的外，这两种文本具有一个共性即"可靠性"。由法律双语而涉及的，便是中文法律文本和葡文法律文本的"地位平等"问题。相比法律翻译可能带来的理解误差和文化误读，双语立法具有最牢固的可靠性。

1991 年 2 月，中葡两国外长在里斯本就此达成协议。1992 年 2 月，澳葡政

---

[32] 赵国强：《关于发展与完善澳门法律的几点思考》，载吴志良等编：《澳门 2000》，澳门基金会 2000 年版。

[33] 王增扬：《中文官方地位与中葡双语化》，载《行政》1994 年第 23 期。

府在《澳门政府公报》上刊登了承认中文在澳门作为官方语言的法令，并在立法、行政、司法领域逐渐推广使用。[34] 1993 年颁行的《澳门基本法》第 9 条更明确规定，"澳门特别行政区的行政机关、立法机关和司法机关，除使用中文外，还可使用葡文，葡文也是正式语文"，表明从此以后中文和葡文都是澳门法定的官方语文。

从本地化工作启动至澳门回归前夕，在法律翻译工作的推动下，中文在澳葡政府各部门的使用也有了明显改观。在与公众交往的政府部门中，使用双语的文件已增至 90% 以上。《澳门政府公报》刊登的重要法令逐渐有了中文本，澳葡政府各部门均配备了双语译员，尤其是法庭审讯自 1994 年 6 月起也开始实时中文传译。[35] 但是，从法律本地化所要求的立法语言本地化来看，人们日益意识到仅有法律翻译是不够的，必须尽快实行双语立法，在立法领域实现中葡文的完全平等。[36]

然而在此期间，澳门并未及时展开中葡双语立法工作。中文的官方地位仅表现在现行葡文立法的中文翻译上，而没有反映在立法的起草和制定方面。这些来自葡萄牙的立法人员，熟悉葡萄牙的立法经验与技术，对澳门的社会实际却相对缺乏了解。由此形成的葡文单语立法，又在客观上继续加剧绝大多数不懂葡文的澳门居民与现行葡文法律的隔阂。鉴于实际展开的翻译工作，是将葡文法律文本译为中文，而非中文文本译为葡文，客观上给人造成某种误读，即容易让人认为葡文文本是唯一正式的法律文本，中文译本仅具参考价值。显然，这样的误解有悖《中葡联合声明》及《澳门基本法》关于两种文本地位平等的基本精神。

囿于双语立法专业人才的匮乏，双语立法工作迟迟未见实质进展。虽然当时已有专家建议，把法律翻译办公室与立法工作结合起来实行双语立法，但问

---

[34] 王志根、陈恒：《澳门的平稳过渡和"三大问题"》，载吴志良等编：《澳门 1998》，澳门基金会 1998 年版。

[35] 王志根、陈恒：《澳门的平稳过渡和"三大问题"》，载吴志良等编：《澳门 1998》，澳门基金会 1998 年版。

[36] 伍林：《澳门法律本地化进程述评》，载吴志良等编：《澳门 1997》，澳门基金会 2000 年版。

题是澳葡政府没有作出积极回应,也没有制定双语立法的规则与程序。[37] 不过,立法会还是迈出了关键一步。1993 年,立法会一部分议员动议以葡中双语立法,并付诸行动。其时,由曹其真、吴荣恪、欧安利、唐志坚、梁庆庭 5 位议员联合起草提出的《关于配偶同意之修订》《关于民事登记之修订》两份双语法案,就是澳门历史上最早的双语立法法案。虽然法案由于种种原因均未通过,但毕竟走出了可贵的第一步,在双语立法上作了突破性的尝试。[38]

总之,法律汇编、法律清理、法律翻译及法律修订工作,构成了澳门在回归前夕开展的法律本地化运动的主体内容;通过双语立法确保中文与葡文立法的同等法律效力,势必从根本上解决法律本地化的问题,这在当时无论是澳门政府还是社会大众都已认可。但由于历史和现实方方面面的原因,虽然这些工作已取得了可观的成效,但并未从根本上解决法律本地化的问题。这是澳门法制发展到最新环节之所存在的遗憾,由此带来的后遗症迄今仍是特区法律改革工作中要面对的问题。就此而言,作为技术流的法律翻译工作即使竣工,深植于澳门这片历史文化土地的法律本地化工作也并未彻底完成,澳门特别行政区法律体系的发展与完善仍是摆在澳门社会各界面前的一项任重道远的时代使命。

---

[37] 黄进:《澳门法律本地化之我见》,载《澳门研究》1998 年第 9 期。
[38] 郭华成:《澳门法律导论》,载吴志良等编:《澳门 1997》,澳门基金会 1997 年版,第 54 页。

培根的 25 条法律格言

於兴中[*]

> **摘　要**　法律格言是民众长期积累的有关法律或公正的原则，它们被普遍承认，具有普通法一样的权威。培根认为法律格言的使用能够使法律思维更加完备，于是收集了大量的法律格言。现在能看到的培根的法律格言，主要是收录在培根辞世以后出版的《英国普通法要义》一书中的 25 条格言，而培根搜集的拉丁语格言有 300 多条，其余的不知所终。培根收集的法律格言及其阐释，是他经验主义实证研究的开山之作，其中有些至今仍然有效。

> **关键词**　培根　法律格言　普通法

从现有的培根年谱和培根的著述目录来看，培根的《法律格言》（*Maxims of the Law*）很可能成书于 1596 年。但该书是否出版以及何时出版过，却没有可靠的史料证明。现在能看到的培根的法律格言主要是收录在培根辞世以后出版的《英国普通法要义》（*The Elements of the Common Lawes of England*）一书中的 25 条格言。培根把该书献给伊丽莎白女王时的献词写于 1596 年。[1] 但该书第一版出版时间乃是 1630 年，[2] 时隔近 35 年。剑桥大学出版社在 2011 年出版的培根的《法律格言》采用的版本是斯派丁（James Spedding）等人于 1859 年编定的

---

[*] 於兴中，法学博士，美国康奈尔大学法学院 the Anthony W. and Lulu C. Wang 讲席教授，杭州师范大学沈钧儒法学院特聘教授，主要研究方向：社会理论、比较法哲学、网络法学、人工智能与法律、法律文化、法律史、比较宪政等。

[1] Francis Bacon, *The Elements of the Common Lawes of England*, printed by the Assignes of I. More Esq., 1630, Union, New Jersey, The Lawbook Exchange, Ltd., 2003 (Reprint).

[2] Ibid.

培根全集第 4 卷中的内容。培根曾明确表示，他收集的法律格言有 300 条之多，[3]但出版在该书中的只有 25 条。余下的 275 条却不知所终。在培根的其他著作中也能看到一些关于法律的精辟见解。这些见解散见于培根的大部头作品中，称之为谚语（Aphorisms），其中也包括一些法谚。培根于 1596 年写的《法律格言》是不是 1630 年出版的《英国普通法要义》中的内容？如果不是，那么 1596 年的《法律格言》所包含的又是哪些内容？没有收入的 275 条的下落如何？这些问题在历史上好像并没有太多人关心，到现在也没有任何答案。20 世纪 80 年代加州大学戴维斯分校法学院的莫蒂默·D. 施瓦茨（Mortimer D. Schwartz）教授和加州大学洛杉矶分校教育学院的访问教授约翰·C. 霍根（John C. Hogan）组织了一个研究团队，致力于寻找那下落不明的 275 条格言。[4] 遗憾的是，虽经认真努力，最后还是没有找到想要找的东西。两位教授将他们研究的成果写成两篇论文，分别发表在《法律图书馆杂志》第 76 和第 77 卷上。[5]第一篇文章详细叙述了该项目的基本情况，并对培根以后出版的有关法律格言的著作作了一番梳理。第二篇将《英国普通法要义》中收录的 25 条拉丁语法律格言翻成英语，并作了简短的说明。[6]

培根将《英国普通法要义》献给女王时，曾明确指出，他撰写该书的目的是为了纠正当时普遍存在的对英国法律的误解和误用。科学的兴起使人的良心发生了变化。法律的不确定性给了人们发挥个人意志的空间，从而使法律充满了随意性。总结和梳理普通法中的格言和原则正是对这种随意性的限制和补救。培根认为，法律经常被不良法官玩弄于手中而有所损益。法律格言和原则的真谛不应该被随意曲解，而应由权威人士作出解释，廓清其界限，限定其含义。

法律格言是一些普遍承认的关于法律和公正的既定原则或主张，有点像几何中的公理，反映的是一国或一地的法律和习俗，是民众长期经验的积累。法律

---

[3] Francis Bacon, *The Elements of the Common Lawes of England*, printed by the Assignes of I. More Esq., 1630, Union, New Jersey, The Lawbook Exchange, Ltd., 2003 (Reprint)，序言。
[4] Mortimer D. Schwartz & John C. Hogan, "On Bacon's Rules and Maxims of the Common Law", *Law Library Journal* 76, 1983, p. 48.
[5] Ibid.
[6] Mortimer D. Schwartz & John C. Hogan, "A Translation of Bacon's Maxims of the Common Law", *Law Library Journal* 77, 1984–1985, p. 707.

格言曾经被视为具有和制定法、普通法同样的法律权威，一经法官确定和运用便成为法律的一部分。然而，比较困难的是，法官如何将格言应用到具体案例之中？因为法律格言往往兼具原则和规则的性质，有的抽象，有的具体，需要法官解释并确定可否用在某一具体案件中。一般而言，法律具有很强的时间性和空间性。一时一地适用的法律在时空条件发生改变之后就不一定再适用。法律借鉴和移植历来都是法律发展的主要途径。当不同法系中的内容被借鉴融合在一起时，其格言也有可能存在冲突。而且，法律格言内部并不具有系统性，往往也会有互相矛盾的情况存在。但是，如果从法律是理性的反映，而理性是具有普遍性的这一立场来看，法律格言在很大的程度上具有普遍意义。职是之故，它才能广泛流传，历久不衰，虽然起源于某一特定法律文化，但却能适用于不同的法律传统。

培根在该书序言中指出："愿拉丁语格言的使用能够帮助我们排除疑虑并完善判断，进而，愿它能帮助我们使论辩变得更加优雅精致，消除无益的琐碎言词，使法律论证得以体现更加健全和完备的法律思维，纠正粗俗的错误，乃至在一定程度上修正我国法律的性质和面貌。"[7]

而他认为自己乃是最合适从事这项重要工作的人。从他的学识、见解及经验来看，培根确实是此项工作的不二人选。遗憾的是，他最终没有完成这项宏伟的工程。培根之所以收集法律格言也许是受到了他父亲的影响或启发。培根的父亲，老掌玺大臣，尼古拉·培根曾执掌衡平法院。在位期间，收集了许多衡平法上的格言。培根年少时曾有所目睹。他之所以会倾力收集普通法格言，想必与此有关。如前所述，培根总共收集了300多条普通法格言，但流传下来的除了收集在《普通法要义》中的25条之外，散见于其他著述中的也为数不多[8]。

然而，更有可能的是，培根之所以这样做，反映了他对法律的基本态度。英国法律史家们大都认为，普通法的初始阶段，也同其他文化传统中法律发展的情形大致相同。法律乃是由具体事例缘起，在前文字时代经过所谓"文化模范"们口耳相传，逐渐由不成文演变为成文法。培根所处的年代，普通法已初

---

[7] Harvey Wheeler, "Francis Bacon's 'Verulamium': The Common Law Template of the Modern in English Science and Culture", 1998, http://www.sirbacon.org/wheelerv.html.

[8] Ibid.

具规模，但无论是前人留下来的法律智慧，还是法官们作成的判例，尽管已经形成文字，留存在法律卷宗里，但都是一盘散沙，极其缺乏系统性。加之当时的法律智慧多用拉丁语表达，其含义有待进一步用英语明确。而中古英语，就如同古汉语一样没有句点，很易产生歧义。当时，罗马法复兴后已经席卷欧洲。培根要为普通法的蛮荒之地开出一条路径来，但他不愿意步入大陆法系的领地。故此他寄希望于整理普通法格言，既可为普通法提供指导，又不囿于大陆法系的窠臼。故此，《法律格言》保留了拉丁语原文，而以英语作了详细解释。

培根和库克两人对普通法的见解有相同之处，即普通法乃经验传统，但在如何将普通法系统化并将之留传后世，以供日后作为指导的问题上，二者却各持己见。库克在普通法研究上开创了形式主义的先河，认为普通法是"法官特有的科学"，它是集长期的研究、观察和经验于一身的"人为的完美理性"。只有训练有素的律师和法官才能完整地理解并把握它的奥秘，而其他英国人，包括国王和女王，其所学均不足以担当此重任。当库克致力于收集整理普通法案例汇编时，培根则着手搜集普通法格言精义，冀望与库克一争高下。而在"王在法下"或"王在法上"的问题上，两人的观点也正好背道而驰。库克曾经毫不犹豫地声言，是普通法保护国王，而不是国王保护普通法。培根则正好相反，认为国王的神圣地位不可动摇。

"我可以预见，"培根自己说，"如果爱德华·库克爵士的法律汇编和我自己的规则及判决能留传于世，那么谁是更好的法律人就说不定了（不管当下人们怎么看）。"[9]

如果说库克的法律汇编较之培根的法律著述更加展示了对于技术细节的全面掌握，丰富的先例知识以及对于法律形式的牢牢把握，那么，毫无疑问，培根的著述则表现出对于法理学抽象原则的更为深刻的阐发，并以圆满而富有伦理的精神弥补了干枯的法律细节的不足。仅凭这一点，培根好像确实是一流的法律人。[10]

---

［9］ Online Information article about BACON http：//encyclopedia. jrank. org/AUD_ BAI/BACON. html#ixzz1HaqdNCil.

［10］ Harvey Wheeler, "Francis Bacon's 'Verulamium'：the Common Law Template of The Modern in English Science and Culture", 1998. http：//www. sirbacon. org/wheelerv. html.

庞德在他的《法理学》第二卷中对培根的《法律格言》赞赏有加："培根翻开了普通法格言史上的新篇章。他的《法律格言》先于库克的《科克论利特尔顿》。

"毫无疑问，培根的《法律格言》在方法上放弃了严格法律的思想，而代之以不甚严密的一般原则。"[11]

培根的这25条格言发表时只有拉丁语，没有对应的英语。在培根的其他著作中也没见到有这些格言的英文翻译。但是，培根对这些格言都用英语作了比较详细的解释。1630年版本中这些格言在目录和内容中的表述略有出入。霍根和施瓦茨在他们的文章中也有提及，但大体一致。比如，格言第20条，在目录中表述为 "Actus inceptus culus perfectio pendet ex voluntate partium revocari potesta, si autem pendet ex voluntate tertiae personae vel ex contigenti, revocari non potest"，而在内容中则省去了 "revocari" 一词。1880年S. S. 佩卢贝特（S. S. Peloubet）所著 *A Collection of Legal Maxims in Law and Equity, with English Translations* 一书悉数收入以往法律格言集里面的词条，并做了逐条英译，其中包括培根的这25条。这大概是最早把这些格言翻成英语的一本书。

霍根和施瓦茨的文中个别地方的拉丁语原文有拼写错误。录在下面的是笔者根据1630年和1636年两个版本，参考佩卢贝特、斯派丁和霍根等人的著述确定的原文。英文翻译主要来自霍根的版本，也参考了佩卢贝特和其他人的翻译。中文则是笔者自己琢磨的结果。

Maxim 1: In jure non remota causa, sed proxima spectatur.[12]

  英文：In law it is the immediate, not the remote, cause which is regarded.

---

[11] Roscoe Pound, *Jurisprudence*, Union, New Jersey, The Lawbooks Exchange, Ltd., 2000, Vol. II, p. 541.

[12] 该格言主要适用于海上保险案件。上议院在 Dudgeon v. Pembroke 案（1877年）2 App Cas 284 中判定，海上风险造成的任何损失均在保险范围内，但如果没有其他行为同时发生作用，它就不会发生。而不适于海上航行的情况不在此列。该格言也常用于衡量损害赔偿金，参见 Hadley v. Baxendale, (1854) 9 Ex 341, 其中规定只有因下列两种情况违反合同才会得到损害赔偿：(1) 因自然原因违约，或 (2) 在合同签订时可以合理地预见由于违约会造成的损害。

中文：法律考虑近因，而非远因（终极原因）。

Maxim 2：Non potest adduci exceptio ejusdem rei, cujus petitur dissulutio.

英文：It is not permitted to adduce as a bar, in the same manner, that which would dissolve the action. (A plea of the same matter, the dissolution of which is sought by the action, cannot be brought forward. When an action is brought to annul a proceeding, the defendant cannot plead such proceeding in bar.)

中文：提起法律诉讼的事项，不应被解释为解除该诉讼的事项。

Maxim3：Verba fortuis accipiuntur contra proferentem.[13]

英文：A contract is interpreted against the person who wrote it. Words are interpreted more strongly against their user.

中文：一个人的言语和行为可以成为对他本人最不利的证据。

Maxim 4：Quod sub certa forma concessum vel reservatum est, non trahitur ad valorem vel compensationem.

英文：That which is granted or reserved under a certain condition is not to be extracted according to value or compensation. (That which is granted or reserved under a certain form, is not to be drawn into a valuation.)

中文：凡已授予或按一定条件预定之物均不可再议其价值或补偿。

Maxim 5：Necessitas inducit privilegium quoad jura privata.

英文：Necessity introduces an exception into the rights of individuals. (Necessity gives a preference with regard to private rights.)

中文：必然之事优待私权。

Maxim 6：Corporalis injuria non recipit aestimationem de futuro.

英文：Bodily injury does not await the future for its evaluation. (A

---

[13] 这一格言至今有效，在印度法中也有所体现。一旦合同中出现含糊不清的表述，应尽量作出有助于保障标的物之安全的解释。对于一项含糊不清的回答，应朝着不利于回答者的方向解释——发展为现代普通法系解释保险单的一项重要原则。

personal injury does no receive satisfaction from a future course of proceeding.)

中文：人身伤害需及时评估。

Maxim 7：**Exusat aut extenuate delictum in capitalibus, quod non operatur idem in civilibus.**

英文：There are extenuating circumstances in capital cases which do not operate in civil cases.

中文：重大刑事案件减刑的条件不适用于民事案件。

Maxim 8：**Aestimatio praeteriti delicti ex postremo facto nunquam crescit.**

英文：The value of a past offense is never increased by a subsequent act.

(The estimation of a crime committed never increased from a subsequent fact. The weight of a past offense is never increased by a subsequent fact.)

中文：过往的违法行为不会因为后来的违法行为而有所加重。

Maxim 9：**Quod remidio destituitur ipsa re valet si culpa absit.**[14]

英文：Whoever has been forsaken by a remedy, avails if he is without fault. (That which is without a remedy is valid by the thing itself, if there be no fault. That which is without remedy avails of itself, if there be no fault in the party seeking to enforce it.)

中文：该补救而未得到补救者，只要自身无过错，便有正当请求权。

Maxim 10：**Verba generalia restringuntur ad habilitatem rei vel personae.**[15]

英文：General words are restricted to the suitableness of the subject

---

[14] 当一个人拥有他的债务人的钱时，他可以保留它。这便是所谓保留者的学说。在无过错的情况下，如果一个人该得到补救却未得到补救时，前述内容将为正当理由。

[15] 本条格言的意思是一般词语应根据它所涉及的主题来理解。在解释一般词语时，意义必须局限于使用它的人或事物。在不同情况下使用的一般词语在其用途和目的方面提供了不同的含义。在法规中使用一般词语必须局限于特定情况。解释不应该与制定者的意图相悖。

or person. (General words should be confined to the character of the thing or the aptitude of the person.)

中文：一般词语的使用仅限于适当的事物和人。

Maxim 11：**Jura sanguinis nullo jure civili dirimi possunt.**

英文：Rights founded in consanguinity cannot be destroyed by civil law. (The right of blood and kindred cannot be destroyed by any civil law.)

中文：基于血缘关系之权利，民法弗能消解。

Maxim 12：**Receditur a placitis juris, potius quam injuria, et delicta maneant impunita.**

英文：A departure from placita juris is preferable to letting wrongs and offences go unpunished. (We dispense with the forms of law rather than that crimes and wrongs should be unpunished. Positive rules of law will be receded from, rather than crimes and wrongs should remain unpunished.)

中文：与其任由违法犯罪逃脱制裁，宁可选择违背先例。

Maxim 13：**Non accipi debent verba in demonstrationem falsam quae competunt in limitationem veram.**

英文：Words ought not be accepted in proof as false, when they are rightly suitable as limitations. (Words ought not to be taken in a false descriptive sense which are competent to describe a true limitation. Words ought not to be taken to import a false demonstration which may have effect by way of true limitation. Words which agree in a true meaning should not be received in a false sense.)

中文：具有一定真实意义的词语，不应理解为虚假陈述。

Maxim 14：**Licet dispositio de interesse futuro sit inutilis, tamen potest fleri declaratio praecedens quae sortiatur effectum interveniente novo actu.**

英文：Although the disposition of a future interest is pointless, a preceding declaration may be made, to take effect once a new event has occurred. (Although the grant of a future interest be inoperative, yet a declaration precedent may be made, which may take effect, provided a new act intervene.)

中文：尽管处理未来的利益似乎无用，但未尝不可事先作一陈述，以备后用。

Maxim 15：In criminalibus sufficit generalis maltia intentionis cum facto paris gradus.

英文：In criminal actions, it is sufficient if there is a general malice of intention with an act of equal degree. (In criminal cases a general intention is sufficient, when there is an act of equal or corresponding degree. In criminal matters or cases, a general malice of intention is sufficient, [if united] with an act of equal or corresponding degree.)

中文：凡刑事诉讼，根据犯罪意图和相应犯罪事实就足以定罪。

Maxim 16：Mandata licita recipiunt strictam interpretationem, sed illicita latam et extensam.

英文：Delegation of authority should receive a strict interpretation; but unlawful authority, a wide and extensive one. (Schaeffer: Delegation of lawful authority is subject to strict interpretation, but orders to commit a crime are understood in the wider sense. Lawful commands receive a strict interpretation, but unlawful, a wide or broad construction.)

中文：合法之授权，应予严格解释；唆人违法者，应究宽泛之责。

Maxim 17：De fide et officio judicis non recipitur quaestio, sed de scientia, sive error sit juris sive facti.[16]

英文：The faith and duty of a judge are not subject to question, but

---

[16] 这是法官对诉讼当事人不满判决的基本保护措施之一，尤其是针对法官采取的法律行动。

it is otherwise of his knowledge either of law or fact.

中文：法官之公信力不受质疑，但其对法律及事实的知晓则又当别论。

Maxim 18：Persona conjuncta aequiparatur interesse proprio.

英文：A personal connection is equal to one's own interest.

中文：个人的关系即等于个人的利益。

Maxim 19：Non impedit clausula derogatoria, quo minus ab eadem potestate res dissolvantur, a quibus constituuntur.[17]

英文：A derogatory clause does not prevent things from being abrogated by the same power which established them. (A derogatory clause does not prevent the dissolution of things by the same authority or power by which they were constituted. A derogatory clause does not prevent things or acts from being dissolved by the same power by which they were originally made.)

中文：不可撤销条款并不能防止事项不被制定该条款的同一权力废除。

Maxim 20：Actus inceptus, cuius perfectio pendet ex voluntate partium, revocari potesta; si autem pendet ex voluntatae tertiae personae, vel ex contingenti non potest.

英文：An act begun, the completion of which depends on the will of the parties, may be revoked; but if it depends on the will of a third person, or on a contingency, revocation is not possible. (An act already begun, the completion of which depends on the will of the parties, may be revoked. But if the act depends on the consent of a third person, or on a contingency, it cannot be revoked.)

中文：如果法律行为的完成仅依靠双方的意志，那么，行为开

---

[17] 自我限制条款（clausula derogatoria）并不阻止根据创立事物的同一权力终止该事物的存在。例如，如果一项议会的立法规定以后七年内该法不得为议会废除，则此规定无效。因为一届议会不能约束其之后的各届议会，任何一届议会都有权修改或废除以前历届议会制定的法律。

始后仍然可以撤回；如果涉及第三方或者偶然因素的话，则该行为不能撤回。

Maxim 21：**Clausula vel dispositio inutilis per praesumptionem remotam vel causam, ex post facto non fulcitur.**

英文：A useless clause or disposition is not supported by a remote presumption or an ex post facto event.

中文：一条无效条款或约定既不会被以前的假定支持，也不会被之后事件的理由支持。

Maxim 22：**Non videtur consensum retinuisse si quis ex praescripto minantis aliquid immutavit.**

英文：He is not regarded as having consented, if threatened by prescription from changing anything.

中文：如果某人被胁迫对协议的内容进行修改，应视为该人并未同意。

Maxim 23：**Ambiguitas verborum latens verificatione suppletur, nam quod ex facto oritur ambiguum verificatione facti tollitur.**

英文：Hidden ambiguity in a text is corrected by verification, for a circumstance rendered ambiguous in point of fact is made clear by the verification of the fact.

中文：文本中存在的模糊性可以通过论证来消除，事实中存在的模糊性则可通过事实证据来消除。

Maxim 24：**Licita bene miscentur, formula nisi juris obstet.**

英文：Lawful things are properly mixed, unless a rule of law opposes it.

中文：凡属合法，法出多门亦不为过，除非有相反规定。

Maxim 25：**Praesentia corporis tollit errorem nominis, et veritas nominis tollit errorem demonstrationis.**

英文：Bodily presence cancels error in the name; the truth of the name cancels error of description.

中文：亲临消除称谓上的错误；称谓的真实消除描述上的错误。

培根的这些格言有些很有用，有些似乎已经成为历史。据说他的另一部法学短著《国际法格言或公正与法律的渊源》（*Aphorismi de jure gentium maiore sive de fontibus justiciae et juris*）写于詹姆士一世时期，失传已久，后于 1980 年被重新发现于英国德比郡的查慈华兹庄园。[18] 目前还没有看到汉译本。

《英国普通法要义》可能是培根的法学著作中最重要的一部，对于研究普通法和普通法法律思想发展的学者来说，应该是比较重要的参考资料。培根提倡一种经验主义的观察方法，但是他的经验主义并不是细碎的实证性的研究。而是一种基于经验的原则性的研究。收集法律格言，并且以具体的案件解释之，这是一条基于经验的理性化途径，一种很有特色的实证研究。培根曾计划写一部鸿篇巨制，从方法上思考整个学界的状态与改革。那时候是科学兴起的年代，培根要从科学研究入手，研究如何做才能趋近真理。经验是和时间相匹配的。因此，培根才说，真理是时间的女儿而不是权威的女儿。一语道出了经验主义的真谛。培根的法律思想开启了实证研究和经验研究的先河。法律格言及其阐释乃是此方面的开山之作。

---

[18] See Mark Neustadt, *The Making of the Instauration: Science, Politics and Law in the Career of Francis Bacon* (Ph. D. thesis), Johns Hopkins University, 1987, p. 239.

浅近的力量
——经典的《乡土中国》

王约然[*]

摘　要	由 14 篇长短不一的论文总成的《乡土中国》，自 1948 年问世迄今，依然是我们认知、把握中国乡土社会特性的经典之作。它不仅从根基上以妙喻擘画了中西社会结构的不同格局，创设了差序格局这一解构传统中国社会的概念与切入点，而且准确地界分了人治、法治与礼制的本质区别，广涉乡土本色、无讼、人情与面子、法治下乡、"四种权力"、地缘与血缘、欲望，乃至《论语》传导的儒家思想等系列文化事实。文本的字里行间虽然标识着费孝通先生极具个性的文风，但内中深蕴的是他独到的体悟、观察与思辨，以删繁就简、浅近至深的方式铸就的这一经典之作，实乃不刊之论。
关键词	乡土中国　差序格局　法治　人治　礼治

　　费孝通先生曾将基层的中国社会标称为"乡土中国"，并且对它的特质、社会结构以及秩序的维持等进行了深入而独到的研究，至今仍是我们认知中国乡土社会的经典著作。研习法律，尤其是研习诉讼法，不能不研读他经典的《乡土中国》。因为它从根基上阐发了以农耕文明为特质的乡土中国所衍生的、不同于西方的社会结构，以及因差序格局决定的秩序的维持方式，内中充满了对法治、人治、礼治以及"四种权力"、无讼的甄辨，以及中国现代进程中礼治的断裂与法治存在的困惑，而以规则治理为事业的法律人，必得深谙其中三昧。

---

[*] 王约然，中国政法大学民商经济法学院博士研究生，主要研究方向：诉讼法学与司法制度。

一、乡土本色：中国乡土社会的特质与表征

既然费老将其著述命名为"乡土中国"，必谓中国乡土社会的特质与表征是什么。事实上，这部由 14 篇论文组成的著作，是他当年在西南联大讲授"乡村社会学"一课的内容，其目的就是回答"'作为中国基层社会的乡土社会究竟是个什么样的社会'这个问题"[1]。

（一）中国基层社会的乡土性

费老在开篇的《乡土本色》写道："从基层上看去，中国社会是乡土性的。我说中国社会的基层是乡土性的，那是因为我考虑到从这基层上曾长出一层比较上和乡土基层不完全相同的社会，而且在近百年来更在东西方接触边缘上发生了一种很特殊的社会。"[2] 首句"从基层上看去，中国社会是乡土性的"，开门见山，直点主题，但在其后的叙述中用了两个"上"字，而且把"社会"用了"长出"来表述，且加了"曾"来限定，这是费氏特有的叙事方式，得仔细琢磨和品咂。那么，中国社会的"乡土性"究竟是什么呢？

费老首先引导我们说："不妨先集中注意那些被称为土头土脑的乡下人，他们才是中国社会的基层。"[3] 也就是说，中国社会的基层不是一些机构，而是"土头土脑的乡下人"。这里的"土字的基本意义是指泥土"，而靠种田谋生的人过着"向土里去讨生活的传统"，而"'土'是他们的命根"[4]。

因此，乡土性的核心特质是"土气"："种地的人却搬不动地，长在土里的庄稼行动不得，侍候庄稼的老农也因之像是半身插入了土里，土气是因为不流动而发生的。"[5] 费老通篇的论证直契生活本相，言简意赅。这就把农业与游牧和工业的不同以最简洁的话语说透了。

小农经营、水利和安全的需要，决定了中国农民聚村而居，村落就成了"中国乡土社区的单位"，因此"乡土社会的生活是富于地方性的"，而"乡土

---

[1] 参见费孝通：《乡土中国　生育制度》，北京大学出版社 1998 年版，"重刊序言"。
[2] 同上书，第 6 页。
[3] 同上书，第 6 页。
[4] 同上书，第 6、7 页。
[5] 同上书，第 7 页。

社会在地方性的限制下成了生于斯、死于斯的社会"[6]。这就是"熟人社会",它对应或者反照现代社会是陌生人社会。在熟人社会,"日子久了可以用脚声来辨别来者是谁"[7]。

与此相应,"乡土社会是安土重迁的,生于斯、长于斯、死于斯的社会。不但人口流动很小,而且人们所取给资源的土地也很少变动。……一个在乡土社会里种田的老农所遭遇着的只是四季的转换,而不是时代变更。一年一度,周而复始。"[8]这就是它的乡土性。

(二) 中国乡土社会的表征

与乡土性对应,表征之一,就是"直接靠农业来谋生的人是粘着在土地上的"[9]。

由于乡土社会是"熟人社会",其行为方式自然与现代由陌生人组成的社会不同。由于"各人不知道各人的底细,所以得讲个明白;还要怕口说无凭,画个押,签个字。这样才发生法律。在乡土社会中法律是无从发生的。'这不是见外了么?'乡土社会里从熟悉得到信任"。或者说,"乡土社会的信用并不是对契约的重视,而是发生于对一种行为的规矩熟悉到不加思索时的可靠性。"[10]此论力透纸背。费老自己也说:"这自是'土气'的一种特色。"[11]实际上,"不但对人,他们对物也是'熟悉'的。一个老农看见蚂蚁在搬家了,会忙着去田里开沟,他熟悉蚂蚁搬家的意义"[12]。

相应地,在社会性质上,费老将乡土社会界定为"礼俗社会",它与"法理社会"相对。而在生活状态上,"乡土社会是一个生活很安定的社会"[13]。由于"'生于斯、死于斯'把人和地的因缘固定了",所以它依循的是口口相传的经验,换言之,"乡土社会是个传统社会,传统就是经验的累积"[14]。而在社会关

---

[6] 参见费孝通:《乡土中国 生育制度》,北京大学出版社1998年版,"重刊序言",第9页。
[7] 同上书,第14页。
[8] 同上书,第50—51页。
[9] 同上书,第7页。
[10] 同上书,第10页。
[11] 同上书,第10页。
[12] 同上书,第11页。
[13] 同上书,第21页。
[14] 同上书,第70、84页。

系上，乡土"社会的联系是长成的，是熟习的，到某种程度使人感觉到是自动的"[15]。在精神上，"中国乡土社会中那种实用的精神安下了现世的色彩"[16]。而在治理秩序上，费老认为，"乡土社会是'礼治'的社会"[17]。

二、文化范型：中西社会结构的不同格局及其差异

费老在勾勒出中国的乡土本色后，从群己关系上，首先以譬喻的方式为我们擘画了中西社会结构的不同格局："差序格局"和"团体格局"。

（一）叙说中西社会结构的一个譬喻

费老先说西洋社会的团体格局："西洋的社会有些像我们在田里捆柴，几根稻草束成一把，几把束成一扎，几扎束成一捆，几捆束成一挑。每一根柴在整个挑里都属于一定的捆、扎、把。每一根柴也可以找到同把、同扎、同捆的柴，分扎得清楚不会乱的。在社会，这些单位就是团体。……我用这譬喻是在想具体一些使我们看到社会生活中人和人的关系的一种格局。我们不妨称之作团体格局。"[18]

与此不同，费老说："我们的社会结构本身和西洋的格局是不相同的，我们的格局不是一捆一捆扎清楚的柴，而是好像把一块石头丢在水面上所发生的一圈圈推出去的波纹。每个人都是他社会影响所推出去的圈子的中心。被圈子的波纹所推及的就发生联系。每个人在某一时间某一地点所动用的圈子是不一定相同的。"[19]

这真是妙喻，形象、直接、赅简。费老通过譬喻，把一个经过长期观察、研究而得出的新概念，无须通过烦琐的论证说清楚了，让人过目不忘，印象深刻。

（二）"团体格局"衍生的观念与行为规范

在费老看来，在团体格局下，它至少衍生了以下观念与行为规范：

（1）"在西洋社会里，国家这个团体是一个明显的也是惟一特出的群己界

---

[15] 参见费孝通：《乡土中国　生育制度》，北京大学出版社1998年版，第44页。
[16] 同上书，第47页。
[17] 同上书，第49页。
[18] 同上书，第25页。
[19] 同上书，第26页。

线。在国家里做人民的无所逃于这团体之外，像一根柴捆在一束里，他们不能不把国家弄成个为每个分子谋利益的机构，于是他们有革命、有宪法、有法律、有国会等等。"[20]

（2）"在'团体格局'中，道德的基本观念建筑在团体和个人的关系上。团体是个超于个人的'实在'，……它是一束人和人的关系，是一个控制各个人行为的力量，是一种组成分子生活所依赖的对象，是先于任何个人而又不能脱离个人的共同意志……在'团体格局'的社会中才发生笼罩万有的神的观念。团体对个人的关系就象征在神对于信徒的关系中，是个有赏罚的裁判者，是个公正的维持者，是个全能的保护者。"因此，"宗教的虔诚和信赖不但是他们道德观念的来源，而且还是支持行为规范的力量，是团体的象征。在象征着团体的神的观念下，有着两个重要的派生观念：一是每个个人在神前的平等；一是神对每个个人的公道。"[21]而人生而平等，就成了天赋的、不可剥夺的权利。

（3）"团体格局的道德体系中于是发生了权利的观念。人对人得互相尊重权利，团体对个人也必须保障这些个人的权利，防止团体代理人滥用权力，于是发生了宪法。"[22]这说透了宪法的要义。

（三）"差序格局"推演的系统与维系的网络

（1）"在我们传统里群的极限是模糊不清的'天下'，国是皇帝之家，界线从来就是不清不楚的，不过是从自己这个中心里推出去的社会势力里的一圈而已。所以可以着手的，具体的只有己，克己也就成了社会生活中最重要的德性，他们不会去克群，使群不致侵略个人的权利。在这种差序格局中，是不会发生这问题的。"[23]难道不是这样吗？

（2）"以'己'为中心，像石子一般投入水中，和别人所联系成的社会关系，不像团体中的分子一般大家立在一个平面上的，而是像水的波纹一般，一圈圈推出去，愈推愈远，也愈推愈薄。"由此更进一步，析分出传统中国的社会结构，乃是由人伦推演而成的差等次序："在这里我们遇到了中国社会结构的基本特性了。我们儒家最考究的是人伦，伦是什么呢？我的解释就是从自己推出

---

[20] 参见费孝通：《乡土中国　生育制度》，北京大学出版社 1998 年版，第 30 页。
[21] 同上书，第 31—32 页。
[22] 同上书，第 33 页。
[23] 同上书，第 30 页。

去的和自己发生社会关系的那一群人里所发生的一轮轮波纹的差序。"[24] 所以，"伦是有差等的次序"[25]。多么深刻！

（3）由孔子创立的儒家思想在董仲舒之后逐渐成为传统中国的正统思想，分析传统中国的差序格局，不能不对接孔子。费老分析道："孔子最注重的就是水纹波浪向外扩张的推字。他先承认一个己，推己及人的己，对于这己，得加以克服于礼，克己就是修身。顺着这同心圆的伦常，就可向外推了。……因为在这种社会结构里，从己到天下是一圈一圈推出去的，所以孟子说他'善推而已矣'。"[26] 历经千年的儒家人伦思想，就这样被费老冷眼觑破。

（4）一方面，"在以自己作中心的社会关系网络中，最主要的自然是'克己复礼'，'壹是皆以修身为本。'——这是差序格局中道德体系的出发点"[27]。另一方面，由于"一个差序格局的社会，是由无数私人关系搭成的网络。这网络的每一个结附着一种道德要素，因之，传统的道德里不另找出一个笼统性的道德观念来"[28]。这就是为什么整部《论语》在论"仁"，而"仁"依然没有一个统领性的界说，依然最难琢磨的原因。费老因此指出："仁这个观念只是逻辑上的总合，一切私人关系中道德要素的共相，但是因为在社会形态中综合私人关系的'团体'的缺乏具体性，只有个广被的'无不归仁'的天下，这个和'天下'相配的'仁'也不能比'天下'观念更为清晰。"[29]

（5）"中国的道德和法律，都因之得看所施的对象和'自己'的关系而加以程度上的伸缩。……因为在这种社会中，一切普遍的标准并不发生作用，一定要问清了，对象是谁，和自己是什么关系之后，才能决定拿出什么标准来。"[30] 这切脉如此之准，不知是否就是到现在还挂在普通民众口头、实质已经浸透到骨子里的"打官司就是打关系"的法律意识的病根？

对中西社会结构的不同格局进行对比分析，一如费老的总结："在概念上把

---

[24] 参见费孝通：《乡土中国　生育制度》，北京大学出版社1998年版，第27页。
[25] 同上书，第28页。
[26] 同上书，第28页。
[27] 同上书，第33页。
[28] 同上书，第36页。
[29] 同上书，第34页。
[30] 同上书，第36页。

这两种格局和两种组织区别出来并不是多余的,因为这个区别确可帮助我们对社会结构获得许多更切实的了解,免除种种混淆。"[31]而两者不同的根源,在于商业文明与农业文明的不同,对此,唐君毅先生对中西文化精神形成的外缘有比较分析,[32]可参照。

三、秩序维持：法治、人治与礼治的要义与维度

在我国,时至今日,将法治与人治的对称或加以区分,不仅是一种社会现象,还是一种文化事实。其实,费老对此早已作了透彻的分析:"普通常有以'人治'和'法治'相对称,而且认为西洋是法治的社会,我们是'人治'的社会。其实这个对称的说法并不是很清楚的。法治的意思并不是说法律本身能统治,能维持社会秩序,而是说社会上人和人的关系是根据法律来维持的。法律还得靠权力来支持,还得靠人来执行,法治其实是'人依法而治'并非没有人的因素。"[33]让人惊叹的是,费老不仅界分了人治和法治这样重大的命题,而且注意到了法治"还得靠人来执行",注意到"法官的解释对象虽则是法律条文,但是决定解释内容的却包含很多因素,法官个人的偏见,甚至是否有胃病,以及社会的舆论都是极重要的"[34]。

（一）人治与法治的区别

费老首先分析了何谓"人治":"人治好像是指有权力的人任凭一己之好恶来规定社会上人和人的关系的意思。我很怀疑这种'人治'是可能发生的。"[35]在此基础上,费老区分了法治与人治的不同:"所谓人治和法治之别,不在人和法这两个字上,而是在维持秩序时所用的力量,和所根据的规范的性质。"[36]此论可谓深中鹄的。换言之,人治依据的不是法律,而是其手中的权力、意志乃至好恶,一事一议,缺乏普遍性,而且朝令夕改,让人无所适从。而法治依据的只有法律,而且是"法律至上",具有普适性,先于具体事项而存在。

---

[31] 参见费孝通：《乡土中国 生育制度》，北京大学出版社1998年版，第37—38页。
[32] 唐君毅：《中国文化之精神价值》，江苏教育出版社2006年版，第1—15页。
[33] 同上书，第48页。
[34] 同上。
[35] 同上。
[36] 同上书，第49页。

（二）乡土社会是"礼治"的社会

费老认为，中国的乡土社会，既不是法治社会，也不是人治社会，而是"礼治"的社会。但"礼治社会并不是指文质彬彬，像《镜花缘》里所描写的君子国一般的社会。礼并不带有'文明'，或者，'慈善'或是'见了人点个头'、不穷凶极恶的意思。礼也可以杀人，可以很'野蛮'"[37]。费老举例说，印度有些地方，丈夫死了，妻子得在葬礼上被别人用火烧死，这是礼。在缅甸有些地方，一个人成年时，一定要去杀几个人头回来，才能完成为成年而举行的仪式。再如，杀人祭旗，那是军礼。

那么，礼和法又有什么不同呢？"礼和法不同的地方是维持规范的力量。法律是靠国家的权力来推行的。"而"维持礼这种规范的是传统"。一方面，正因为礼是传统，而传统就是历史，因此，"是整个社会历史在维持这种秩序"[38]。另一方面，由于"传统是社会所累积的经验"，费老讲："像这一类传统，不必知之，只要照办，生活就能得到保障的办法，自然会随之发生一套价值。我们说'灵验'，就是说含有一种不可知的魔力在后面。依照着做就有福，不依照了就会出毛病。于是人们对于传统也就渐渐有了敬畏之感了。"[39] 由此可见，"礼并不是靠一个外在的权力来推行的，而是从教化中养成了个人的敬畏之感，使人服膺"。正因为礼治就是对传统规则的服膺，"一个负责地方秩序的父母官，维持礼治秩序的理想手段是教化，而不是折狱"。而"长期的教育已把外在的规则化成了内在的习惯。维持礼俗的力量不在身外的权力，而是在身内的良心"。[40] 因此，"礼治并不是离开社会，由于本能或天意所构成的秩序了"，[41] 而是将外在的规范内心化的一种治理方式。

（三）法律、道德、礼的区别与实施前提

费老还进一步区分了法律、道德与礼的不同："法律是从外限制人的，不守法所得到的罚是由特定的权力所加之于个人的"，而"道德是社会舆论所维持的"，与前两者不同，"礼是合式的路子，是经教化过程而成为主动性的服膺于

---

[37] 唐君毅：《中国文化之精神价值》，江苏教育出版社2006年版，第49页。
[38] 同上书，第50、53页。
[39] 同上书，第51页。
[40] 同上书，第51、54、55页。
[41] 同上书，第52页。

传统的习惯"。[42] 多么言简意赅，又是多么明晰。

必须注意的是，法治和礼治实施的社会背景不同，由于"礼治的可能必须以传统可以有效地应付生活问题为前提"，因此，其得以施行的背景是地老天荒、变化不大的乡土社会。而"在一个变迁很快的社会，传统的效力是无法保证的。不管一种生活的方法在过去是怎样有效，如果环境一改变，谁也不能再依着老法子去应付新的问题了"[43]。这就需要法治。

四、余论：文化事实与生活方式

其实，《乡土中国》的精粹远不止上述内容，它不仅揭示和解释了一种文化事实，还以对接生活的方式和方法，为我们深度认识乡土中国提供了不可替代的视角。费老讲："文化是依赖象征体系和个人的记忆而维持着的社会共同经验。这样说来，每个人的'当前'，不但包括他个人'过去'的投影，而且还是整个民族的'过去'的投影。历史对于个人并不是点缀的饰物，而是实用的、不可或缺的生活基础。"[44]费老清醒地意识到，"从乡土社会进入现代社会的过程中，我们在乡土社会中所养成的生活方式处处产生了流弊"[45]。他不仅以举例的方式体会了孔子说"无讼"时的神态，还以有人因妻子偷汉子打伤了奸夫为例，感慨"现行的司法制度在乡间发生了很特殊的副作用，它破坏了原有的礼治秩序，但并不能有效地建立起法治秩序"[46]。此外，费老对血缘与地缘、人情的分析，都让人叹服。费老还分析了"四种权力"：在社会冲突中发生的"横暴权力"，在社会合作中发生的"同意权力"，在社会继替中发生的"长老权力"和在社会变迁中发生的"时势权力"，以及对欲望、需要、计划及其相互间张力的命题，均是值得我们进一步开掘的学术富矿。

在行文上，费老的论说如同白话："用筷子夹豆腐，穿了高跟鞋跳舞不践别人的脚，真是难为人的规律；不学，不习，固然不成，学习时还得不怕困，不

---

[42] 唐君毅：《中国文化之精神价值》，江苏教育出版社2006年版，第52页。
[43] 同上书，第52页。
[44] 同上书，第19页。
[45] 同上书，第11页。
[46] 同上书，第58页。

惮烦，又非天性；于是不能不加以一些强制。强制发生了权力。"[47] 看，在浅显的、近似闲聊的过程中，突然笔锋一转，"强制发生了权力"。这样的精彩俯拾皆是。再如，"面子就是表面的无违"[48]，而"自觉的欲望是文化的命令"[49]，简直就是至理名言！

  大匠不凿。我豁然领悟了费老文章的力量，这是一种"浅近的力量"！这种力量简直就是"一雨普滋"般平常，但却使"千山秀色"。他信手拈来，皆成至理。唯其文浅近，炉火纯青，才能毫不矫饰，历久弥真；唯其人洞悉古今，学贯中西，体察备至，达于化境，方能如道家常。

---

[47] 唐君毅：《中国文化之精神价值》，江苏教育出版社2006年版，第65页。
[48] 同上书，第80页。
[49] 同上书，第84页。

编后记

历时一年多，创刊号终于要出版了！

办刊的想法源自於兴中教授。於教授提出，学院发展需要对外交往，学院创办的刊物正是学院对外交往的名片和路标。他的想法得到了大家的一致赞同。很快，学院的两任班子坐在了一起。如今日一般，也是在深秋，窗外高大的无患子树已是满树的金黄，一旁的枫叶红得像燃烧的火焰。耀眼的黄和鲜艳的红共同见证了屋内这场热烈的讨论。大家对刊名、办刊宗旨、出版周期等很快达成一致。

但是，当我着手办刊的时候就切身体会到了编辑工作的不易。请一些德高望重的教授出任顾问，拉一帮师生组成编辑部；拟定编辑部各种函件、申请邮箱、创办公号、设计版式……无尽的烦琐！从组稿到制定编辑体例再到统稿，更是大费周折。约好的稿子迟迟不来，反复校对的稿子总能再次发现错误。庆幸的是，我们的作者和院内师生一直大力支持着我们，经过大家的共同努力，最终顺利完成了本期的编辑工作。尤其令我们欣慰的是，学院的多名教师踊跃投稿，积极支持本刊的创办。

本期选用的论文被分别归入《前沿聚焦》《法理争鸣》《制度与治理》《法史钩沉》《书评》这5个栏目，稿件内容丰富，形式多样。既有对理论问题的思考，也有对现有制度的评价；既有对国内法制的探讨，也有对域外法律的介评；有历史，也有实践。这些文章从不同角度和不同视域围绕法学中的重要议题各抒己见，做了充分的探讨。

作为本期的执行主编，我在欣喜之余，也满怀感激之情。首先要感谢给本刊投稿的各位作者，无论稿件是否录用，感谢你们对我们的信任和厚爱；其次要感谢知识产权出版社的庞从容、薛迎春女士，她们的专业、敬业与热忱，使我们的刊物得以精美呈现；还要感谢北京天达共和（杭州）律师事务所，感谢他们对本刊的慷慨资助；最后，我要感谢校院两级领导和参与编辑工作的学院师生，感谢他们对我们办刊的鼎力支持。

创刊号的出版只是一个开端，我们将努力给读者呈现更多更好的作品，以我们自己的方式参与到中国的法治进程中。期待《钱塘法律评论》成为国内外法律人进行交流学习的平台，真正成为带动学院发展的名片和路标。

邵　劭

2019 年 10 月 16 日于杭州

征稿启事

《钱塘法律评论》是由杭州师范大学沈钧儒法学院主办的法学学术集刊。本刊为半年刊，每年出版两期，创刊号于 2019 年 10 月出版。本刊涵涉人文、科技与法律，倡导历史与前沿相匹配，理论与实践相结合，鼓励学科交叉研究。本刊设《主题研讨》《前沿聚焦》《案例研究》《域外法学》《学术随笔》等栏目。栏目设置也可根据来稿作适当调整。

本刊定位为法学学术刊物。举凡法学理论、司法实践以及与法学有关的交叉学科研究论文均可投稿。本刊将优先刊用选题意义重大、视角独特新颖、内容层次分明、论证充分有力、资料真实权威、语言使用规范的稿件。

本刊关注文稿的学术性和创新性，注重文章的理论深度和应用价值。来稿应符合国家著作权法规定、公认学术规范和本刊编辑体例。文稿字数以 1—2 万字为宜（含注释和空格），特别稿件的字数要求可作适当放宽。文稿应包含中文摘要和关键词以及英文标题、摘要和关键词。中英文摘要控制在 300 字以内，关键词 3—5 个。本刊参考《比较法研究》注释体例，文中注释一律采用脚注，全文连续编码，注释编号采用〔1〕、〔2〕……等形式（详见 http：//bjfy. cbpt. cnki. net/ "注释体例"栏目）。

请随来稿单独附上作者信息和联系方式。作者信息包括姓名、工作单位及研究方向。联系方式包括通信地址、邮政编码、电子邮箱和电话号码。

本刊实行匿名审稿。作者自投稿之日起两个月内未获稿件录用通知，即可另行处理。本刊不收取审稿费、版面费或任何其他费用。本刊编辑部保留对来稿进行文字性和技术性修改的权利，来稿一经发表，即付薄酬。

为扩大本刊及作者知识信息的交流渠道，本刊将与有关电子数据库合作，如文章被电子数据库收录，文章著作权使用费与本刊稿酬一次性给付；相关文章也将通过本刊网站和微信公众号适时推广传播。作者向本刊提交文章发表的行为即视为同意我编辑部行使相关文章的信息网络传播权。

欢迎海内外学者惠赐稿件，来稿请发本刊邮箱：qtflpl@ hznu. edu. cn，并请在邮件主题中注明作者姓名和稿件名称。

《钱塘法律评论》编辑部